Mitten in der Nacht beginnt der neue Tag

Allein in 90 Tagen um die Welt,
mit dem Motorrad – eine Reise ohne Wendepunkt

Franz Stelzl

ISBN 3-200-00467-3

2005

Idee, Text, Fotos: Franz Stelzl
Routenkarten: Anneli Nau, Philipp Kratzer
Ghostwriterin: Anna Maria Kaufmann
Lektorat: Christoph Strolz
Gestaltung: Manfred Drechsel
Druck & Bindung: Vorarlberger Verlagsanstalt AG

Mitten in der Nacht beginnt der neue Tag

Allein in 90 Tagen um die Welt, mit dem Motorrad – eine Reise ohne Wendepunkt

Losgefahren – allein und wagemutig, ohne feste Adresse, ohne einen Menschen in Russland oder Amerika zu kennen.

Mit dem Motorrad die Welt erfahren, einen langjährigen Traum nach Freiheit zu realisieren und mit viel Abenteuerlust in 90 Tagen die Welt zu umrunden – das war sein Ziel.

Nichts konnte ihn aufhalten – weder ein Motorschaden in Sibirien, noch ein schwerer Unfall in Japan.

In diesem Buch erzählt Franz Stelzl von seiner Reise durch das weite, einsame Russland, über die nach Regengüssen überfluteten Städte Sibiriens und das turbulente Amerika mit seinen atemberaubenden Rocky Mountains.

Eine Reise ohne Wendepunkt, von zu Hause im Herzen Europas über die Ost-Route um den Globus durch Asien und Amerika immer zurück nach Hause.

Angekommen – 36.000 Kilometer per Motorrad, Eisenbahn, Schiff und Flugzeug mehr am Abenteuer-Konto und 10 Kilogramm weniger auf der Waage.

Der Weg musste mehrmals geändert werden, das Ziel blieb dasselbe: anzukommen und sich zu finden.

Ein Buch, das nicht nur Motorradfahrer fasziniert, sondern allgemein Mut zum Aufbruch macht.

INHALTSVERZEICHNIS

ASIEN
MITTELSIBIRIEN – OSTSIBIRIEN / IRKUTSK – WLADIWOSTOK

ASIEN, AMERIKA
OSTSIBIRIEN – JAPAN – USA / WLADIWOSTOK – TOYAMA – TOKYO – LOS ANGELES

AMERIKA
USA WESTKÜSTE – USA MITTE / LOS ANGELES – BLACK HILLS

AMERIKA
USA MITTE – USA OSTKÜSTE / BLACK HILLS – NEW YORK

Dieses Logo hat mich auf dem weiten Weg um die Welt begleitet ...

TWAIN-UP: die Kurzform von

two **w**heeler **a**dventure **i**nter**n**ational – **u**nity **p**eace

Zweirad-Abenteuer international – Einheit und Frieden

Die 7 Sterne symbolisieren die 7 Kontinente (Europa, Asien, Afrika, Nordamerika, Südamerika, Australien, Antarktika), Weltmeere und die Glückszahl 7.

Apollon im Sonnenwagen (Quadriga); in ihm verehrten die Griechen die geistige Macht der Ordnung, Maß und Einsicht. Gott des Lichtes, der Jugend, der Dichtung, der Musik, der Heilkunde und der Weissagung.

www.twain-up.at

franz.stelzl@twain-up.at

Einleitung

Dieser Erzählung liegen meine persönlichen Erlebnisse zu Grunde. Ich bin leidenschaftlicher Motorradfahrer, gelernter Kfz-Mechanikermeister, Verkaufsleiter und Hobbyfotograf. Mit diesem Werk mache ich meinen ersten Versuch als Autor.

Das Buch ist ein Erlebnisbericht mit sachlichem Hintergrund, erzählt mit nüchternem Humor.

Meine positive, aber realistische Lebenseinstellung und energiegeladene Entschlossenheit haben mich schließlich ans Ziel geführt.

In diesem Bildband geht es um Menschen, Motorräder, Straßen, Landschaften und die Begegnung mit Mensch und Natur. Das Reisen ist das Ziel, die Erlebnisse zu berichten und die Umsetzung einer großen Tour um die Welt in 90 Tagen – in einer für viele machbaren Zeitspanne.

Das Geschriebene soll für Gleichgesinnte, Interessierte, aber auch für Träumer eine Hilfe auf Reisen sein – Infos, Tipps und Anregungen sollen Mut zum Aufbruch machen.

Nicht beabsichtigt sind Vorurteile jeglicher Art gegenüber einzelnen Menschen, Völkern, Religionen, Rassen, Gesellschaften oder Organisationen.

Ich habe diese Reise ohne Sponsoren durchgeführt; alle vorkommenden Produkte, Marken- und Handelsnamen sind rein zufällig oder aus einer unbegründeten, persönlichen Vorliebe entstanden.

Ich wünsche Ihnen viel Freude und Unterhaltung beim Lesen.

Franz Stelzl

Der 90. Tag

Ich stehe im riesigen Flughafengelände von Newark in New Jersey. In Jeans, schwarzem T-Shirt mit Sturgis-Aufdruck vom großen Harleytreffen in South Dakota und in meinen alten Camel-Boots stehe ich da und staune über das hektische Treiben. Meine Begleiter sind der schwere Seesack, Rucksack, Umhängetasche und mein Motorradhelm. Jetzt habe ich das ganze Zeug um die Welt geschleppt, nun werde ich das wohl auch noch ins Flugzeug nach Europa bekommen. Erst mal so ein kleines Gepäckwägelchen organisieren. Nach dem Einwurf von 4 Vierteldollarmünzen schiebe ich gelangweilt wie alle anderen mein Gepäck durch die Halle im Terminal B.

Angenehmer Stolz erfüllt mich: jetzt brauche ich nur noch das richtige Flugticket, um wieder nachhause zu kommen. Auf den großen Anzeigetafeln stehen verschiedene Flüge mit interessanten Zielen – nach der weiten Reise klingen Städte wie Rom, Paris, Frankfurt oder Zürich wie Nachbarstädte. Vom Terminal B fliegt heute eine amerikanische Airline nach Zürich. Ich erschrecke, als ich nach dem Preis frage: 1.650,- USD (1.500,- EURO). Danke, zu teuer. Vom Terminal C fliegt heute eine Europäische Airline nach Frankfurt. Also auf zum Terminal C. Als ich dort den Preis höre, bin ich schon gar nicht mehr überrascht: 2.100,- USD (1.909,- EURO). Danke, viel zu teuer.

Plötzlich fällt mir Louis von der Agentur in Cranford ein. Mit ihm hatte ich in den letzten Tagen telefoniert und die Flugverbindungen gecheckt. Ich rufe ihn sofort an, er schaut in seinen Computer und bestätigt mir, dass heute um 22 Uhr ein Flug nach Frankfurt geht, und das für 500,- USD (455,- EURO). Dieses Flugzeug startet aber vom Flughafen John F. Kennedy Airport in New York – von hier aus gute 1½ Stunden mit dem Bus entfernt. Also beginnt die Suche nach dem richtigen Shuttle-Bus. Während ich warte, bekomme ich auf meine Frage nach den richtigen Gates beim JFK-Airport von einer schwarzen Schönheit eine Broschüre in die Hand gedrückt, nach dem Motto: nimm, lies und finde dich zurecht. Wenigstens stehen die Rufnummern der verschiedenen Airlines in der Broschüre und mein Handy funktioniert. Um 16 Uhr starte ich mit dem Shuttle-Bus über Manhattan und Queens zum John F. Kennedy-Airport. Zuhause ist es jetzt mitten in der Nacht und der neue Tag beginnt. Während der Fahrt telefoniere ich mit der asiatischen Airline und fixiere die Reservierung. Wir tauschen Kreditkarten-, Reservierungs- und Terminal-Nummern aus und nachdem mein Name buchstabiert ist, steht der Buchung nichts mehr im Wege. Aufgrund des dichten Straßenverkehrs erreichen wir erst um 18 Uhr den riesigen Airport JFK. Der Busfahrer will mich noch verunsichern und mich am falschen Terminal 1 aussteigen lassen, ich bleibe hart und steige am Terminal 4 aus. Das Einchecken verläuft einfach, die Dame am Schalter fragt noch, ob ich einen Fensterplatz möchte; um 21:55 Uhr startet meine Boing 747-400 nach Europa – und somit zurück nachhause. Erleichtert lehne ich mich in meinem Sessel zurück:

Manchmal muss man einfach kämpfen, der Sieg ist dann umso wertvoller ...

Die Landung in Frankfurt um 11 Uhr erfolgt planmäßig. Mit dem ICE-Zug geht es nach Lindau am Bodensee, dann steige ich um in den Zug nach Bregenz und mit dem Regionalzug nach Lauterach, meinem Heimatort. Zu Fuß gehe ich die letzte Strecke nach hause. Ich möchte meine Familie überraschen, die meine genaue Ankunftszeit nicht kennt. Um 17 Uhr läute ich an der Haustür. Vorerst gibt es einen etwas zaghaften Empfang durch meine Gattin: Ich spüre, dass 3 Monate auf Reisen doch etwas entfremden. Da stehe ich also, mit meinem Gepäck und dem Motorradhelm in der Hand. Gut 10 Kilogramm weniger auf der Waage, aber 36.000 km mehr auf dem Abenteuer-Konto. Ja, das Motorrad, meine alte Dame, fehlt noch. Irgendwie komme ich mir ohne meine treue Begleiterin nach dieser langen, gemeinsamen Reise verloren vor. Aber der Gedanke, dass ich es geschafft habe, erfüllt mich mit Stolz; ein Hochgefühl umgibt mich und ich stehe viel aufrechter auf den Beinen. Der Weg musste mehrmals geändert werden, aber das Ziel blieb das gleiche. Jetzt habe ich es erreicht! In Gedanken bin ich immer noch unterwegs ...

Nun habe ich Zeit, meine Erinnerungen zu verarbeiten. Ich denke zurück an die Vorbereitung, an den Start, die unzähligen Erlebnisse, vor allem aber an die vielen Menschen, die mich auf dem Weg rund um die Welt begleitet haben.

Die Idee

Während meiner jährlichen Touren in die West- und Ostalpen, längst vom Virus des Motorradreisens infiziert, träumte ich von der ganz großen Tour. Über die Grenzen hinausfahren und etwas Besonderes erleben. Der Auslöser war ein Buch: „Tour de monde“ (Mit dem Motorrad um die Welt) von Christian („Crius“) Christophe. Er hatte die beiden Motorrad-Pioniere Robert Sexé und Henri Andrieux, die 1926 (!) ihre beiden 6,5 PS starken Gilet-Motorräder sattelten und auf Weltreise gingen, nach Jahrzehnten getroffen; sie waren von Frankreich aus über Sibirien nach Japan, weiter nach Amerika und zurück nach Europa gefahren. 1973 erschien dieser Reisebericht auch auf Deutsch – er wurde ein Bestseller, ebenso wie der Reprint von 1996.

Ab diesem Zeitpunkt war die Idee meiner eigenen Weltreise geboren. Aber ich wollte sie allein machen, und nicht wie damals in 6 Monaten, sondern in heutzutage machbaren 3 Monaten. Ob es der Traum von Freiheit, pure Abenteuerlust, Fernweh, oder die Suche nach Selbstbestätigung waren, die mich antrieben, kann ich heute nicht mehr sagen.

Ja, ich wollte allein fahren: sollte etwas schief gehen, war ich nur mir selbst gegenüber verantwortlich. Außerdem ist so eine Reise ist eine einmalige Gelegenheit, sich über sich selbst klar zu werden. Und: raus aus dem Alltag, für eine bestimmte Zeit alles hinter sich lassen, um nur nach vorne zu schauen. Loslassen – die Familie, die Freunde, aber auch die Verpflichtungen und Geborgenheit. Von zuhause wegfahren, immer Richtung Osten, rund um die Welt, und doch immer wieder zurück in Richtung Heimat: Der Start ist gleichzeitig das Ziel. Der Weg dazwischen ist weit; quer durch Asien und Amerika (und dennoch in der gemäßigten Zone der Nordhalbkugel unterwegs). Meine Vorstellungskraft und die Faszination von der „großen Tour" waren die Schlüssel zum großen Abenteuer.

Die Vorbereitung

Die Vorbereitung begann beim wichtigsten Wegbegleiter, nämlich bei einem Fahrzeug, dem man alles zutraut. Das richtige Motorrad fand ich vor vier Jahren während eines abendlichen Spaziergangs in einem kleinen Städtchen. Und da stand sie, ganz allein auf einem Parkplatz, meine (noch nicht) alte Dame. Ein Jugendtraum in Form einer BMW R 80 G/S, Paris-Dakar-Ausführung. Etwas mitgenommen, aber original. Bald kam der Kontakt zum Besitzer zustande und einige Monate später stand sie in meiner Garage. Nach einer Totalzerlegung versetzte ich sie Stück für Stück und Schraube für Schraube wieder in ihren Neuzustand. Die Restaurierung des Motorrads war ein schöner Freizeitvertreib und ich ließ mir Zeit. Der Hobby-Keller wurde auch zum Planungsraum, jeder Instandsetzungsschritt wurde mit der Weltkarte im Rücken getätigt. Neben meiner Arbeit an der BMW blieb Zeit, um die Reiseunterlagen zu studieren, die Route zu planen, Informationen zu sammeln und Reiseberichte zu lesen.

Im Hobby-Keller wird das Motorrad aufbereitet

Einer der Motorrad-Weltreisenden interessierte mich besonders: der Aachener Bernd Tesch. Nicht nur dass er Afrika mit dem Motorrad in alle Richtungen bereist hatte, imponierte mir; Tesch fuhr auch als einer der Ersten – Anfang der neunziger Jahre – den russischen Teil meiner geplanten Reise (also kurz nach Gorbatschows Glasnost und Perestrojka, zu einer Zeit, als ein russisches Visum noch ein fast unüberwindbares Hindernis darstellte). Die über 10.000 km lange, erste Teilstrecke meiner Reise beschäftigte mich am meisten. Immer wieder vertiefte ich mich in die russischen Karten. Im Jahr 2002 traf ich mich dann mit Bernd Tesch: Es war ein schönes Erlebnis, mit einem Globetrotter zu reden, der meine Fernziele schon bereist hatte. Er nahm mir meine Bedenken und diese erste Besprechung war eine gute Hilfe für meinen Start, den ich für Mai 2003 festlegte. Mein Entschluss stand fest: ich wollte losfahren, allein, ohne einen Menschen in Russland oder Amerika zu kennen, ohne feste Adresse oder Anlaufstelle.

Aber da waren ja noch meine Familie, mein Job und die Verpflichtungen und Verbindlichkeiten, die zu einem so genannten Wohlstandsleben gehören – meine Überzeugungskraft würde mir helfen, der Funken der Faszination würde überspringen und die Vorteile für alle Beteiligten mussten hervorgehoben werden. Mir kam entgegen, dass ich meine Familie schon seit einigen Jahren auf dieses Ereignis vorbereitet hatte. Aber die Ernsthaftigkeit meines Vorhabens haben meine Lieben erst kurz vor meiner Abreise erkannt. Ohne die Unterstützung und Zustimmung meiner Gattin Monika wäre ich trotz aller Entschlossenheit wahrscheinlich nicht gefahren. Aber wir dachten uns, eine Trennung auf Zeit ist auch in einer guten Ehe eine Herausforderung. Ja, und die beiden Sprösslinge, (mein 18-jähriger Sohn und meine 21-jährige Tochter) merkten erst am Tag meiner Abreise, dass sie für 3 Monate sturmfrei hatten. Besonders wichtig war mir auch die Meinung meiner Mutter; aus der Kriegsgeneration stammend, äußerte sie sich gegenüber meiner Fahrt durch Russland sehr skeptisch. Diese Bedenken ließ sie sich aber nehmen. Als Trost sollte sie von Monika, meiner Informationszentrale zuhause, regelmäßig beruhigende Berichte bekommen.

Meine Tochter Nina, Gattin Monika und Sohn Roman

Mir war klar: meinen Job als Verkaufsleiter würde ich auch nach der Reise gerne ausüben. Die 3 Monate würden unter weiterbildende „Auszeit“ im Unternehmen laufen. Nachdem ich meinen Arbeitgeber im richtigen Moment über mein Vorhaben informiert hatte, war für mich der entscheidende Schritt getan – ich bekam grünes Licht.

Ein harmonisches Familienleben während der Vorbereitungen auf die lange Fernreise ist besonders wichtig für eine erfolgreiche Durchführung. Es ging hier ja auch um die Gewissheit, dass der „Apparat Familie – Eigenheim – laufende Verpflichtungen inklusive zweier Studenten“ auch ohne mich funktionieren würde. Und das Leben wird danach weitergehen; wie es kommt, hängt von unseren Gedanken ab. Einer meiner persönlichen Leitsätze ist: Unser Denken bestimmt unser Sein!

Der Start

Mein Abreise-Datum: Sonntag 25. Mai 2003! Die Tage davor schmolzen dahin wie das Reifenprofil auf einer Motorrad-Tour. Am Vortag meiner Abfahrt, es war Samstag, wurde noch einmal alles in Frage gestellt: Der Reisepass mit dem Visum war schon seit 2 Monaten aus Deutschland unterwegs und ohne dieses Dokument gibt es keine Einreise in die ehemalige Sowjetunion. Erst am Mittag gab es Entwarnung, per DHL-Schnellservice wurde alles im letzten Augenblick zugestellt. Das Transit-Visa für Weißrussland und das 3 Monate gültige Business-Visa für die russische Föderation, die in den Reisepass eingeklebt werden mussten, dauerten trotz des Einsatzes von Spezialisten seine Zeit.

Einige Dinge, wie den Gepäckträger für die je 45 Liter Aluminium-Seitentaschen, konnte ich erst am Vortag meines Aufbruchs montieren – ein äußerst stabiles Teil, das speziell für meine 15 Jahre alte Dame angefertigt wurde. Handarbeit meines Beraters Bernd Tesch aus Aachen. Gut erprobte, robuste Abenteuer-Ausrüstung. Bernd steckte zwar immer in irgendwelchen Globetrotter-Treffen, doch er hielt Wort und lieferte rechtzeitig, aber im letzten Augenblick. Die Standard-Produkte waren schon mehrere Monate zuvor ausgeliefert worden und türmten sich mit den anderen Ausrüstungs-Gegenständen im Hobby-Raum. Bis dieser Gepäckträger angepasst, die Blinkerhalter angeschweißt und das ganze Ding lackiert war, wurde es Samstagabend. Und das hieß auch: mit dem voll beladenen Motorrad konnte ich keine Test- oder Eingewöhnungsfahrt mehr machen ...

Um meine persönlich zusammengeschraubte alte Dame auf Zuverlässigkeit zu prüfen, hatte ich vor der großen Tour mehrere Alpenpässe unter die Räder genommen – allerdings ohne Gepäck. Aber jetzt einfach starten, ohne Vollbeladungs-Test? Um die Welt zu fahren, ohne dass ich das Gewicht der gesamten Ausrüstung ausprobiert hatte? Auch die „Tesch-Moto-Pack-Checkliste“ war noch nicht fertig bearbeitet, zu dünn waren die Informationen über Sibirien und die Bedingungen für mich als Alleinreisenden. Wer auf sich selbst gestellt ist, hat keine Aufteilungsmöglichkeiten auf andere Reisepartner. Zu viel Gewicht heißt auch: zu viel Risiko! Was konnte ich zuhause lassen, ohne dann auf der Fahrt zum Scheitern verurteilt zu sein? Was stand mir an Transportbehältern zur Verfügung? Der Tankrucksack mit 20 Liter, die beiden Seitenkoffer mit je 45 Liter, der große Seesack mit 80 Liter und der Tages-Rucksack mit 30 Liter. Dazu kamen noch die beiden Reservereifen, denn in Russland würden wahrscheinlich keine passenden Reifen zu bekommen sein. Einen davon, den Hinterreifen, hatte ich bereits auf eine Reservefelge aufgezogen. Zu oft las ich von gebrochenen Speichen am Hinterrad aufgrund schlechter Straßen ...

Am Vorabend meiner Abreise war ich mit dem Durchchecken des Motorrads fertig und alle Transportbehälter waren pistenfest montiert; lediglich der Seesack mit Rucksack musste noch nach der Einpackerei oben drauf.

Meinen Tankrucksack füllte ich nach langen Überlegungen so: die schwere Fotoausrüstung verstaute ich ganz unten, in den Mittelteil kam die warme Unterwäsche für kältere Tage sowie meine warmen Reservehandschuhe. Kompass, Straßenkarte und die üblichen Motorradutensilien verpackte ich in der „obersten Etage" meines dreistöckigen Begleiters. Der Seesack, der mir gleichzeitig als Rückenlehne dienen sollte, wurde als „Haussack" ausgelegt. Er enthielt das Zelt, den Schlafsack, eine aufblasbare Unterlegematte, Kleider und Camelboots. In den Rucksack, der in die Reservereifen hineingeschnürt wird, kamen Getränkeflasche, Reserve-Helmvisier, Essbesteck und Verpflegung; ihn benötigte ich auch unterwegs, um einzukaufen. Er musste immer – und das weiß jeder, der schon eine Motorradtour hinter sich hat – griffbereit sein. Aber die restlichen Sachen? Die dürfen in den beiden Seitenkoffern mitreisen.

Da stand ich nun im Hobby-Raum, vor mir die bunten Transport-Säckchen in gelb, rot und blau. Ihre verschiedenen Größen sollten mir das Suchen in den Koffern erleichtern. Aber wo anfangen? Zuerst musste das schwere Werkzeug zwecks Schwerpunkt ganz unten hinein, der 10 Liter Benzin-Reservekanister durfte an der Seite ohne Auspuff Platz nehmen. Aber der Berg der restlichen Ausrüstung?

Und das Ungewisse auf dem Weg zum Ziel, der unendlich weite Weg durch Russland? Im Vorfeld der Reise war alles so sonnenklar, aber am Vorabend meines Starts ging mir alles ziemlich zäh von der Hand; ich war sehr mutlos ... Abbrechen? Verschieben? Ausreden erfinden? Ich legte die Ausrüstungsgegenstände von links nach rechts und fand keine zusammenhängende Platzierung in den Säckchen, um sie endlich in den Seitenkoffern verschwinden zu lassen. Da stand plötzlich meine Monika vor mir und half mir. Sie schnappte ein Säckchen nach dem anderen und verstaute sie in den Koffern. So wanderten, buntgemischt, ein Moskitoschutz-Set, Taschen- und Stirnlampen, Wasserfilter, Klappeimer, Reisebücher, Medikamenten-Box, Verbandsmaterial, Baumsäge, Kochgeschirr, Benzinkocher, Sturmfeuerzeug und Sturmzünder, Ersatzteile, Service-Teile und Reserve-Motoröl, Klappspaten, Dokumentenmappe, Dosen mit Trockenbrot und Keksen, Reifenpannen-Set, Befestigungsbänder verschiedenster Art, in die Koffer und nach dem die Deckel geschlos-

Überraschung: Gute Freunde kommen zum Abschied

sen wurden, gingen wir beide erleichtert zu Bett, auf ungewisse Zeit das letzte Mal. Es gab jetzt kein Zurück mehr: schließlich wollte ich eines Tages meinen Enkeln die Geschichte meiner Weltreise erzählen.

Nach einer kurzen Nacht trieb es mich um 5 Uhr früh aus dem Bett. Die letzten Vorbereitungen und Packarbeiten warteten auf mich, der Tag meiner langersehnten Abreise war angebrochen. Vieles daran erinnerte mich an meinen ersten Tauchgang: nachdem alles geübt, alles Theoretische erlernt war, hatte ich mich relativ sicher gefühlt. Beim ersten Abtauchen sah die Welt etwas anders aus und ich schwamm wie ein Schwimmschüler mit dem Mundstück zwischen den Zähnen zum Beckenrand, um Halt zu finden.

Die vielen Ausrüstungsgegenstände verursachten eine ähnliche Situation. Wo ist der Anhänger, in dem man das alles verladen könnte? In schweißtreibender Arbeit montierte ich den Reifen von der Reservefelge: das komplette Rad wäre zu schwer

Das letzte gemeinsame Frühstück und die letzten Glückwünsche von meinen Freunden

gewesen; die Montagearbeit in aller Früh erhöhte die Gelassenheit im Bezug auf die wahrscheinlich unvermeidlichen Reifenpannen unterwegs.

Kleine Abschiedsrede vor dem Start

Meine inzwischen voll bepackte alte Dame stellte ich vor das Haus auf den Parkplatz und alle noch zu befestigenden Gepäckstücke dazu. Um 8 Uhr Morgens dann die große Überraschung: Monika hatte mehr als 20 Freunde zum Abschieds-Frühstück eingeladen und nun traf einer nach dem andern ein. Ich war völlig überrascht. Drei unserer Freunde halfen sofort beim Festzurren und Beladen, einer hielt die BMW, ein anderer zog die Bänder an und jeder gab dem anderen Hinweise. Im Garten vor dem Haus wurde bereits das Frühstück serviert, ich hatte als Einziger keinen Appetit. Ich zog meine Motorradkluft an, um für eine rasche Abreise bereit zu sein – kurz und schmerzlos. Kurz zuvor hielt ich noch eine kleine Abschiedsrede und erklärte den Freunden meine beabsichtigten Reisestationen in Russland und Amerika. Erst jetzt wurde allen klar, was für eine Reise ich vor mir hatte, die meisten hatten Tränen in den Augen. Ich wollte im Vorfeld meiner „Around the World-Tour“ nicht zu viel Wind von der Sache machen, großartige Ankündigungen hätten mich nur unter Druck gesetzt. Ich wollte diese Reise in erster Linie *für mich* machen und ein Abbruch – aus welchem Grund auch immer – wäre keine Schande gewesen. Aber eigentlich war ich vom Gelingen meines Vorhabens überzeugt.

Zum Abschied wurden mir noch einige besondere Geschenke überreicht: eine zusammengerollte 5 USD-Note mit Blume, ein vom Pfarrer geweihter Rosenkranz, ein blauer Stein als Glücksbringer und ein silberner Schutzengel für die Halskette wechselten den Besitzer. Alles wanderte zu den US-Dollars in die Schultertasche mit den Ausweispapieren: die können Schutz gebrauchen ...

Gottlob, dass sich alle bereits gut und lautstark unterhielten: so wurde der sprichwörtlich wichtige Motorenstart und die Warmlaufphase der Maschine von Stimmen übertönt. Ich schwang mich in den Sattel, schloss den Helm, winkte allen zu – und ab ging's in den Osten!

Beim Wegfahren spürte ich zum ersten Mal die schwere Last auf dem Hinterrad. Der Lenker schlenkerte von links nach rechts, und ich glaube, dass ich keinen guten Eindruck für sicheres Beherrschen des Motorrads hinterlassen habe ...

EUROPA

ÖSTERREICH – RUSSLAND / BREGENZ – MOSKAU

25. Mai **1. Tag, Sonntag** **Km-Stand: Start**

Wetter: Bewölkt und kühl; nachmittags sonnig

Ziel: Bregenz / Österreich (Start), München, Passau (Durchreise) Linz / Österreich (Tagesziel, Übernachtung)

Erst mal Gas geben, ein Stück des Weges fahren und sich an das Gewicht der Maschine gewöhnen. Als ich so auf dem Motorrad sitze und auf der deutschen Autobahn mit 140 Sachen dahinbrause, klopft es plötzlich am Helm. Herein, denke ich erst mal. Nach einer Pause kommt das Klopfen wieder. Die Ursache ist das offene Helmband, das ich vor Aufregung nicht geschlossen hatte. Ich bremse ab und fixiere das Band – alles O.K. Es tut mir gut, dass ich nach so vielen Jahren Motorradfahren immer noch Freude empfinde.

Die Fahrt geht über München und Passau nach Osten – meine Gedanken kreisen immer wieder um das ferne Ziel, Russland. Im Geiste sehe ich die Strecke nach Moskau vor mir. Die Sprache und das mir fremde kyrillische Alphabet machen mir Sorgen; in Gedanken versunken, vergesse ich, dass ich die Benzinhähne auf „Reserve“ geschaltet hatte. Kurz vor Passau stehe ich dann am Straßenrand. Auch der Reservekanister im Seitenkoffer ist leer, aus Gewichtsgründen wollte ich ihn erst in „benzinknappen" Gebieten auffüllen. Also schiebe ich meine alte Dame einige 100 Meter bis zur nächsten Siedlung und komme mir dabei als Weltreisender etwas albern vor: In Gedanken fahre ich durch Sibirien und hier in Bayern stecke ich schon das erste Mal fest. Eine hilfsbereite Frau holt in einem Plastikkanister etwas Benzin von der Tankstelle. Auf ihre Frage, wohin ich mit dem ganzen Gepäck will, fällt mir die Antwort schwer ...

Der erste Zeltplatz: ein Weinberg in Spitz an der Donau

Weiter geht es nach Osten, über Linz Richtung Wien. Es wird langsam Abend und ich biege in der Wachau ab nach Spitz, um nach einem Campingplatz zu fragen. Neben einem Geldautomaten stehen zwei Herren. Als sie mein Kennzeichen sehen, werde ich sofort von einem der beiden zu sich nachhause eingeladen. Seine Tochter lebt seit vielen Jahren in Lauterach, meiner Heimatgemeinde. Wenig später stelle ich in seinem Weingarten mein Zelt auf. Es gibt noch eine ausgiebige Jause und einige Gläschen Wein. In der Nacht streift der große Nachbarhund um mein Zelt; auf sein ständiges lautes Bellen hin schreie ich ihn in die Flucht. Ist das schon eine kleine Vorbotschaft, was in Sibirien in der Nacht so alles um mein Zelt schleicht? Ich höre noch einige andere Geräusche, aber bald schlafe ich ein.

26. Mai 2. Tag, Montag Km-Stand: 550

Wetter:	Warm, sonnig bis schwül, am Nachmittag Gewitter
Ziel:	Wien, Bratislava, Trencn bis Zilina / Slowakei (50 km vor Polen)

Nach einem ausgiebigen Frühstück darf ich sogar die Dusche des Hausherrn benützen. Und als ich von meinem Vorhaben erzähle, sind Kost und Logis kostenlos. Diese Hilfsbereitschaft schon am ersten Tag meiner Reise – ich kann es gar nicht fassen.

In der Nacht steht meine alte Dame in der Hausgarage, der Familien-PKW muss unter freiem Himmel übernachten. Beim Abschied von der Familie Martin wird viel fotografiert. Eine Urlauberfamilie aus meiner Heimat wünscht mir viel Glück.

Auf dem Weg nach Wien überlege ich, welche Ausrüstungsgegenstände ich bei meinem Bruder in Wien zurücklassen könnte: das Motorrad ist überladen. Aber was ist es, ohne das ich auskommen kann?

Die Millionenstadt Wien bietet mir die Möglichkeit, mit beladenem Motorrad ein Großstadt-Training zu absolvieren – hinter der KTM meines Bruders Werner geht es quer durch Wien. Einfach super! Über Schloss Schönbrunn rein, quer durch die Stadt, einmal den Donau-Kanal auf der einen Seite rauf und auf der anderen runter und über Schwechat hinaus gen Osten.

Zuvor machen wir noch einen Besuch bei der Kripo Ottakring, um Werners Kollegen zu besuchen und einige IPA-Sachen abzuholen: mit dem IPA-Pickerl am Motorrad, einer IPA-Passhülle und einer IPA-Kappe hoffe ich bei den Grenzkontrollen als Exekutiv-Beamter angesehen zu werden und eine dementsprechend freundliche und vor allem rasche Abfertigung zu erlangen. Und weiter geht's über die Slowakei in Richtung Polen.

Vom ‚kleinen Bruder' Werner die letzten Glückwünsche

Die Einreise klappt gut, zwei slowakische Grenzbeamte wünschen mir auf Deutsch eine gute Fahrt und der Passkontrolleur fragt, wohin die Reise gehe – mit so viel Gepäck!?! Drei Mal versuche ich zu antworten, ich finde einfach nicht die richtige Zielstadt. „Was?", sagt er, „Sie wissen nicht, wohin Sie wollen?", lacht er. „Doch doch", sage ich, überrascht von dieser Schlagfertigkeit, „ich reise nach Krakau in Polen". Auf der Weiterfahrt nehme ich mir vor, bei solchen Fragen in Zukunft nur die nächstgrößere Stadt anzugeben; in verschiedenen Survival-Büchern wird das zur Sicherheit empfohlen.

Nach zweistündiger Fahrt auf guten Straßen sehe ich – fast zu spät – schwere Wolken aus Nordosten heranziehen. Kaltfront voraus, denke ich, kein Wunder nach der schwülen Hitze. Eine Autobahnbrücke dient mir als Dach für das Umziehen. Um wasserdicht zu sein, knöpfe ich schnell das Goretex-Innenfutter ein und es kann weitergehen. Bis am Abend möchte ich in der Nähe des kleinen Städtchens Zilina sein, laut Straßenkarte sind dort zwei Campingplätze. In einem Seitental raten mir zwei junge Frauen mit Kinderwägen von einem ab und zeigen mir den Weg zum anderen. Sie meinen, das soll ein „first class"-Campingplatz sein. Ein Bodybilder weist mir Hütte Nr. 2 zu und kassiert gleich 3,50 EURO für eine Nacht. Von den 30 Hütten sind heute nur zwei besetzt. Meine Nachbarn sind vier junge Polen. Als ich merke, dass mein Schlüssel von innen nicht sperrt, ist der Portier-Bodybilder schon abgezogen. Feierabend. Also allein im einsamen Seitental, und das bei offener Tür. Aber noch mache ich mir keine Sorgen; ich habe ja die polnischen Nachbarn und meine alte Dame steht gut versorgt unter dem Hüttenvordach.

Ein Hüttchen für zwei

Apropos: die BMW läuft ganz ausgezeichnet, der Ölverbrauch ist minimal und an das Handling gewöhne ich mich langsam, trotz der Überladung. Den einsamen Abend verbringe ich mit Lauschen und Genießen. Die Grillen zirpen und der Bach plätschert, was will ich mehr. Langsam werde ich müde. Ein guter Schluck Kirschenschnaps aus dem Flachmann, die Pfeife anzünden und an Morgen denken – nach Polen, ich bin gespannt! Zwei Tage habe ich für die Polen-Durchfahrt geplant, danach tritt mein Visum für Weißrussland in Kraft. Plötzlich überfällt mich der Gedanke: was habe ich mir da nur vorgenommen!

27. Mai 3. Tag, Dienstag Km-Stand: 950

Wetter: Vormittags bewölkt, leichter Nieselregen, kühl, Nachmittags sonnig
Ziel: Einreise nach Polen, Krakau-Warschau

Alles, was ich bisher Negatives über Polen gehört habe, kann ich sofort vergessen. Die Einreise ist einfach und die Grenzbeamten sind sehr freundlich. Ich werde in meiner Muttersprache begrüßt und durch die Grenze gewunken. Alle Koffer und Säcke bleiben ungeöffnet. Die Fahrt geht angenehm weiter, längere Zeit höre ich einen Kosakenchor in meinen Ohren klingen. Ich fühle mich wohl. Die Ostslaven sind interessante Menschen; ihre Städte und Hochhäuser, ihre Straßen und Autobahnen sind einfach, aber sauber. Die Stadt Krakau zum Beispiel: königlich thront sie auf ihren Hügeln. Ich nehme mir aber keine Zeit für die berühmte Altstadt, mich treibt es weiter in Richtung Warschau. Meine alte Dame läuft fein und ruhig. Die Temperatur ist angenehm kühl, mein Outlast-Anzug sorgt für ein hervorragendes Körperklima. Am Nachmittag mache ich einen Abstecher ins Zentrum von Kielce und genehmige mir in der Fußgängerzone ein Eis. Als ich meine alte Dame auf den Seitenständer stelle, bestürmen mich vier junge Burschen und wollen meinen Helm aufsetzen. Als ich ihnen zu verstehen gebe, dass mein Helm nur auf meinen Kopf gehört, ruft ein älterer Herr, der auf der Parkbank sitzt: „Ihr müsst Deutsch reden, damit er euch versteht“. Ich schaue noch freundlich zu ihm und fahre weiter, der alte Mann winkt mir mit seinem Stock hinterher.

Seltsam kommt mir ein riesiger, schwarzer Hund vor. Ich gehe zwischen unzähligen Menschen durch die Fußgängerzone, da bellt er mich vom 1. Stock eines Hauses herunter wütend an. Spürt er den fremden Reisenden oder mag er keine Motorräder? Meine Fahrt in Richtung Warschau geht weiter. Auf der Straßenkarte ist wieder ein Campingplatz eingezeichnet, der sehr schwer zu finden ist. Zwei Polizisten am Straßenrand helfen mir mit wortreichen Gesten und in einer Mischung aus Polnisch und Englisch weiter. Nebenbei filzen sie einen Kleinlaster, der von zwei jungen Burschen gelenkt wird; aber ich bekomme die richtige Information und wenig später stehe ich auf dem Campingplatz. Und auf was für einem traumhaften Plätzchen! Anglersee, saftige Wiesen und ein freundlicher Besitzer, der mir gleich die große Garage für die Übernachtung meiner alten Dame zeigt. Ich suche auf der schönen Campingwiese einen Zeltplatz. Eine finnische Familie mit Wohnwagen und ein englisches Paar mit Zelt haben sich bereits häuslich eingerichtet. Ich begrüße die Leute per Handschlag und frage höflich, ob sie auf der riesigen Wiese Platz für mich haben. Nachdem mein Zelt steht und der Tag zu Ende geht, setze ich mich im Innenhof auf eine Bank zwischen der offenen Garage und dem Kiosk. Bei einem kühlen Bierchen und meinen Tagebucheintragungen sehe ich mit einer gewissen Zufriedenheit, wie sich einige junge Leute in der Garage um mein Motorrad versammeln und plaudern. Oder planen sie jetzt einen Diebstahl?! Bekannte haben mir vorausgesagt, dass bereits in Polen alles von mir geklaut und die Reise zu Ende sein würde ... Wie dem auch sei: unser Denken bestimmt unser Sein; ich denke im Moment an ein weiteres frisches polnisches Bier und an die Weiterfahrt am nächsten Morgen. Die Richtung ist Norden, mein nächstes Ziel ist Warschau. Und dann – viele tausend Kilometer Richtung Osten. Eigentlich wollte ich eine kürzere Strecke nach Weißrussland nehmen. Ich bin jedoch davon überzeugt, dass ich auf der Strecke Warschau-Minsk andere Motorradreisende treffen werde. Jetzt spüre ich meine Müdigkeit und die Wirkung der 2 kühlen Bierchen setzt ein; ich gehe über die Wiese zu meinem Zelt und will mich erst einmal richtig ausschlafen.

28. Mai 4. Tag, Mittwoch Km-Stand: 1.400

Wetter: Sonnig, heiter und mild, leichter Wind
Ziel: Über Warschau nach Osten zur weißrussischen Grenze Brest

Am Morgen, als ich meine Säcke und Reservereifen am Motorrad festzurre, kommt meine finnische Nachbarin auf mich zu. Sie fragt mich nach dem Ziel meiner

Reise. Auf meine Antwort hin greift sie sich erschrocken ans Herz und umarmt mich ganz spontan. Oh Finnland, sei stolz auf deine Frauen; ihr „good luck" zum Abschied kann ich sicher gut gebrauchen. Oder war meine Antwort gleichbedeutend mit „lass dich ein letztes Mal umarmen"? Genug der Sentimentalitäten, der Starter dreht freudig, der Boxermotor saugt nach Abenteuer: auf nach Warschau und danach auf Ostkurs nach Terespol.

Meine nächste Nacht möchte ich auf einem Campingplatz, der gut 10 Kilometer vor Weißrussland liegt, verbringen. Ich beabsichtige in aller Frühe einzureisen, um genug Zeit für den Zoll zu haben, gegen die zu erwartenden Verzögerungen will ich gewappnet sein. Schlechte Straßen und viel Verkehr machen die Fahrt nach Warschau nicht zum Vergnügen. Meine alte Dame und ich werden ordentlich durchgeschüttelt. Bei einem der Tankstopps sehe ich, dass am oberen Verschluss der Vordergabel etwas Dämpferöl austritt. Undichtigkeiten am Anfang meiner Weltreise kann ich überhaupt nicht gebrauchen, also suche ich in Warschau eine Fachwerkstätte auf. Dort schnappt sich ein altgedienter Mechaniker einen Schlüssel in Größe 36 – so einer war zu groß für mein Bordwerkzeug – und die Sache sitzt und ist dicht. Wurde das Teil losgerüttelt oder hatte ich es zu wenig festgeschraubt bei meiner Instandsetzung zuhause? Auf meine Frage, wie viel ich denn schuldig sei, sagt mir der Inhaber: „Dienst am Kunden und gute Fahrt!" Das ist Polen! Nach Warschau hinein war viel Stau, hinaus geht's besser – aber in welche Richtung? Nach mehreren Anläufen finde ich aus der Stadt heraus. Über die Autobahn fahre ich erwartungsvoll gegen Osten, der Gasdrehgriff fühlt sich angenehm an und erstmals drehe ich die Gasfeststellschraube fest, um den rechten Arm auf der langen Strecke zu entlasten. Gegen Abend erreiche ich den Campingplatz kurz vor der Grenze und die alte Dame bekommt einen Unterstellplatz beim Grillhäuschen; ich bekomme für 4,- EURO einen Platz zugewiesen. Eine große Marienstatue beschützt das einzige Zelt auf dem Platz, nämlich meines.

Romantisch und allein

Außer einem Warschauer Sandkorn, das schon den ganzen Tag in meinem linken Auge steckt, funktioniert heute wirklich alles. Vorsicht heißt es beim Abstellen des Motorrades. Bevor ich vom Sattel rutsche, muss ich immer das ganze Gewicht auf den Seitenständer legen; mal sehen, wie lange er das aushält ... Das anschließende

Abstellen auf den Hauptständer erspart das Fitnesscenter. So steht die ganze Fuhre dann stabil.

Morgen ist der Einreisetag nach Weißrussland. Wahrscheinlich wird es etwas länger dauern als in Polen, aber die gut 10 Millionen Weißrussen werden mich schon durchlassen. Ab Morgen gibt es eine neue Währung: weißrussische Rubel; na dann, auf zum Geldwechseln.

29. Mai **5. Tag, Donnerstag** **Km-Stand: 1.760**

Wetter: Sonnig, weiße Haufenwolken und windig
Ziel: Einreise Weißrussland

So, jetzt heißt es Abschied nehmen von den in der Schule gelernten lateinischen Buchstaben, ab jetzt geht's auf kyrillisch weiter – gut, dass ich mich mit Eigenstudium darauf vorbereitet habe. Zuerst aber wieder das Zelt und die benötigten Gegenstände einpacken und festzurren. Ein letztes Gebet bei der Marienstatue am Campingplatz und los geht's, diesmal ohne Frühstück. Das Restaurant öffnet erst um 10 Uhr und ich will um 8 Uhr beim Zoll sein. Erst mal beobachten: wer macht was und wer geht wohin ... Chaos breitet sich in meinem Kopf aus. Jetzt heißt es abwarten. Ich fasse einen weißrussischen Zöllner ins Auge und stelle ihm die ersten Fragen. Er, ca. 2 Meter groß und blond, zeigt mir die Musterblätter an der Containerwand (sie sind natürlich in kyrillischer Schrift) und sagt: „Ausfüllen!" Nun tue ich einfach so, als ob alles klar wäre; später werde ich ihn wieder fragen. Jetzt klappt es, er hilft mir beim Ausfüllen und begleitet mich über die Baustelle zum Hauptschalter. Eine Blondine hinter der Glasscheibe stellt mir das Einreiseformular aus. Zuvor geht's zum Papierkopierer und zur Gesuchtenliste-Kontrolle. Nur gut, dass ich ein erstklassiges Business-Visum im Reisepass habe, wenn auch eines, bei dessen Bezahlung man mich in Deutschland übers Ohr gehauen hat. Eines steht fest: ohne die Hilfe des hünenhaften Zöllners hätte ich über 2 Stunden für die Einreise benötigt. Insgesamt muss ich 6 Kontrollen über mich ergehen lassen. Mehrere große und kleine Zettel mit Aus- und Einreisestempeln gehen durch mehrere Hände. In der Warteschlange steht unter vielen LKW-Fahrern ein mir polnisch erscheinender, älterer Herr; er glaubt ich sei Russe: was für ein Kompliment. Der ältere Herr ist aus Nordrhein-Westfalen und besucht seinen Sohn in Minsk. Bevor der Schlagbaum hochgeht, verkauft mir ein hübsches Mädchen für umgerechnet 1,- EURO eine Versicherung – geht in Ordnung, aber jetzt will ich hier nur noch durch! Ich wechsle Euro in weißrussische Rubel und zum ersten Mal bezahle ich etwas mit einem Fünfhunderttausender.

Grenzübergang hinter dem eisernen Vorhang

Weiter geht's auf guten Straßen nach Minsk, eine der ältesten Städte Russlands mit unzähligen Hochhäusern und Plattenbauten ohne Ende. Nach mehrmaligem Nachfragen stelle ich fest, dass es den in der Straßenkarte eingezeichneten Campingplatz gar nicht gibt; ich werde umdenken müssen. In Russland heißt „Camping" einfach „Motel". Wenn ich mich nicht mehr auskenne, frage ich prinzipiell nur Männer in Uniform. Die Miliz ist besonders nett, sie hat immer ein „dabró" (gut) für meine alte Dame übrig. Aber auch die hübschen, gut gekleideten Damen in Minsk, vorwiegend blond, begeistern mich. Ein redseliger Einheimischer spricht mich auf der Straße an, um zu fragen, wohin die Reise geht. Wahrheitsgemäß erzähle ich ihm von meinem sibirischen Vorhaben. Erschrocken schaut er mich an, zeigt mit seiner Schuhspitze auf die Bordsteinkante und sagt: „Bis hier her ist Moskau, dann kommt nichts mehr." Symbolisch tritt sein Fuß über die Bordsteinkante ins Leere. Nach einer Stärkung in einem amerikanischen Fastfood-Restaurant im Zentrum finde ich nach mehreren Umkehrmanövern endlich die Straße M1 in Richtung Moskau.

Ungefähr 100 Kilometer vor der großen, russischen Grenze beziehe ich ein von der Milizkontrolle empfohlenes Motel an der Straße. Die Sonne steht schon tief und ich möchte meinen ersten Tag in Russland mit seinen unzähligen neuen Eindrücken im Tagebuch festhalten. Meine alte Dame darf ich hinter einem großen Eisentor abstellen. Dieses wird verschlossen und von einem scharfen Hund bewacht. Der Aufseher nimmt die beiden Reservereifen zur Sicherheit mit in seinen Hochsitz. Das Motel ist umzingelt von Autobahnen und Zubringerstraßen. Mir wird ein winziges Zimmer zugeteilt. Nachdem ich das Gepäck in mein Nachtquartier geschleppt hatte, stelle ich erstaunt fest, dass ich der einzige Gast in dieser Unterkunft bin, einmal abgesehen vom russischen Personal. Nichts darf im Freien verbleiben, alles wird versorgt und weggesperrt. Ist diese übertriebene Vorsicht wirklich notwendig? Autsch, die erste Stechmücke hat mich erwischt – und ich sie. In Sibirien soll es ganze Moskitowolken geben, ist das die erste Vorwarnung? Die Vorhersage der Einheimischen („als Fremder höchstens bis Moskau, dann keinen Fuß mehr weiter") gibt mir zu denken. „Sibirien, nein danke", sagen sie in Weißrussland. Ähnliches hörte ich schon in der Slowakei über die Polen, später dann in Polen wurde ich von den Einheimischen vor den Weißrussen gewarnt. Mein erster Eindruck von diesem unendlichen Land ist: schön, groß und unheimlich. Einige Ausflüge abseits der nach Moskau führenden M1

Die M1 nach Moskau

haben mich noch nicht vom freien Zelten überzeugt. Campingplätze gibt es keine und abseits der Straßen sieht es nicht sehr einladend aus. Ich brauche jetzt etwas Eingewöhnungszeit. Immerhin sind es noch 10.000 Kilometer bis Wladiwostok. Und im Normalfall bin ich bei Mütterchen Russland noch mindestens 40 Tage zu Gast.

30. Mai 6. Tag, Freitag Km-Stand: 2.350

Wetter: Sonnig, leicht bewölkt und windig
Ziel: Einreise nach Russland und nach Moskau

Nach einem kräftigen Frühstück hole ich meine alte Dame aus dem Hof, wo inzwischen auch einige LKWs stehen. Als einer der LKW-Fahrer vom Aufseher erfährt, dass ich nach Sibirien fahre, stürmt er auf mich zu und reicht mir die Hand. Ungläubig schüttelt er seinen Kopf und lacht. Ich spreche mir selber Mut zu ... Auf der Weiterfahrt zur Grenze begegne ich den ersten Motorrädern. Leider fahren sie in die entgegengesetzte Richtung. Mein mit den Fingern angedeutetes „V“ für „Victory“ wird mit stürmischem Winken zur Kenntnis genommen. Die Begegnung dauert immer nur wenige Sekunden: jeder hat sein Ziel in einer anderen Richtung. Die Autobahn ist breit und in einem recht guten Zustand. Außer einigen Spurrillen und Frostaufbrüchen geht es recht flott voran. Dann und wann liegen einige verlorene Teile auf der Fahrbahn herum: Ein Mal eine Ladung Beton-Vollziegel, ein anderes Mal belegen Metallteile, LKW-Kotflügel und ähnliche verrostete Dinge die Straße.

So, nun wird es wirklich ernst. Vor mir liegt die große Grenze nach Russland mit seinen 145,6 Millionen Einwohnern und einer Gesamtfläche von 17.075.400 km^2. Ich fahre zu den Stopp-Tafeln, um mich bei Zöllnern zu erkundigen. Einer schickt mich gleich zu einer Baracke, um dort die Einreiseformulare auszufüllen. Hinter den Glasscheiben sitzen zwei hübsche Damen in Zivilkleidung. Inzwischen kann ich Geld wechseln – weißrussische Rubel in russische Rubel – und die anfallenden Gebühren bezahlen. Mit dem Zettelkram geht's wieder zurück zu den Hübschen und danach mit den vorbereiteten Formularen zum Zollbüro. Dort heißt es Geduld zeigen. Vor und hinter mir warten noch einige LKW-Fahrer, einer zeigt mir den Weg zum richtigen Schalter und wieder muss ich mich gedulden. Dabei lerne ich die LKW-Fahrer kennen. Auf der Autobahn sind sie mir zu Hunderten begegnet, jetzt aber erlebe ich sie hautnah. Sie stammen aus Kasachstan, der Ukraine, aus Weißrussland und Russland, wie man leicht an ihren Pässen und den Zollpapieren erkennen kann. Endlich bin ich an der Reihe, nach längerem Hin und Her begleitet mich der Zöllner kopfschüttelnd zum Motorrad, murmelt etwas von „drei Monaten in Russland", und was ich so lange hier will. Ich lasse die Antwort offen – wie soll ich ihm auch die schwierige Visa-Besorgung erklären? Nach der Kontrolle der Fahrgestellnummer gehe ich zurück in die Baracke. Endlich wird nach dreimaligem Unterschreiben mein Einreiseformular ausgestellt.

Die Russische Föderation

Fertig? Noch nicht! Ich starte den Motor und fahre zum nächsten Beamten, der unter einem großen Durchlasstor steht. Wieder wird kontrolliert. Er stellt einige Fragen und fordert mich zum Weiterfahren auf. Kann das sein, ohne einen Seesack oder Koffer geöffnet zu haben? Denkste, 50 Meter weiter steht schon wieder einer in grüner Uniform. Der junge Mann ist sehr genau, er klopft mit seinem kurzen Stock auf die Seitenkoffer und sagt: „Öffnen!" Na ja, wenigstens scheint die Sonne, bei Regen wäre das Ganze noch unlustiger. Ich schwitze in meiner Motorradkleidung, aber ich beginne geduldig alles abzuladen und öffne den ersten Seitenkoffer. Bald darauf gesellen sich noch einige Armeesoldaten, in blau-silbernen Kampfanzügen und mit schwarzem Barett auf dem Kopf, dazu. Der Kommandant – etwa in meinem Alter, durchtrainiert und braungebrannt – stellt sich dazwischen, fragt mich kameradschaftlich nach meinen Namen und die Situation entspannt sich sofort. Ich zeige ihm Pfeifentabak, Werkzeug, Reservekanister und die Ersatzteile. Er, wie er sagt „Chief of Special Forces of Militia Group (in Russisch Speznas – Spezialnoje Nasnatsch énije)", stoppt nun die Sucherei und sagt entschlossen zum Beamten in der grünen Uniform: „Alles O.K., lasst Franz durch!" Juhu, ich bin in Russland!

Über die Autobahn M1 geht's an Smolensk vorbei nach Moskau. Bei diesem Teil der Strecke hat man mich am meisten vor den Mafiosi gewarnt. Dadurch überspringe ich einen Tag in meiner Planung, noch heute Abend will ich in Moskau sein. Das heißt heute 600 Kilometer abspulen, einige Fotos machen und einige Male seitlich in die Dörfer abbiegen und zum ersten Mal einkaufen. Über die Gefährlichkeit, direkt an der M1 einzukaufen, wurde ich mehrmals informiert, ich will mich aber selber davon überzeugen. In einem kleinen Lebensmittellladen in einem kleinen Dorf stehen drei Damen hinter dem Verkaufspult. Ich spüre, dass sie Angst vor mir in meiner schwarzen Motorradkluft haben. Aber ich bekomme trotz deutschem Motorrad vor der Tür Wurst, Käse und Brot. Nach längerer Fahrt komme ich in Moskau an und fahre mitten ins Zentrum der 10 Millionen-Stadt.

Das erste, was mir auffällt, sind die unwahrscheinlich vielen Fahrzeuge – in den verschiedensten Schrottklassen. In Österreich würde man bei einer Polizeikontrolle mindestens 50% der PKW und 75% der LKW auf der Stelle die Kennzeichen abmontieren. Aber an das muss ich mich erst gewöhnen, wie auch an Staub, Schmutz, Dieselrauchwolken, sehr arme Menschen und an die vielen alten Häuser kurz vor dem Zerfall. Hinein ins Zentrum, Richtung innerer Ring. Dort treffe ich mitten im Verkehrsgewühl – links und rechts wird überholt – einen Biker und natürlich spreche ich ihn sofort an. Einen Campingplatz kennt er nicht, aber wo sich die Motorradfahrer am Freitagabend treffen, zeigt er mir gerne. „Die wissen sicher mehr" – und ich fahre hinter ihm her, kreuz und quer durch Moskau. Herzlicher, spontaner Empfang am großen Aussichtsplatz in Moskau-City, in Deutsch, Englisch und natürlich Russisch. Einer fragt den anderen und eine halbe Stunde später stehe ich im 8. Stock mitten in der Stadt vor einem Bett. Die Familie Olga und Shenja Molchánow gibt mir eine Bleibe für den morgigen Ruhetag und bewirtet mich ganz hervorragend. Zuvor wird die Garage für meine alte Dame geräumt, und diese darin versperrt; der Parkplatz ist bewacht. In der Garagenecke steht Shenjas verunfallte Suzuki Hayabusa, sie wurde ihm vor einigen Monaten gestohlen und vor wenigen Tagen mit Totalschaden von der

Treffpunkt der Motorradfahrer am Freitagabend in Moskau

Sichere Unterkunft bei neuen Freunden in Moskau

Polizei zurückgegeben. Shenja bittet mich, nichts an Gepäck auf dem staubigen, sandigen Garagenboden stehen zu lassen; bei Regen in der Nacht läuft nämlich Wasser in die Blechgaragen.

31. Mai 7. Tag, Samstag Km-Stand: 2.950

Wetter: Morgens starker Regen, tagsüber wechselhaft
Ziel: Moskau-Besichtigung und Ausflug zu einem Wolga-Dorf

Meine Haftpflichtversicherung für den asiatischen Teil Russlands, jenseits des Ural, ist noch offen und diese kann man nur direkt im Land abschließen. Shenja hilft mir, im riesigen Moskau meine vorbereitete Adresse zu finden. Und die Vorbereitung war gut, denn bei den wenigen Westeuropäern im Lande weiß eigentlich niemand, wo man sie versichern kann. Ich bezahle sofort 14,- EURO und nun bin ich für ganz Russland versichert; wie viel diese Versicherung wert ist, wird sich im Ernstfall herausstellen ... Die hübsche Dame am Schalter der Ingosstrakh-Versicherung gibt mir für Rückfragen nicht nur ihre Durchwahl, sondern auch ihre Privatnummer. Danach besuchen wir Shenjas Tochter, die eine Ausbildung in einem Reitstall macht. Kaum eingetroffen, sitze ich schon auf einem Pferd und werde im Trab an der Laufleine im Kreis geführt. Auf meiner alten Dame mache ich eine bessere Figur, meine Reitlehrerin Ludmila sagt mir immer wieder: „Oberkörper zurück!" Und weiter geht's, diesmal mit Shenjas altem VW. Er zeigt mir sein neues, halbfertiges Wochenendhaus an der Wolga, eine Fahrstunde nordwestlich von Moskau in Richtung St. Petersburg. Interessant ist der kleine Bootssteg, einer von vielen hier an der Wolga, in den Wolgaauen. Am Steg liegen in mehreren Formationen uralte Boote in verschiedenen Variationen am Ufer. Gegenüber befinden sich verfärbte, rostige, mit Vorhängeschlössern versperrte Metallkästen. Keiner gleicht dem anderen in Größe oder Bauart. Im Inneren bewahren die Bootsbesitzer Öl, Benzin, Werkzeuge und Zubehör auf. Der Naturweg zwischen den Metallkästen und dem unbefestigten Steg ist mit Altöl bearbeitet, um bei Trockenheit den Staub zu binden. Dort treffe ich auf Shenjas Freund Sergej. Sergej ist ein ungewöhnlicher und intensiver Typ, er lebte 5 Jahre in Toronto / Kanada und beeindruckt durch seine Weltoffenheit. Zum

Skipper Shenja am Wolga-Stausee

Mit Olga und Shenja vor dem Lenin-Mausoleum am Roten Platz

Abschied vor der Weiterfahrt nach Moskau sagt er: „Be careful“ und wünscht mir mit der in Russland üblichen Umarmung „good luck“. Die Rückfahrt in Shenjas Auto ist die reinste Rallye. Wir überholen links oder rechts, Sperrlinien oder die Fahrbahn überquerende Fußgänger – sie sind für ihn eine Herausforderung. Denn Shenja ist nicht nur Ingenieur für Motortuning, sondern auch einige Jahre Rallye gefahren ... Einzig bei den Kontrollposten des Polizeiringes um Moskau wird das Gas etwas zurückgenommen.

Die anschließende Innenstadtführung beeindruckt mich sehr. Ich bewundere den Roten Platz mit dem Kreml, das Lenin-Mausoleum und die vielen großen und kleinen Kirchen mit ihren Glockenspielen. Auf ihren prächtigen, goldenen Zwiebeltürmen befinden sich Kreuze über Halbmonden; sie symbolisieren den Sieg des Christentums über den Islam. Im Park steht ein Mahnmal zum Gedenken an die getöteten Soldaten aus dem Zweiten Weltkrieg; es wird von Gardesoldaten bewacht. Am Abend, in Shenjas Zuhause, zeigt mir mein russischer Freund alles, was er besitzt – einschließlich seiner Waffensammlung; 5 Gewehre sind, fein säuberlich geputzt, in der Wohnung. Ich nutze diesen letzten Abend in Moskau, um mit Olga und Shenja mein Russisch zu verbessern. Wir lernen zusammen, mit Hilfe meines Taschenwörterbuchs Deutsch-Russisch: zuerst suche ich das deutsche Wort, zeige mit dem Fingern auf das russische, Shenja macht seine Übersetzung umgekehrt – das nennt man Verständigung ohne Grenzen!

Der Rote Platz – das russische Wort rot bedeutet gleichzeitig auch schön

EUROPA, ASIEN

RUSSLAND – WESTSIBIRIEN / MOSKAU – JEKATERINBURG

1. Juni **8. Tag, Sonntag** **Km-Stand: 2.950**

Wetter: Starker Regen, wechselhaft; überschwemmte Straßen

Ziel: Richtung Osten, Vladimir bis Nijzni Novgorod

Am nächsten Morgen fahre ich nach dem Frühstück los. Olga und Shenja begleiten mich mit dem Auto bis zum Stadtrand auf der M7 Richtung Osten. Ohne die beiden hätte ich Moskau wohl nicht auf diese Art kennen gelernt. Ob ich ohne sie wieder aus Moskau hinausgefunden hätte? Ich weiß nicht ... Interessant ist, dass ich vom Polizeiring um und in Moskau nicht ein einziges Mal kontrolliert werde. Vor dem heutigen Start, während des Aufpackens in Shenjas Blechgarage, traf ich auf einige herzliche Russen: Bis ich alles festgezurrt hatte, standen sie neugierig und geduldig um mich herum, darunter auch der Platzwärter und sein Freund. Der Freund war während seines Militärdienstes 2 Jahre in Wladiwostok und erzählte, dass die Menschen dort sehr angenehm seien, die Straßen aber – dabei setzte er einen abschreckenden Gesichtsausdruck auf – schlecht. Er bestätigte mir, dass in Chita alle Straßen aufhörten zu existieren. Bei meiner Fahrt aus dem Innenhof wartete der Wohlmeinende beim Wärterhäuschen auf mich, schüttete mir den Inhalt eines Bechers – war es Wasser oder Wodka? – vor mein Vorderrad und sprach irgendwelche Glückwünsche aus.

Nach einem herzlichen Abschied von meinen Gastgebern auf der M7 und einer kurzen Regenpause fahre ich weiter Richtung Vladimir. Nach rund 200 km braucht meine alte Dame wieder Benzin; an der Tankstelle sind drei russische Motorradfahrer auf alten, japanischen Motorrädern mit Beifahrerinnen gerade mit dem Tanken fertig. Nach der Begrüßung und einem kurzem Plausch über das Wohin und Woher stoppt das letzte Pärchen bei der Abfahrt: Der Fahrer kommt zurück und als ich an der Zapfsäule einparke, gibt er mir den Zapfhahn in die Hand und wartet, bis ich fertig bin. Bevor ich sein Vorhaben realisiert habe, hat er bereits das Benzin bezahlt! Ich glaube nicht recht zu sehen, denn immerhin kostete der Sprit für mein Motorrad 280,- Rubel (9,- EURO). Das ist viel Geld für einen russischen Motorradfahrer – und das nur, weil er von mir erfahren hat, dass mein Ziel Sibirien ist! Bin ich für die Einheimischen etwa ein unverschämter Abenteurer oder gar ein verrückter Einzelgänger? Jedenfalls löst meine Antwort auf die russische Frage „kudá? (wohin?)“ immer eine von vielen verschiedenen Reaktionen aus. Ich renne meinem Gönner hinterher und gebe ihm eine meiner Adresskarten. Nach einem freundschaftlichen Schulterklaps geht es für beide wieder weiter. Sind wir Fremde oder Freunde? Während ich auf der Weiterfahrt noch lange über dieses spontane Ereignis nachdenke, setzt der große Regen ein. Die grauen Regenwolken und die schlechte Sicht tauchen die Landschaft mit der schlechten Fahrbahn in ein noch farbloseres Licht. Wenigstens wird der Straßenstaub dadurch weggespült, tröste ich mich. Aber Fahrzeuge, die aus ungeteerten Seitenstraßen kommen, bringen immer wieder Lehm und Kieselsteine auf den Belag. Beim Überholen der vielen LKWs sehe ich schon auf der Überholseite an der Sprühfahne aus Regenwasser, Seitenwind und der Fahrzeugdruckwelle, wie stark die Fahrbahn verschmutzt ist: Erde auf der Straße. Also noch vorsichtiger sein beim Überholen. Speziell wenn die LKWs beschleunigen, wird die Sicht zusätzlich verschlechtert. Riesige Rußwolken aus den Auspuffen veralteter Motoren nehmen mir die letzte Sicht aus dem regennassen Helmvisier. Irgendein LKW-Konstrukteur oder Gesetzesgeber hatte einmal beschlossen, die Auspuffanlagen nicht an der Fußgängerseite rechts zu platzieren, sondern an der dem Gehsteig abgewandten Seite. Der Mann hat aber die Motorradfahrer vergessen. Sie kämpfen auf ihren kleinen Aufstandflächen der beiden Reifen immer mit dem physikalischen Gesetz – speziell ich, der überladene

Unfassbare Weiten ohne Ende

Auf einsamen Wegen im Hinterland durch bezaubernde Landschaften

Draufgänger. Der Regen prasselt stundenlang auf mich herunter, an den Oberarmen spüre ich den Aufschlag der Tropfen, alle anderen Körperteile sind glücklicherweise durch Helm und Motorrad halbwegs geschützt.

An der Stadt-Umfahrung von Vladimir – Umfahrungen kommen selten vor, die meisten Straßen führen mitten durch die Millionenstädte – liegt auf der Gegenfahrbahn ein Opfer der schlechten Witterung; im Licht der Straßenlampen sehe ich einen älteren Mann mitten auf der Fahrbahn liegen. Er liegt auf dem Rücken, ein Bein in einem fürchterlichen 90 Grad-Winkel nach außen gedreht. Alles deutet darauf hin, dass er diesen Unfall nicht überlebt hat. Mehrere Einheimische stehen um ihn herum, aber für Hilfe wird es wohl zu spät sein. Wahrscheinlich war er einer der vielen Betrunkenen, die immer wieder völlig achtlos die Highways überqueren und dann unter die Räder der LKWs geraten. Russisches Roulette – im wahrsten Sinne des Wortes ... Bei der Weiterfahrt nach Osten mache ich mir über den Zwischenfall Gedanken. Und über den Sinn dieser Straße: für die Menschen ist sie die einzige, befestigte Verbindung zur Außenwelt, denn die Seitenstraßen enden alle sofort in Staub- und Lehmstraßen. Die Hauptverbindung dagegen hat meist 2 Spuren in jede Richtung. Selten genug gibt es dazwischen einen Grünstreifen oder eine Sperrlinie, noch seltener eine Leitschiene. Hier spielt sich das Leben ab. An den Straßenrändern parken ganz unterschiedliche Fahrzeuge. An Verkaufsständen werden Produkte aus landwirtschaftlicher Erzeugung angeboten. Fußgänger, schrill gekleidete Prostituierte und Fahrradfahrer prägen das Bild am Straßenrand. Daneben donnern und holpern unzählige LKWs und veraltete PKWs vorbei. Menschen überqueren immer wieder die stark befahrene Autobahn. Einem Mitteleuropäer wie mir läuft bei so viel Gleichgültigkeit ein kalter Schauer über den Rücken, speziell bei schlechtem Wetter und ohne Fahrbahnbeleuchtung. Also volle Konzentration und weiter – um im Zeitplan zu bleiben, will ich mein Tagesziel noch heute erreichen. Vor Niznij Novgorod reduziert sich die Straße auf Hauptstraßenbreite und der Regen wird wieder stärker. Nicht verzagen, alles dicht machen und weiter, trocknen kann ich mich am Abend, wenn ich mein Tagesziel erreicht habe.

In der Millionen-Stadt Niznij Novgorod, dem ehemaligen Gorki, steht das Wasser auf der Fahrbahn. Die kaum vorhandene Kanalisation ist mit den gewaltigen Regenfluten überfordert. Auf der Suche nach einer Bleibe für die Nacht werde ich von den Verkehrsteilnehmern von oben bis unten durchgewaschen – unvermeidlich aufgrund der „Seenplatten“ auf den Straßen der riesigen Stadt. Unter Wasser liegende Asphaltlöcher spürt man erst, wenn man darüber hinweggeholpert ist. Dazu kommen ausgeschlagene Straßenbahn-Schienen, die die Stadtdurchfahrt bei hereinbrechender Dunkelheit zu einer Rutschpartie machen. Jetzt ist endgültig alles nass, was ich habe. Aus dem Rucksack läuft das Schmutzwasser und eine trockene Wohnung würde mir jetzt gut tun. Ich schnappe mir einen Taxi-Fahrer und bitte ihn, vor mir herzufahren und mir den Weg zu einer geeigneten Unterkunft zu zeigen. Seinen ersten Vorschlag muss ich gleich ablehnen: Beim Anblick des Motels sage ich „njet“ – bitte etwas Bewohnbares. Er führt mich weiter zum Zentralhotel der Stadt. Hier kann ich für 650,- Rubel (22,- EURO) meine Sachen trocknen und in einem Zimmerchen übernachten. Zuvor wird meine verschmutzte alte Dame per Holzbrett auf den Vorplatz gebeten und vor der Glasscheibe der Rezeption aufgebockt. Für 100,- Rubel (3,- EURO) stellt die Sicherheitswache 2 verrostete Aufsteller mit Schnur und roten Fähnchen um sie herum auf: Signalisierung der Hotel-Zugehörigkeit; darüber hinaus soll meine Dame laut Sicherheitsdienst bewacht werden – hoffentlich ist sie morgen noch da ... Vor Müdigkeit nehme ich die verschiedenen dubiosen Personen im Hotel nur noch im Unterbewusstsein wahr. Die Etagenfrau im 8. Stock führt mich zum passenden Zimmer, ich falle sofort ins Bett – geschafft, das waren heute 500 km und 2 Städte trotz extrem schlechtem Wetter.

2. Juni **9. Tag, Montag** **Km-Stand: 3.440**

Wetter: Stark bewölkt, wechselhaft (bei Ceboksary durch 2 Gewitter)

Ziel: Richtung Osten, nach Kasan über Ceboksary ins Tatarenland

Als ich mich morgens zur Abfahrt fertig mache, gehen mir einige Gedanken durch den Kopf. Seit Weißrussland habe ich kein einziges europäisches Kennzeichen mehr gesehen außer einige abgelaufene Überstellungskennzeichen aus Deutschland – allein unter uralten, russischen Fahrzeugen. Ein Reifenschaden bei einem Wetter wie gestern hätte eher fatale Auswirkungen gehabt, denn ein Motorrad mit voller Beladung, ohne Luft im Schlauch, ist allein keinen Meter zu bewegen. Bei einer Panne wäre auf der Straße kein Platz und die Straßenränder sind rutschig und schlammig. Beruhigend ist: meine alte Dame läuft hervorragend. Sehr erfreut bin ich, dass durch die Feuchtigkeit keine Elektrikprobleme entstanden sind. Mein Motorrad sieht seit der gestrigen Regenfahrt aus wie alle anderen russischen Fahrzeuge, „es steht“ zwar vor Dreck, bringt mich aber anstandslos näher zu meinen Zielen. Vor dem Hotel ist ein großer Platz mit einer bombastischen Lenin-Statue, in einen mächtigen Mantel gehüllt zeigt er dem russischen Volk den „richtigen Weg“. Obwohl er seit 1924 im

Mausoleum am Moskauer roten Platz beigesetzt ist, wirkt seine Lehre noch heute. Dagegen zeigt die daneben aufgebaute Skater-Halfpipe für die Jugend den aktuellen Weg.

Lenin zeigt den richtigen Weg

Beim Start meiner alten Dame schüttelt der Motor noch die letzte Restfeuchtigkeit ab und nachdem wieder alle Säcke festgezurrt sind, geht's raus Richtung Tatarenland; das Hinausfinden über die Wolga- und Oka-Brücken aus Niznij Novgorod ist wieder abenteuerlich, aber es gelingt mir. Diese Industriestadt ist mit ihrer Armut und ihrem verschmutzt-desolaten Zustand ein Tiefpunkt meiner Reise. Über löchrigen Asphalt geht's über die M7 Richtung Osten. Auf der Strecke liegt Ceboksary, ich will hier noch US-Dollar in Rubel umtauschen und der Hunger plagt mich. Nach der Stärkung und mit ausreichend Rubel ausgestattet, gerate ich bei der Stadtausfahrt in eine der unzähligen Miliz-Kontrollen. Diese verlaufen aber immer freundlich, die Miliz ist nur neugierig und fragt immer etwas anderes; der Beamte hier fragt, ob meine alte Dame eine „Urál" sei. Ich lache und antworte: „da, njemjetzki Urál" (ja, eine deutsche Ural).

Die Straßen werden immer wieder von Baustellen unterbrochen, zwischendurch sind sie dann wieder gut ausgebaut, aber plötzlich kommen ohne Vorwarnung riesige Schlaglöcher – Väterchen Frost lässt grüßen. Ein riesiges Querloch wurde einem kleinen, grauen Lada kurz vor mir zum Verhängnis: Als ich vorbeikomme, liegt er im 5 Meter tiefen Seitengraben auf dem Dach, Rauch oder Dampf steigt aus dem Fahrzeug. Es stoppten bereits 3 einheimische Fahrzeuge an der Unfallstelle. Die Leute sind ausgestiegen, stehen herum und sehen entsetzt zum Unfallwagen hinunter. Ich als Ausländer kann keine große Hilfe sein, die Situation an der unübersichtlichen Stelle mit den herumstehenden Fahrzeugen ist ja so schon mehr als gefährlich, also muss ich weiterfahren. Dem verhängnisvollen, 2 Meter breiten und 40 Zentimeter tiefen Loch hinter der Senke konnte ich noch ausweichen. Kurze Zeit später wieder eine Milizkontrolle. Diesmal wieder eine andere Frage; der Beamte zeigt auf seine Dienstwaffe und fragt, ob ich da im Tankrucksack auch eine habe. Ich lache wieder und zeige ihm symbolisch: ja, zum Fotoschießen! Während dieser Zeit kommen die ersten PKWs von der Unfallstelle nach, ruhig wird über den Tatbestand berichtet. Erst jetzt wird mir klar, dass sie noch keine Hilfe verständigt haben! Auf meiner Weiterfahrt begegnen mir die ersten Rettungsfahrzeuge mit Blaulicht. In Gedanken wünsche ich dem armen Teufel im Graben alles Gute. Eines ist mir jetzt klar: rasche Hilfe ist hier im Falle eines Falles nicht zu erwarten ... Also ab jetzt noch mehr auf die Fahrbahn und den Verkehr konzentrieren.

Am Abend ist die 1,2 Mio. Einwohner zählende Tatarenstadt Kazan erreicht, wieder hinein ins Gewühl, es ist ja erst die dritte Stadt am heutigen Montag ... Die Sache mit dem Zelt will noch nicht richtig klappen. Wieder zornige Wolken und Regen mit Wind. Erst heute Morgen mit nassen Klamotten abgefahren, möchte ich doch ein festes Dach über dem Kopf haben. Also wieder ein Hotel suchen, das erste ist mir zu teuer, von dort rufe ich ein günstigeres an. Mit einem Stadtplan in Kyrillisch und ohne Ahnung wo ich mich in der Stadt befinde, suche und finde ich das günstigere Hotel. Längeres Hin- und Herverhandeln, ein Hotel-Angestellter fährt mit dem Auto voraus zum nahe gelegenen Schwesterhotel und ich mit dem Motorrad hinterher. Im dazugehörigen Haus ist nichts mehr frei. Wieder zurück im Stammhaus stellt sich heraus, dass dieses gleich teuer ist wie das erste. Und nach einigem Warten und unklarem Motorrad-Verbleib für die Nacht sage ich freundlich, aber bestimmt: "ßpaßiba!" (danke)! Ich fahre die ganze Strecke durch die Stadt zurück zum ersten, teureren Hotel und checke für eine Nacht ein.

Ab morgen wird's dann für einige Tage über Landstraßen entlang gehen und ich werde die Zelterei neu überlegen müssen. Außerhalb der Städte entlang der Straßen, bieten sich keine Zeltplätze an. Die Hauptverbindungen führen immer durch die Städte. Diese zu besuchen und – wie heute im Vorort – eine Limonade unter Einheimischen zu trinken, ist interessant. Man braucht aber viel Zeit dafür und der Stadtverkehr bei Regen ist nicht ungefährlich. Vor allem, weil immer wieder links und rechts mit überhöhter Geschwindigkeit überholt wird und das selbst bei riesigen Schlaglöchern. Wer jemals über die Arbeiterviertel in eine russische Stadt eingefahren ist, kann mein Zögern nachempfinden. Die Abschiedsworte meiner neuen Moskauer Freunde klingen mir noch im Ohr: „Franz, zelte nicht, das ist zu gefährlich! Im Notfall nur in der Nähe einer Miliz-Kontrollstelle, alles andere ist unverantwortlich!“ Jedenfalls: solang das nasskalte Wetter anhält, suche ich mir ein festes Dach über dem Kopf.

3. Juni **10. Tag, Dienstag** **Km-Stand: 3.880**

Wetter: Am Morgen bewölkt und dunstig vom Gewitter

Ziel: Über Izevsk nach Perm

Starke und dunkle Wolken über Russland. In der Kälte und im Nieselregen geht's raus aus Kasan. Zuvor wird meine alte Dame auf dem gesicherten Abstellplatz wieder bepackt. Der Platzwärter steht bei mir am Motorrad, ich hebe eine 3 Zentimeter lange, scharfkantige Blechschraube vom Boden auf und gebe sie ihm. Er lacht nur, ich aber bin für jeden Tag dankbar, bei dem ich mir keinen Reifenschaden hole. Eine

Reifenmontage am Straßenrand wäre extrem lästig und ich wäre allem ausgeliefert. Aber auch das wird eines Tages passieren, ich bin schon darauf eingestellt. Täglich fahre ich an Reifen montierenden Verkehrsteilnehmern vorbei, PKWs und vor allem LKWs. Ein Grund sind die alten Reifen, die bis zum bitteren Ende abgefahren werden; ein weiterer Grund dafür sind die schlechten Straßen: um einen besseren Federungskomfort zu erreichen, wird mit niedrigem Reifendruck gefahren. Und der offensichtlichste Grund für das permanente Montieren: es liegt unheimlich viel herum auf der Fahrbahn – von Brettern mit rostigen Nägeln bis zu Blech- und Eisenteilen ist alles dabei, teilweise sind die Metallteile in den Asphalt „versenkt". Nach einigen 100 Kilometern Fahrt steht ein altes russisches Motorrad zerlegt am Straßenrand. Nicht zu glauben: Es ist derselbe russische Urál-Fahrer, den ich schon vor zwei Tagen in der Nähe von Niznij Nowgorod während des Gewitters getroffen habe – freudiges Wiedersehen! Einige herbeigerufene Freunde helfen ihm bei der Reparatur an der Urál-Kardanwelle und während ich einige Fotos mache, sind die Helfer schon fertig. Man trifft sich immer zweimal im Leben, sagt das Sprichwort: ich umarme meinen russischen Motorradfreund beim Abschied und fahre weiter nach Osten.

Kardanwelle wird am Straßenrand repariert und weiter geht's

Die Landschaft wird immer abenteuerlicher, die Landstraßen sind gut ausgebaut. Ich komme gut voran. Der Kälte trotzend gebe ich Gas – was mich dann innerhalb einer Stunde zwei Radarstrafen à 100,- Rubel (3,- EURO) kostet. Aber die GAI-Männer sind sehr nett, sie bitten mich ins Polizeiauto, um die gemessene Geschwindigkeit über die Radarkamera abzulesen. Mit „njet Pratakóla" – somit nicht registriertes Bußgeld – verabschieden wir uns, natürlich mit Fotos aus meiner Kamera und die sind bußgeldfrei. Das Wetter will und will sich nicht bessern, dicke Wolken liegen über dem weiten Land. Um 14 Uhr bin ich am geplanten Tagesziel in Izevsk. Ich denke aber, „Angriff ist die beste Verteidigung" und fahre durch bis Perm. Das waren heute

Russische Sheriffs: Radarstrafe 3,- EURO incl. Abschiedsfoto

700 km und erst am Abend kommt die Sonne durch. Aber es gibt wieder keine Gelegenheit zum Camping und der einzige Campingplatz unterwegs glich eher einer Mülldeponie.

Und Perm ist wieder eine riesige Stadt; an den Miliz-Kontrollstellen erfrage ich die Adresse eines Hotels. Müde von der weiten Fahrt finde ich es auch, nachdem die Miliz mir alles auf einem Zettel aufgezeichnet hat (für diese Wegbeschreibung baten mich zwei Mann der Miliz in ihr Büro; während ich auf die Skizze warte, sehe ich mir die übergroßen, unzähligen Einsatz-Farbfotos an der Wand an. Alle mit demselben Inhalt: am Tatort Straße überfahrene Menschen, blutüberströmt und zerquetscht, teilweise vollkommen entstellt und nur mehr an den Kleiderresten zu erkennen. Abschreckung für Schnellfahrer oder Abhärtung für die Beamten?). Mit der Skizze in der Hand geht's weiter, ein paar Vorrangzeichen und Kreuzungen auf dem Blatt bedeuten aber 20 – 30 Kilometer Fahrt zum Hotel. In Russland sind die Entfernungen eben weiter. Ob ich mich je an dieses Land gewöhnen kann? Ich bezweifle es. Die Bushaltestellen zum Beispiel: hier warten nicht einige Menschen, sondern Hunderte. Die Stadt Perm macht aber einen guten Eindruck, nur die Orientierung, umgeben von kyrillischen Buchstaben, ist immer wieder eine Geduldsprobe. Na ja, morgen geht's über den Ural nach Sibirien ... Ausschlafen und neuen Schwung holen, haben es doch andere vor mir auch schon geschafft. Ab heute darf ich die Uhr um eine dritte Stunde vorstellen. Morgen wird mein Motorrad etwas Zuwendung bekommen: Sichtprüfung der Befestigungsschrauben und Dichtheit aller Teile, Motoröl kontrollieren und dann: Aufbruch in Richtung Ural-Gebirge.

4. Juni **11. Tag, Mittwoch** **Km-Stand: 4.580**

Wetter:	Sonnig! Tagsüber einige Wolken
Ziel:	Jekaterinburg und Richtung Tjumen, Ural-Überschreitung nach Asien

Nach 3 Tagen in Wolken, Kälte und Regen beginnt der heutige Tag mit Sonne. Die letzten Tage hatten schon sehr auf mein Gemüt gedrückt, das gute Wetter heute aber motiviert mich wieder. Wie auch gestern, fahre ich ab jetzt nur noch mit dem Taucher-Kompass am Arm. Zuvor nehme ich mit einem Karten-Kompass die Winkelteilung vor und stelle dann meine Richtung am Taucher-Kompass ein. Das ist auf der Landstraße eine wichtige Orientierungshilfe und unterwegs beruhigt der Blick auf die richtige Richtung. Wieder hinaus aus der Stadt Perm in Richtung Südost. Nach 110 km Fahrt – also richtig warmgefahren und voller Freude am guten Wetter – fehlt meiner alten Dame plötzlich die Kraft: Es arbeitet nur mehr ein Zylinder! Ich fühle mich

wie von einem Faustschlag getroffen. Durchatmen, ausrollen lassen ... Auf der wenig befahrenen Landstraße steht am rechten Straßenrand ein kleines, einfaches Buswartehäuschen. Nach dem Aufbocken beginne ich fieberhaft mit der Fehlersuche; ein schauriges Gefühl kriecht meinen Nacken empor. Zwei obligatorische Fehlerquellen prüfe ich zuerst: Benzinversorgung und Zündung. Nach dem Leeren der Vergaser-Schwimmerkammer mit Zulauf-Prüfung und dem Ersetzen der Zündkerzen mit Zündfunken-Prüfung ist keine Besserung zu spüren, meine alte Dame hustet nur auf dem linken Zylinder. Also den rechten Zylinderbereich genauer untersuchen. Nach der Vergaser-Demontage bin ich der Ursache näher, beim Durchstarten mit dem Elektrostarter ist keine Ansaugwirkung zu spüren. Ist das Einlassventil durchgebrannt? Nach der Abnahme des Ventildeckels fällt gleich ein Metallteil in den Straßenstaub: der Einlassventil-Kipphebel zwischen Lagerung und Stößelstange ist gebrochen. Erst mal auf die Holzbank im Inneren des Wartehäuschens sitzen und überlegen. Kein blinder Aktionismus. So berate ich mich selbst, eine Ist-Zustandanalyse wird mir helfen: Ich bin nicht verletzt und das Wetter ist bis auf den Wind in Ordnung. Ich habe Werkzeug dabei und dieser Motorschaden lässt sich beheben. Ein durchgebranntes Ventil wäre weniger gut zu reparieren, der gebrochene Kipphebel besteht aus geschmiedetem Stahl und ist somit schweißbar.

Der geschweißte Einlassventil-Kipphebel

Die nächste Stadt ist 250 km entfernt, was für eine Behelfsreparatur an Ort und Stelle spricht. Also ran an die Arbeit, alles abpacken und auf die Bank im Wartehäuschen legen. Sinnvollerweise ist das schwere Werkzeug am tiefsten und untersten Platz im Seitenkoffer und der übrige Kram darüber. Während der Demontage bin ich froh, das richtige Werkzeug eingepackt zu haben. Nach der Demontage stecke ich alles wieder sehr sorgfältig zusammen, damit der Wind keinen Schmutz in den Motor-Innenraum bläst. Also stehe ich da, das liebevoll vom Motoröl gereinigte Bruchstück in der verölten Hand. Erst mal warten, nebenbei ein Blick auf meine verstreuten Sachen auf der Wartehäuschenbank werfen. Nur einige LKWs hasten ihres Weges vorbei auf der Landstraße. Warten, lange warten. Allein und einsam in einem fernen Land, ohne die heimische Sprache richtig zu verstehen. Aber die Hoffnung gibt man als Letztes auf. Da kommt plötzlich ein roter Schulbus aus einer staubigen Seitenstraße herangefahren, besetzt mit einigen Schulkindern. Sofort schießt mir durch den Kopf: die sind von hier, nicht Durchreisende wie die LKWs an der Landstraße, die wissen, wo ein Schweißer zu finden ist. Als der Bus an der Straße stoppt, laufe ich zum Fahrer, zeige ihm die gebrochenen Teile ins Seitenfenster hinein und bitte mit „Pamagíte pashálusta“ um Hilfe. Nach einem langen Blick durchs Fenster setzt er zurück, stellt den Motor ab und steigt aus. Er kommt zu mir, setzt sich vorne auf die

Ein Zylinder arbeitet nicht mehr – Motorschaden

Stoßstange und raucht in aller Ruhe eine Zigarette, während er überlegt. Die Bereitschaft zur Hilfe ist da; mit zischenden Geräuschen versuche ich ihm einen Elektro-Schweißvorgang verständlich zu machen. Danach Stille, langes Überlegen. Die acht Kinder, Mädchen und Buben im Alter von 10 bis 15 Jahren freuen sich über die Abwechslung, lachen und blödeln im Bus herum, können ihre Neugier nicht zurückhalten. Endlich, nach eingehender Überlegung, beginnt der Fahrer mir zu helfen: er stellt die meisten Kinder zur Bewachung des Motorrades und der Sachen im Wartehäuschen an der Straße ab und wir beide und zwei der kleineren Kinder fahren per Schulbus in das nächstgelegene Dorf. Der Weg führt über eine staubige und holprige Naturstraße in eine einfache Welt. Alte Häuser, Berge von Schrott und Erde. Im Dorf – zwischen Lastwagen-Friedhöfen und tiefen Fahrspuren im Erdreich – kommen wir zu einem größeren Gebäude. In einem angeschlossenen, niedrigen Aufenthaltsraum redet mein Helfer mit einer Schar von herumsitzenden, rauchenden Arbeitern. Die Männer mit ihren Kappen und Goldzähnen reichen den gebrochenen Kipphebel in die Runde; jeder gibt seinen (russischen) Kommentar dazu ab und am Ende müssen wir wieder abfahren: Hier gibt es keine Möglichkeit, den Hebel zu reparieren. Bei der Rückfahrt zum Wartehäuschen mache ich meinem Helfer per Körpersprache klar: nicht aufgeben! Die meisten Dinge klappen eh nie beim ersten Mal! Als wir die Straße überqueren, um in das nächste Dorf zu fahren, winkt der improvisierte Motorrad-Wachposten uns freudig zu, die Kinder scheinen bester Laune zu sein. Mein Helfer stoppt. Er braucht wieder eine lange Nachdenkpause. Alles bleibt wie es war; das nächste Dorf ist viel weiter weg, aber umso größer. Der Weg dahin ist gleich staubig und uneben, mein Helfer fährt gleich zu einer schwarzen Halle, die nach einer Schlosserei aussieht. Auch hier sind die Arbeiter in einem niedrigen Aufenthaltsraum zu finden, zehn bis zwölf Mann in arg verschmutzten Klamotten. Wieder wird der Kipphebel in die Runde gereicht. Wieder Kommentare und warten. Dann nimmt einer die Sache in die Hand und

Meine Retter vor dem Wartehäuschen

wir folgen ihm zum Elektroschweißer. Die so genannte Werkbank ist ein löchriges, wackeliges Gebilde, der Schweißapparat aus den 50er-Jahren. Schraubstock oder Zange gibt es keine, also werden die insgesamt 8 cm langen Teile mit bloßer Hand zusammengeschweißt. Zuvor wird die Lagerung herausgenommen, Lagernadeln vorne und hinten, je 30 Stück; winzige Nadeln, die sorgfältig auf einem Tuch abgelegt werden. Nach dem Schweißen wirft unser Techniker das belegte Tuch aus Versehen auf den erdigen, mit unzähligen Metallabfällen bedeckten Boden ... Es war keine Absicht, der Schweißschirm und die Kabel zum Trafo haben ihn an der Bewegung behindert. Also sammeln mein Busfahrer und ich alle Nadeln wieder auf und reinigen sie halbwegs vom Schmutz und Sand, den der Ölfilm zum Verbündeten macht. Ich behalte die Nerven, bezweifle aber die erfolgreiche Instandsetzung. Beim Zusammenbau darf keine der 60 Nadeln fehlen. Warten. Dann wird am geschweißten Kipphebel geschliffen und mit aller Gewalt die Einstellschraube durch das von der Hitze verzogene Gewinde eingedreht. Während dieses Gewaltaktes denke ich an die Kinder an der Straße, die nun schon seit 2 Stunden warten. Meine Gehilfen haben alle Zeit dieser Welt. Nachdem einige Rubel-Hunderter ihre Besitzer gewechselt haben, geht's zurück zum Wartehäuschen. Die Kinder sind gut gelaunt, stellen einige Fragen auf Englisch, die sie sich in der Wartezeit zusammengedichtet haben. Nach meinen Antworten, einem Abschiedsfoto und heftigem Winken bin ich wieder allein auf der Straße. Nun allen restlichen Mut zusammennehmen und den verschweißten Kipphebel wieder an seinen ursprünglichen Platz setzen. Dabei fällt mir auf, dass doch noch eine von 60 Nadeln im Dreck der Schlosserei liegen geblieben sein muss. O.K., die 250 km zur nächsten östlichen Stadt Jekaterinburg muss es halten. Während des Zusammenbaus kommen einige Mopedfahrer mit ihrem Dnjepr aus dem Dorf vorbei. Es scheint, als ob es sich ein wenig herumgesprochen hätte, dass hier schon seit längerem ein Fremder an der Straße steht. Sie sind auf dem Weg zum Angeln, sie scherzen, schauen freundlich und unbeschwert. Als die letzte Schraube in der warmen Sonne festgezogen ist, fehlen nur noch die auf der Bank herumliegenden Ausrüstungsgegenstände. Zuerst den Startknopf drücken: meine alte Dame läuft wieder, wenn auch etwas ungewohnt klingend. Während ich sie warmlaufen lasse, stelle ich alle Schalter und Hebel wieder zurück, die die Wachposten-Kinder aus Neugier verstellt hatten. Vorsichtig, mit niedriger Drehzahl, nehme ich die Fahrt nach Osten Richtung Jekaterinburg auf. Es ist bereits 18 Uhr und mein Magen meldet sich, denn heute gab es Kost, die mir nicht wirklich bekam. Ein an der Strecke liegendes Café bringt Abhilfe, einige junge Kripo-Beamte und angetrunkene Stammkunden blödeln über den Ausländer, der ihre

Mein Hilfsteam verlässt mich wieder: „Da swidánija!“

Scherze nicht versteht. Aber ihr herzliches Lachen steckt mich an – eine Erleichterung nach der angespannten Situation in der Einöde. Bei einem Motel auf der Strecke im Ural steige ich ab und übernachte, müde vom ereignisreichen Tag. Allein in der Fremde zu sein ist ein seltsames Gefühl, speziell wenn man auf Hilfe angewiesen ist. Es gibt aber immer einen Weg; das zeigt mir der heutige Tag und am Morgen gibt es wieder neue Ideen. Ich schreibe als Abschluss in mein Tagebuch: ‚In jeder Widrigkeit des Schicksals liegt der Funken einer neuen Chance!'

5. Juni **12. Tag, Donnerstag** **Km-Stand: 4.850**

Wetter: Sonnig mit kleinen Wolken

Ziel: Reparatur in Jekaterinburg, Bleibe für die nächsten Tage suchen

Am Morgen finde ich nach intensiven Träumen nur langsam in die Wirklichkeit zurück. Im Traum mischen sich Zeit und Ort mit dem Inhalt verschiedener Lebensepochen. Aber ein Blick aus dem Motelzimmerfenster bestätigt meine Vermutung: wunderbares Wetter und wenig Verkehr auf der vorbeiführenden Landstraße. Also wieder alle Habseligkeiten festzurren und ein kräftiges Frühstück für die müden Lebensgeister. Bei der Abfahrt kommt einer der russischen Reisenden auf mich zu und plaudert kurz mit mir, während ich meine Klamotten dichtmache. Er sagt mir, dass das Telefonnetz ab Jekaterinburg wieder funktioniert. Wieder eine gute Nachricht und ich starte sofort meinen behelfsmäßig reparierten Motor. Er klopft ein wenig ungewöhnlich, aber die restlichen 100 Kilometer in die Stadt wird er wohl noch halten! Langsam und vorsichtig fahre ich an, nach 50 Meter ruckelt der Motor und stirbt ab. Nein!! Nur das nicht! Die Schweißnaht meines russischen Bauern vor Augen, fühle ich mich zutiefst deprimiert. Sitzen bleiben und nachdenken. Ich hatte alles aufgepackt – und jetzt, nach kurzer Fahrt, stoppt die ganze Fuhre. Helmvisier hochklappen, um Luft zu bekommen. Ist neuerlich der geflickte Kipphebel gebrochen?! O.K.,

Aussicht vom Motel-Zimmerchen auf die Landstraße

Checkliste im Kopf durchgehen – und dann aufatmen. Ich hatte die beiden gestern Abend sorgfältig verschlossenen Benzinhähne nicht geöffnet! So eine Anfängerpanne kann einem Verunsicherten, der den Glauben an sein Fahrzeug kurzfristig verloren hat, ganz schön zusetzen ... Beim neuerlichen Start läuft der Motor; erleichtert verzeihe ich mir den kleinen Fehler, es waren die Nachwehen des gestrigen Tages. Nach vorsichtiger Fahrt stehe ich wenig später bei der Stadteinfahrt Jekaterinburg – wieder eine Millionenstadt. Ich halte vor den Autobahntafeln über meinem Kopf, um an den unzähligen kyrillischen Zeichen eine Mindestorientierung zu finden. Wohin? Und: wer hilft mir beim Auffinden einer geeigneten Werkstatt, um den maroden Kipphebel zu ersetzen? Mein Moskauer Freund Shenja versprach mir am Telefon, sich in Jekaterinburg um Kontakte aus alten Rallye-Zeiten zu kümmern. Aber das dauert sicher und wie ich da am Motorrad stehe und überlege, kommt ein Motorradfahrer herangefahren und fährt vor mir rechts ran. Lässig stellt er seine Suzuki 1300 Hayabusa auf den Seitenständer und will mir helfen. Ein Fingerzeig zum BMW-Zeichen auf meinem Benzintank und schon sausen wir in einer wilden Fahrt im stärksten Verkehr über furchtbar schlechte Straßen. Mein Suzuki-Fahrer Wássja holpert über unzählige Asphaltlöcher voraus, hupend macht er die Straßen für uns frei. Überholt wird, wo Platz ist. Eine halbe Stunde später stehen wir vor der BMW-Vertretung, wahrscheinlich die einzige in Sibirien. In der Manier des Weltreisenden trage ich mein Anliegen der Werkstattleitung vor, ich werde mit offenen Armen empfangen. Wássja wartet wie ein sich ausruhender Held, während eine der hübschen Mitarbeiterinnen in bestem Englisch meine Wünsche entgegennimmt. Meine alte Dame bekommt einen Abstellplatz in der Werkstätte, zwischen Wuchtmaschine und Reifenmontiergerät. Die Werkstätte handelt erst seit einem Jahr mit Motorrädern – es fehlt die Erfahrung mit älteren Mopeds. Aber das ist kein Problem, ich kenne mich aus und weiß, was ich brau-

Wássja mit der wahrscheinlich einzigen Hayabusa in Westsibirien

Abstellplatz zwischen Wuchtmaschine und Reifenmontiergerät

che. Am Ersatzteil-Bildschirm zeige ich die gewünschten Ersatzteile – nur lagernd ist nichts davon. Njet! Somit bleibt mir nur der Weg über meinen BMW-Spezialisten zuhause. Den rufe ich jetzt an und ein weiterer Freund beim Automobilclub rät mir zum Expressversand per DHL. Als Versand-Adresse gebe ich die „BMW Authorized Dealer sibirsky tract 57a 620100 Ekaterinburg Russia“ an, da ich an eine Zustellung auf meinen Namen ohne gemeldete Adresse nicht glaube. In 4 Tagen sollte das Ersatzteilpaket eintreffen, also – nach europäischem Maßstab – am Montag.

Motorradclub „Schwarze Messer“

Wo verbringe ich währenddessen die lange Wartezeit? Wássja ist beim Motorradclub „Schwarze Messer“ und lädt mich in sein Haus ein. Kurze Zeit später kommt der Club-Chef Júra persönlich und lädt mich auch noch in sein Haus ein. Er spricht Deutsch! Der Motorradfahrer sieht mit seinen vielen Tätowierungen und den Narben über dem linken Auge, das fast nur noch aus einer weißen Pupille besteht, mehr als Furcht erregend aus. Er scheint aber trotz seines wilden Aussehens und der heiseren Stimme einen weichen Kern zu haben. Einzig die Tatsache, dass beide in einer Vorstadt, gut 35 Kilometer außerhalb von Jekaterinburg, leben, lässt mich zögern. „Heute Abend ist ein Biergelage angesagt und ab morgen eine zweitägige Hochzeit eines Clubmitgliedes der ‚Schwarzen Messer‘; zu der bist du eingeladen“, sagt Júra, der stämmige, breitschultrige Kerl mit dem angeschlagenen Auge. Ohne Fahrzeug bin ich auf die trinkfesten Motorradfreunde angewiesen, aber der Gedanke gefällt mir irgendwie nicht. Da gibt es aber auch noch den Betriebsleiter der BMW-Niederlassung, Dipl. Ingenieur Yan Karpénko, der mich für die Wartezeit wie selbstverständlich zu sich einlädt. Dazu kommt noch die telefonische Rückmeldung meines Moskauer Freundes Shenja: er meint, ich solle mich bei seinen Jekaterinburger Rallye-Freunden Wadím und Ánna melden. Auch sie wollen mir helfen! Interessant: vor 2 Stunden kannte ich niemanden in dieser fremden Stadt und nun weiß ich nicht, welche Einladung ich zuerst annehmen soll. Ich lasse vorerst alles offen. Ein Spezial-Mechaniker kommt am Nachmittag in die Werkstatt und wir bauen den behelfsmäßig reparierten Kipphebel aus. Endlich in einer sauberen Werkstatt mit festem Boden unter den Füßen. Bis zur Lieferung der neuen Teile aus Österreich müssen wir aber warten und meine alte Dame bleibt sicher in der Werkstatt versorgt. Meine Motorrad-Klamotten, Helm, Stiefel und Seesack wandern zwischenzeitlich in eine Mitarbeiter-Garderobe; lediglich die Umhängetasche mit dem Notwendigsten nehme ich zu mir. Jetzt muss ich mich entscheiden: welche Einladung soll ich annehmen? Nach den technischen Problemen will ich nicht auch noch Ärger mit der Polizei provozieren – ich entscheide mich, bei dem allein lebenden und seriösen Betriebsleiter Yan einzuziehen. Mittlerweile kann ich die Situation besser einschätzen. Míla, die hübsche

Mitarbeiterin und Übersetzerin, sagt mir: „Schwarze Messer – Risiko!“ Somit verbringe ich mit Yan und seinem Freund Sergej einen ruhigen Abend bei Billard und Bier. Yan hatte mich einige Stunden zuvor schon zum Mittagessen eingeladen und das auf seine Kosten, Übersetzerin Míla mit einbegriffen. Wie kann ich mich nur dafür bedanken? Die Großzügigkeit und Herzlichkeit der Russen beschämt mich, den Ausländer; vor wenigen Stunden Fremde, nun Freunde, ohne die ich mich in dieser riesigen Stadt wohl nicht zurechtfinden würde. Plötzlich erinnere ich mich wieder an einen meiner Leitsätze: Unser Denken bestimmt unser Sein und euch geschehe nach eurem Glauben! Meine Moni, der ich fast jeden Tag per Telefon den aktuellen Stand der Dinge durchgebe, würde über diese Sprüche lachen.

Der Werkstattchef Yan bei meiner alten Dame

6. Juni **13. Tag, Freitag** **Km-Stand: 5.000**

Wetter: Morgens Regen, bewölkt, Abkühlung auf 10 Grad

Ziel: Warten in Jekaterinburg, Westsibirien

Die Wartezeit kann ich gut verwenden, um meine schlechten Russischkenntnisse aufzubessern. Ich lerne vom Band, mit Buch und von den Menschen um mich herum. Russisch ist eine sehr schwer zu erlernende Sprache.

Auch an die Zeitverschiebung von inzwischen 4 Stunden kann ich mich in meiner Zwangspause gewöhnen. Am Vormittag bekomme ich im Technik-Arbeitsraum einen Schreibtisch, um meine Tagebucheintragungen zu machen. Später gehen Yan, Míla und ich gemeinsam zum Mittagessen. Nachmittags bekommt Míla frei, um mich beim Shopping zu begleiten. Ich will für Yans Gastfreundschaft einige Lebensmittel einkaufen, bis jetzt hatte er alles bezahlt und ich noch keinen Rubel ausgegeben. Yan ist der Betriebsleiter und seit einem Jahr geschieden. Er liebt seinen fünf Jahre alten Sohn Daniíl über alles. Seine ehemalige Frau Gánna arbeitet als Model und ist sehr attraktiv, er vergöttert sie immer noch. Seine Wohnung am Stadtrand ist klein und einfach, mit Blick in den Innenhof, aber für russische Verhältnisse sauber und komfortabel. Yan bemüht sich sehr um meinen Aufenthalt so angenehm wie möglich zu machen. In der Niederlassung kann ich mich überall frei bewegen, bekomme einen Magnet-Code-Schlüssel zum freien Zugang in die Werkstätte und in der Freizeit zeigt er mir die Sehenswürdigkeiten in Jekaterinburg. Dabei macht er mit der Videokamera ein Erinnerungsband für mich. Ob mir das wohl jemand glaubt zuhause? Ich rechne meinen Zeitplan durch. Durch 2 Tage Vorsprung und den geplanten Ruhetag am Sonntag bin ich am Montag – sofern meine Ersatzteile planmäßig eintreffen – bei 2 Tagen Rückstand angelangt. Das bekomme ich hin, die beiden Tage hole ich auf. Seit 7 Tagen bin ich nun in Russland und doch glaube ich schon viel länger hier zu sein. Kein Wunder, bei den Erlebnissen. Einige Tage ohne Motorrad werden mir seltsam vorkommen, helfen mir aber sicherlich dabei, mich einzugewöhnen und Vertrauen in das Land und zu den Leuten zu bekommen, sie zu verstehen, ihre Ängste, Nöte und Sorgen zu erkennen, indem ich mit ihnen lebe. Meine Helfer geben mir auch Zugang zum Internet und so kann ich die ersten E-Mails nachhause verschicken, an die Familie, an den Arbeitgeber und an meinen Globetrotter-Freund Bernd. Bei dem Mail an meine Familie, beim Punkt „Grüße", kommen auch einem Abenteurer wie mir die Tränen. Am Nachmittag beginnt es zu regnen und es kühlt auf 10 Grad ab. Bei diesem Sauwetter bin ich heilfroh, nicht mit dem Motorrad durch das fremde Land fahren zu müssen. Mein Spezialist Adi Stipper zuhause bestätigt mir am Telefon den Versand der gewünschten Ersatzteile, am Montag sollte alles in Jekaterinburg sein. Jetzt erkennt man die wahren Freunde und meiner Frau Monika kann ich nur dankbar sein, vor allem für die moralische Unterstützung. Beim Mittagessen kann ich Yan endlich überrumpeln und die Rechnung für unser gemeinsames Mahl mit Míla bezahlen. In einem orientalischen Lokal, in dem wir die einzigen Gäste sind, lassen wir es uns gut gehen. Auf der Strecke werden wieder Mahlzeiten in einfacheren Lokalen folgen. Am Abend treffen wir Yans geschiedene Frau mit Sohn Daniíl und verbringen einen netten Abend miteinander. Meine Motorradfahrer vom Club der Schwarzen Messer sind ja bei der zweitägigen Hochzeit des Club-Kollegen versorgt und irgendwie werde ich Wássja und Júra schon noch treffen. Jedenfalls wird der Wetterbericht genau unter die Lupe genommen, um neue Hoffnung für die Weiterfahrt zu schöpfen.

Mittagessen mit Werkstattchef Yan und Übersetzerin Míla

7. Juni **14. Tag, Samstag** **Km-Stand: 5.000**
Wetter: Starker Wind, starker Regen, 2 Grad!
Ziel: Warten in Jekaterinburg, Westsibirien

Am Morgen fahren wir mit Yans altem Mercedes verspätet zur Werkstatt, da Yan vom gestrigen Abend noch etwas mitgenommen ist. Er wollte gestern um 9 Uhr abends noch etwas spazieren gehen und ein paar Kleinigkeiten einkaufen. Ich blieb in der Wohnung, um zu lesen und zu schreiben. Dann allerdings wurde aus Yans Spaziergang ein Treffen im Freundeskreis, das bis in die Morgenstunden dauerte. Das half mir, so richtig auszuschlafen. Lediglich um 1 Uhr Nachts bin ich aufgewacht, weil ich mir Sorgen um Yan machte. Er hatte die Wohnung von außen abgesperrt und ich war allein in irgendeinem 5. Stock in Jekaterinburg.

Doch ein Anruf am Handy klärte alles und ich konnte beruhigt weiterschlafen. Interessanter Typ, dieser Yan – er studierte Technik in St. Petersburg, ist Diplomingenieur und ein ausgesprochener Autofreak. Wenn er in zaghaftem Englisch spricht, wirkt er hilflos und verunsichert, sobald er jedoch das harte Russisch redet wirkt er unheimlich stark und selbstsicher. Der Ton macht die Musik und die Sprache den Menschen. Große Bedenken macht mir an diesem Samstagmorgen das Wetter. Die ganze Nacht hatte es geregnet und das Wasser steht auf der Straße bis zu 40 cm hoch. Zudem geht ein starker Wind, große Äste liegen auf der Straße, um die die Fahrzeuge einen Bogen machen müssen, und das Thermometer ist auf 2 Grad gefallen. Kein Motorradwetter. Die Wetterprognose lautet für morgen, Sonntag: weiterhin Regen und Abkühlung auf minus 2 Grad, also Schnee-Temperaturen! Jetzt heißt es einfach abwarten. Auf jedes noch so trostlose Tief soll angeblich ein neues Hoch mit sonnigen Stunden folgen. Die Zeit wird es bringen, im Moment ist mir die Lust am Motorradfahren vergangen. Ab Montag heißt es wieder Ohren steif halten, die Nase in den Wind – vorausgesetzt, meine alte Dame läuft bis dahin wieder rund.

Das Wasser steht auf der Straße bis zu 40 cm hoch

Am Vormittag bekomme ich von Yan eine Monteurskluft. Jetzt werde ich alle Schrauben am Motorrad nachziehen, die durch die vielen Schlaglöcher losgeklopft wurden. Draußen prasselt der Regen auf das Werkstattdach und ich bin innen beim Schrauben; jetzt also kommt mein schweres Werkzeug zum Einsatz – ich soll es ja nicht umsonst um die Welt schleppen ... Sicherheitshalber wechsle ich das Motoröl mit Filter, falls das alte Öl vom Gussbruch und der Schweißarbeit verunreinigt wurde. Gleichzeitig reinige ich die Dichtflächen der Reparaturstelle – wenn nur die neuen

Teile schon hier wären! Somit wird mir bei dem Sauwetter eigentlich nicht langweilig und am Montag müssen nur mehr die Ersatzteile eingebaut werden, die Zylinderkopfschrauben mit dem Drehmomentschlüssel auf den vorgeschriebenen Wert festgezogen und die Ventile beider Zylinder auf das richtige Spaltmaß gestellt werden.

Ja, und wie war es beim Shopping mit Míla? Zuerst sahen wir uns das Mineralienmuseum an, in dem mehr als 20.000 Steinsorten ausgestellt sind – alle stammen aus dem Gebiet des Ural. Dort befindet sich auch ein kleiner Verkaufsstand und ich kaufe für meine Familie zuhause Halsketten mit verschiedenen Steinen, passend zum Sternzeichen. Meinem Sohn kaufe ich einen kleinen Bären aus Stein, einem Stein, den es nur hier im Ural gibt. Der Bär hat bei den meisten sibirischen Völkern große Bedeutung, man schreibt ihm menschliche Eigenschaften zu. Am liebsten hätte ich mir eine der fantastischen Handarbeiten – einen Globus mit ca. 50 cm Durchmesser! – gekauft, mit schönen Steineinlagen der Kontinente und den bunten Farben der politischen Grenzen, dazu das Azurblau des Meeres. Vielleicht habe ich irgendwann einmal die Möglichkeit, ein derartiges Kunstwerk zu erstehen – aber zurzeit herrscht auf meinem Motorrad Platzmangel. Schade. Die Geschenke für meine Lieben werden per Post problemlos nach Österreich verschickt. Als ich einige meiner Filme dazulegen will, rät mir Míla davon ab. Die würden nicht ankommen, die Kontrollen seien nach wie vor sehr streng, meint sie. Danach kaufe ich für Yans Sohn Daniíl noch ein Modellauto, sein Lieblingsauto Dodge Viper. Und natürlich ein kleines Geschenk für meine Begleiterin und Übersetzerin Míla; sie ist 23 Jahre jung, hat die Universität in Jekaterinburg abgeschlossen und badet sehr gerne. Also, kaufe ich ihr ein großes Glas Badesalz. Hoffentlich denkt sie beim nächsten Bad noch an mich ...

Auf der Rückfahrt innerhalb der Stadt beobachte ich eine gut funktionierende Einrichtung: per Handzeichen wird den Autofahrern signalisiert, dass man mitfahren möchte. Prompt bleibt einer stehen und nimmt Míla und mich mit. Für ein kleines Trinkgeld setzt er uns sogar am gewünschten Platz ab. Das ist viel billiger als ein Taxi, ohne Wartezeiten und der Privatmann hat ein gutes Benzingeld. Eine super Idee!

8. Juni	**15. Tag, Sonntag**	**Km-Stand: 5.000**
Wetter:	Stark bewölkt aber kein Regen, sehr kühl, am Abend etwas Sonne	
Ziel:	Ausschlafen, Yans Eltern außerhalb der Stadt besuchen	

Diese Nacht verbrachte ich allein in Yans Wohnung. Ich hatte Zeit zum Lesen, Schreiben und Nachdenken – am besten im so genannten Alpha-Zustand, zwischen

Vorstadtstimmung

Wachsein und Einschlafen. So kann ich von meinem Unterbewusstsein die besten Lösungen erfahren. Gleichzeitig darf ich mich hineinfühlen, wie es sich in einem Altbau-Hochhaus einer russischen Großstadt lebt. Yan schlief auswärts bei seiner geschiedenen Frau Gánna, mir scheint, langsam kommt die Beziehung wieder ins Laufen. Am Nachmittag geht es gemeinsam in ein Dorf außerhalb von Jekaterinburg. Dort leben Yans Eltern, Valjéra und Tánja, mit Schwester Ánna. Über vom Regen überschwemmte, ausgefahrene Naturstraßen fahren wir durch mehrere Dörfer. Am Straßenrand immer wieder Müllhaufen und Abfälle, um die sich niemand kümmert. Wie in ganz Russland fehlt das Geld für eine vernünftige Müllentsorgung. Bei den Eltern angekommen, gibt es erst mal eine herzliche Begrüßung. Mutter Tánja ist mit Kochen und Fleisch zerlegen beschäftigt. Die Schwester Ánna* ist ein hübsches, scheues Wesen und ihre zarte, wortkarge Art gibt ihr eine unnahbare Ausstrahlung. Valjéra, Yans Vater, ist im Stall bei den Kühen beschäftigt. Vor dem gemeinsamen Essen machen Yan und ich per Auto eine Fotosafari durch die Dörfer. Unzählige Fotomotive bieten sich an, von Landschaften mit Abbruchhäusern bis zu Müllbergen und heimeligen Häuschen mit ihren Bewohnern, Alt und Jung, Pferd und Hund. Der Nachmittag gestaltet sich zu einem riesigen Familienfest, speziell Valjéra und ich verstehen uns bestens. Vor allem haben wir eines gemeinsam: die Liebe zum Motorradreisen. Vor Jahren fuhr Valjéra mit dem Motorrad rund um die Sowjetunion; in Kasachstan ist ihm auf

Müllhaufen und Abfälle am Straßenrand

Ruhig lebt es sich am Stadtrand

Bei Yans Familie gab es Gastfreundschaft ohne Ende

der Strecke ein Kolbenring gebrochen ... Wir sitzen alle im Freien, im Innenhof des Holzhäuschens mit Naturtoilette beim Holzzaun zum Birkenwäldchen. Bei einigen Gläschen Wodka, Bier und vielen Spezialitäten der einfachen russischen Küche lassen wir uns auch nicht von den lästigen Moskitos vertreiben und genießen den herrlichen Tag. Der Abschied fällt sehr herzlich aus, Tränen und Glückwünsche begleiteten mich für meine Weiterreise.

Das ist die große russische Seele. Zum Glück werde ich zurück chauffiert, nach dem vielen Wodka hätte ich sicher die Orientierung verloren ...

** Nach langer Zeit erhielt ich von Yan einen Brief mit einer traurigen Mitteilung: „Es waren sehr viele Ereignisse im letzten Jahr passiert, die gut und nicht sehr gut waren. Das traurigste war das Verschwinden meiner Schwester Ánna. Im Juli 2003 ging sie von der Mama aus dem Dorf (wo du und ich waren) und kam nicht mehr zurück. Wir und die Polizei suchen sie bis jetzt, aber alles ist vergeblich. Für unsere Familie ist das ein großes Unglück."*

9. Juni **16. Tag, Montag** **Km-Stand: 5.000**

Wetter: Sonne! Unglaublich schönes Wetter, blauer Himmel und warm

Ziel: Warten auf Ersatzteile

Jetzt bin ich schon den vierten Tag in Jekaterinburg; heute sollten die Ersatzteile aus Österreich eintreffen. Ein Blick ins Internet unter www.dhl.at und der Frachtbriefnummer 6151077575 sagt mir: Juni 08. 2003, 13:31 Uhr, Moskau – bereit zur Verzollung in Moskau. Na also! Warten wir, wie schnell der Zoll mein Päckchen bearbeitet und zustellt. Ab Mittag kommt die Bestätigung per Telefon: frühestens Morgen, Dienstag, in Jekaterinburg. Also gut – die Sonne genießen, mit Yan und Míla toll Mittagessen gehen und die Zeit in der Werkstatt verbringen. Das Motorrad wird

Betonplattenbauten, so weit das Auge reicht

von mir nochmals optisch auf Auffälligkeiten durchgecheckt und die Elektrik geprüft – prompt finde ich ein defektes Rücklicht. Eine passende Birne liegt am russischen Teilelager, nichts wie rein damit. Dieser – weiter vom Warten gekennzeichnete – Tag gibt mir am Abend die Gelegenheit, einige Fotos zu machen. Unter anderem beim Abendspaziergang an den Flußauen am Stadtrand.

Bedrückend ist für mich immer wieder die Armut der Menschen. Die Holzhäuschen am Stadtrand, in der Peripherie der Stadt die Plattenbauten aus Beton, meistens 10 Stockwerke hoch. Die Holzhäuschen sind mit Zäunen – oder wie auch immer man diese Art des Verschlages aus rostigem Blech und Holz nennt – umgeben. Bleche, Eisenteile, Schwertlinge, großteils verrottet, bieten den Unterkünften etwas Schutz. Ringsum hohes Gras oder Brennnesseln, Müllhaufen und Naturstraßeneinfahrten mit riesigen Pfützen und Löchern. Und natürlich stehen jede Menge alter Autos herum, die meisten ohne Kennzeichen, aufgebockt und von Unfällen demoliert. Vielerorts wird repariert und gebastelt. Trotz allem wirken die Menschen aber zufrieden, Kinder spielen mit kaputten, alten Bällen, die Jugend trifft sich mit dem PKW am Wasser – neben einem Atomkraftwerk – zum Baden. Sie lachen, plaudern, rauchen, trinken und daneben fährt eine wackelige Straßenbahn ihre Fahrgäste in die Stadt oder nachhause.

Kleine Holzhäuschen am Stadtrand

Baden beim Atomkraftwerk

10. Juni **17. Tag, Dienstag** **Km-Stand: 5.000**
Wetter: Super, sonnig und warm
Ziel: Reparieren und ab nach Osten!?

Was wird der fünfte Tag in Jekaterinburg bringen? Die Stadt verdankt ihre traurige Berühmtheit der hier ermordeten, letzten Zarenfamilie der Romanows durch die Bolschewisten. Für mich heißt es weiter abwarten, in der Werkstatt den Alltag beobachten und in der willkommenen Sonne im Innenhof meine Pfeife rauchen, während ich Tagebuch schreibe. Dabei wird mir nicht langweilig; immer wieder setzen sich einige Mitarbeiter auf eine Rauchpause zu mir und suchen auf Russisch oder Englisch Kontakt und täglich werde ich von jedem per Handschlag begrüßt und verabschiedet. Außerdem nutze ich die Zeit mit der Montage kleiner Zubehörteile am Motorrad, wie zum Beispiel die Benzinleitungs-Schnellverschlüsse. Zuhause war dafür zu wenig Zeit und bis jetzt hatte ich sie im Seitenkoffer spazieren gefahren. Auch für den Benzinkocher bleibt nun Zeit, um ihn zu testen und seine Funktionen kennen zu lernen.

Ein Anruf von Míla bei DHL und ein neuerlicher Blick ins Internet bringt nichts Neues: Paket in Moskau abgegangen. Jetzt weiß ich, wie hart man auf eine Lieferung warten muss, aber sie wird kommen. Die 3 Tage Rückstand sind aufzuholen und die freundliche Atmosphäre um mich herum versetzt mich in eine angenehme Urlaubsstimmung. Heute will ich auch ein Dankesschreiben für die Hilfestellung verfassen und an die BMW-Zentrale in München schicken – ob die mich wirklich verstehen? Und bei Wássja, meinem Suzuki-Fahrer, sollte ich mich auch noch kurz per Telefon verabschieden. Die Verständigung am Telefon gelingt nicht einwandfrei und so steht Wássja eine Stunde später bei mir in der Werkstatt. Er will mir sein zuhause zeigen: per Lada geht's dann in seine Stadt Pervouralsk, die ca. 35 Kilometer außerhalb von Jekaterinburg liegt. Wie viele der russischen PKW-Besitzer hat auch Wássja die Fensterscheiben – und sogar die Front- und Seitenscheiben – überall mit dunklen Folien zugeklebt. Ich dachte, es ginge darum, dass man nicht hineinsehen kann. Tatsächlich geht es hier um eine Sicherheitsmaßnahme: man will nicht gleich für Jeden erkennbar sein. Und auch Wássja hat eine dieser Alarmanlagen, die bei jedem Ab- und Aufschließen zwitschern und blinken. Damit erzielen sie Aufmerksamkeit und eine gewisse Sicherheit.

Unterwegs schnappen wir seinen Freund Maxím auf und wenig später stehen wir vor einem Gedenkstein, der die geografische Grenze Europa-Asien symbolisiert. „Big Programm" sagt Wássja und lädt mich zum Mittagessen in ein Bistro ein. Der Name „Bistro" klingt zwar französisch, stammt aber aus dem russischen Wortschatz und wurde von den Napoleon-Soldaten beim großen Russlandfeldzug nach Frankreich eingeführt. Mein Freund zeigt mir sowohl sein Haus, als auch die beschädigte Maschine, Marke Hyabusa. Sie wurde am Tag meiner Ankunft bei einem unverschul-

Wássja und Maxím mit ihren verdunkelten Autos vor einem Gedenkstein, der die Grenze Europa-Asien symbolisiert

deten Unfall beschädigt. Per Handy werden Freunde abgeklopft und während der Autofahrt im Rallye-Stil spielt er mir seine Techno-CD-Sammlung dermaßen laut vor, dass sich beinahe die Lada-Türverkleidungen, in denen die Lautsprecher stecken, auflösen. Einer seiner Kollegen – er hört auf den Spitznamen 911 – besitzt einen Bootssteg mit Motorboot, mit diesem wird natürlich gleich eine Runde am Stadtrandsee gedreht. Maxím macht Digitalfotos, die er mir per E-Mail zuschicken will. Und ich wollte zu Wássja doch nur „Auf Wiedersehen" sagen ...

Zurück in Jekaterinburg und um einen Grand Prix im dem Lada reicher, heißt der aktuelle Stand der Teilelieferung: njet! Es nützt nichts, ich muss locker bleiben und Yan mit einem treuen Blick fragen: O.K.? Njet prabljém? Wir besuchen Yans Vater Valjéra, der in einer kleinen Sparflammenniveau-Spenglerei werkt. Beim Kaffee bewundern wir mit seinem Blechschlosserfreund Sáscha einen gerade in Arbeit befindlichen, hoffnungslos durchgerosteten BMW – er ist 22 Jahre alt. Aber mit größter Zuversicht erklärt er mir die nächsten Arbeitsschritte, um das verrottete Wrack wieder in Schwung zu bekommen. „Zwei Wochen und es läuft wieder!", sagt er. Bei europäischen Verhältnissen würde der über Flensburg importierte Schrott nur noch Entsorgungskosten verursachen.

11. Juni **18. Tag, Mittwoch** **Km-Stand: 5.000**

Wetter: Sonnig und warm, Nachmittag stärker bewölkt

Ziel: Ich lasse mich überraschen

Jetzt brauche ich, bei aller Gastfreundschaft, dringend einige Kilometer mit meiner alten Dame. Das Leben in Yans-Küche – mit Blick auf den Wohnblockinnenhof – habe ich mittlerweile ausreichend genossen, aber ich bin sehr dankbar für diese freundschaftliche Aufnahme in seinen Einmannhaushalt mit geteilter Hausmannsarbeit. Andererseits: ich will endlich weiter!

Es ist schon interessant, welchen Optimismus jeder Morgen mit sich bringt. Am Morgen in der Werkstatt ist der erste Schritt ins Internet zu DHL, die Antwort ist die-

Innenhof der Wohnanlage

selbe wie vor 3 Tagen: in Moskau abgegangen! Also auf dem Raucherplatz im Innenhof für die Mechaniker und Bürodamen eine Runde Limonade und Mineralwasser mit Keksen ausgeben. Und das bei bestem Wetter, es ist sonnig und heiß, ideal zum Motorradfahren. Während dem extrem schlechten Wochenendwetter war das Warten O.K., aber jetzt ist es hart, zu warten. Bei diesem Traumwetter. Durch die Zeit in Jekaterinburg habe ich Vertrauen in Land und Leute gefasst und ich fühle mich wohl. Zum Zeitvertreib packe ich zum x-ten Mal meine Ausrüstung zwischen beiden Aluseitentaschen, Tankrucksack und Rucksack hin und her; ich merke genau: ich bin nicht ganz bei der Sache, finde keine richtige Ordnung zwischen Werkzeug, Lebensmitteln, Medikamenten, Fotomaterial, Büchern und Campingausrüstung. Denn im Geiste montiere ich schon die ersehnten Ersatzteile am Motorrad und fahre Richtung Omsk – bis Wladiwostok liegen noch ungewisse 8.000 km vor mir ...

Was ist der Sinn? Wer bin ich? Ist der Weg das Ziel? Was suche ich und warum bin ich nicht einfach glücklich über mein Wohlbefinden und meine gute Gesundheit? In dieser so anderen Welt verfalle ich oft ins Grübeln. Habe ich in meiner Planung das Schicksal und dessen Auswirkung mit einkalkuliert? Wichtig ist es mir, Freunde zu haben – hier in der Fremde und dort zuhause. Und Humor zu zeigen, was mir ja auch immer wieder gelingt. Für Yan habe ich mir ein Abschiedsgeschenk überlegt: ich werde ihm mein Lieblingsmesser schenken, ein Klappmesser in hoher Qualität, das ich seit vielen Jahren besitze und sehr schätze.

Warten, warten, warten – um die Mittagszeit werden meine Zweifel unerträglich. Ich muss beim Zoll anrufen! Um 14 Uhr folgt die Antwort: Der Zoll hat heute bis 16 Uhr geöffnet und morgen ist Feiertag in Russland. Vor Montag, 16. Juni, also keine Chance das Päckchen zu erhalten! Bums! Bleiben 2 Stunden, um die letzte Möglichkeit zu nutzen: Yan ruft Freunde an, die mit Zöllnern in Jekaterinburg Kontakt haben. Ich wiederum rufe bei der österreichischen Botschaft in Moskau an – niemand hebt ab. Einem Anruf bei der deutschen Botschaft in Moskau folgen weitere, aber der richtige Mann für Zollfragen ist nicht erreichbar. Ein weiterer Anruf beim Konsulat der russischen Föderation in Wien bringt auch nichts. Die Antwort lautet: Zoll und Botschaft sind zwei getrennte Abteilungen, da müsse ich mich schon vor Ort bemühen – die sorgfältig vorbereiteten Adressen haben also nichts genutzt. Der wahre Grund ist, dass wir statt der Firmenanschrift eine private Adresse angeben hätten müssen. Und das erfahren wir jetzt, nachdem das Päckchen schon 3 Tage in der

Stadt liegt! Um 15 Uhr rasen wir per Auto direkt zum Zollamt hin, Yan, ich und ein Arbeitskollege, der mit einem Zöllner verwandt ist. Große, eiserne Tore, hohe Betonmauern mit Stacheldrahtsicherung umgeben das Zollamt am Flughafen in Jekaterinburg. Wir gehen durch verschiedene Türen und durch viele Büros hindurch, überall wird viel geredet, aber nichts scheint zu passieren. Warten. Der nächste Versuch – in einer anderen Abteilung. Formulare werden uns in die Hände gedrückt, eine Baustelle erschwert das Durchkommen. Ich staune nur noch ... DHL hat seine Arbeit getan, scheitern kann es nur am Zoll. Es ist 16 Uhr und jetzt können nur noch private Kontakte zu Zöllnern helfen, um nicht weitere 5 Tage warten zu müssen. Viele Telefonate folgen und um 20 Uhr stehen wir wieder vor dem Zollamt – mit einer Plastiktüte, gefüllt mit rasch organisierten, gebrauchten Motorteilen gleichen Gewichts wie meine Lieferung aus Österreich. Der Zöllner und Helfer übernimmt die Plastiktüte vor den Mauern und nach einiger Wartezeit bringt er sie wieder zurück – aber mit neuem Inhalt. Mein Päckchen wurde vorsichtig seitlich aufgeschlitzt und der Inhalt ausgetauscht, so kann alles seine Zollewigkeit gehen – und ich meines Weges.

Geschafft!! Ich halte die ersehnten Ersatzteile in der Hand! Yan bekommt von mir das Geld für den Importzoll, er wird die jetzt wertlose Sendung nächste Woche abholen und in den Abfall werfen, so hat alles seine Richtigkeit. Voller Freude lade ich alle zum Abendessen ein und morgen früh wird montiert. Yeah! Der liebe Yan ist heute nicht viel zum Arbeiten gekommen, zu sehr hat ihn sein österreichischer Dauergast heute beschäftigt. „No Problem“, sagt er und ich bin ihm mehr als dankbar für seinen Einsatz. Seine Mama Tánja ruft abends noch am Handy an und lädt uns am morgigen Feiertag nochmals zu Essen und Wodka ein ...

Wartende Menschen in einer russischen Großstadt

ASIEN

WESTSIBIRIEN – MITTELSIBIRIEN / JEKATERINBURG – IRKUTSK

12. Juni **19. Tag, Donnerstag** **Km-Stand: 5.000**

Wetter: Stark bewölkt, Regen, am Abend Sonne

Ziel: Neuer Start nach Reparatur und ab Richtung Omsk

Trotz des Feiertags geht's früh raus zur Werkstatt. Am Weg suchen und finden wir einen Geldautomaten, in der Wartezeit sind doch einige Rubel draufgegangen. Alexej, der Mitarbeiter, wird unterwegs mitgenommen, er hat die richtigen Schlüssel für die Werkstatt, die extra für mich geöffnet wird. Bei der Fahrt am Beifahrersitz fallen mir wieder die hübschen russischen Frauen auf – topp gekleidet, topp Frisuren und optimale Figuren. Die Männer dagegen fallen nicht besonders auf – keine Dressman-Typen, aber nett. In der Werkstatt angekommen, werden gleich die neuen Ersatzteile eingebaut. Zuerst die Nadellagerhülsen in den Kipphebel eingepresst, am rechten Zylinder montiert und mit dem Drehmomentschlüssel die Zylinderkopfschrauben angezogen; danach die Ventile auf das richtige Spaltmaß gestellt.

Der erste Probelauf ist eine wahre Freude – der Motor schnurrt wie ein neuer! So: jetzt alle Säcke packen, Seesack, Tankrucksack und die Reservereifen am Motorrad befestigen. Yan und Alexej schauen geduldig zu, der erste Teil der Verabschiedung folgt und Yan will mich unbedingt noch bis zur Stadtausfahrt begleiten, zur Autostraße Tjumen-Omsk; ich mit dem Motorrad seinem PKW hinterher, freudejauchzend unterm Helm. Ein herrliches Freiheitsgefühl, wieder „on the Road" zu sein! Bei der letzten Kreuzung auf der Autostraße verabschieden wir uns, er gibt mir den extra für mich gedrehten Videofilm und ich übergebe ihm mein Lieblingsmesser. Gerührt umarmen wir uns am Straßenrand. Für die ganze Hilfe will er natürlich kein Geld nehmen – sein Sponsoring für

Eine Brücke erlaubt einen weiten Blick in die Tiefebene

meine Reise, wie er sagt. Noch ein letztes Dankeschön und vom Abschiedsgefühl überwältigt, springe ich aufs Motorrad, mit offenem Helm und ohne Handschuhe starte ich durch, nur um rasch mit Hupen und Winken die Trennung hinter mich zu bringen ... Es war eine schöne und für mich sehr wichtige Zeit, mit vielen Ereignissen und neuen Erkenntnissen.

Auf der Bundesstraße geht's nach Tjumen, dunkle Wolken schieben sich vor mir zusammen und der Regen lässt nicht lange auf sich warten. Ich genieße aber trotzdem die Fahrt – wieder dem eigentlichen Ziel nach, auf dem weiten Weg um die Welt. Bis kurz vor Isim fahre ich ohne große Pausen, abgesehen von Trink- und Pinkelpausen. So werden es bis am Abend immerhin 550 Kilometer und schon ist ein Tag eingeholt, trotz Regen und schwieriger, verschmutzter Fahrbahn. Jetzt bin ich auch froh, dass ich meine alte Dame nicht gewaschen habe: wegen der Erde von den Seitenstraßen und den vielen Baustellen ist sie bis oben hin verschmutzt. Kurz vor halber Strecke nach Tjumen eine Schreckminute: plötzlich fühlt sich das Motorrad an, als ob es vorne und hinten einen Plattfuß hätte, instabil, schwammig ... Sofort die Geschwindigkeit reduzieren und stoppen, die Räder auf Spiel und die Reifen prüfen. Aber ein genauerer Blick auf die Fahrbahn zeigt die Lösung: es war schlicht und einfach der Teer, der mir dieses Schwimmstück bescherte. Oder bin ich durch das vergangene, technische Missgeschick verunsichert und sensibler geworden?! Wie auch immer: alles in Ordnung. Heute Abend will ich zuhause anrufen, denn heute wird unser Sohn 18 Jahre. Gratuliere! Die Fahrt durch die westsibirische Tiefebene ist etwas monoton, eine schöne wildromantische Landschaft mit unzähligen Sümpfen, aber unendlich flach. Die Leute hier sehen ihren Besuch sicher schon zwei Tage bevor er ankommt. Die kleinen, alten Dörfer wirken trotz immer wieder einsetzendem Regens sehr romantisch. Bei den Trinkpausen umzingelt mich gleich ein Mückenschwarm. Wo übernachte ich? Die tägliche Frage. Bei der einzigen Milizkontrolle des Tages am späten Nachmittag befindet sich gleich in der Nähe ein einfaches LKW-Fahrer-Motel, bei dem ich ohne lange zu überlegen einchecke. Bei der angeschlossenen Tankstelle tanke ich gleich für morgen voll und danach wird die alte Dame für 40,- Rubel (1,20 EURO) in einer Garage versperrt. Zuvor, bei der Routinekontrolle, interessierten sich die beiden jungen Polizisten nur für das Woher und Wohin und natürlich für mein Motorrad. „Was ist das?", fragt der eine und zeigt auf die Instrumente. Ich starte den Motor und er sieht, wie sich die Nadel am Drehzahlmesser bewegt. An Papieren haben sie kein Interesse und sie wünschen mir eine gute Fahrt. Im

Motel gibt es eine einfache Küche, um 40,- Rubel ein gutes Abendessen. Die Dame an der Ausgabe ist gleich breit wie hoch, bezahlt wird zuvor an der Kasse. Während ich mein Essen einnehme, fallen mir die vielen Fliegen an den Fenstern des Speiseraums auf. Auch am Fenster bei der Küchenausgabe tummeln sich riesige Fleischfliegen, einige liegen rührungslos am Rücken des Innenfensterbretts. Hoffentlich waren die nicht in der Küche ... Ein einfaches Zimmer mit Dusche schlägt mit 350,- Rubel (12,50 EURO) zu Buche, wahrscheinlich inklusive Ausländer-Aufschlag, da keine Preise ausgeschildert sind. Auf das Bett lege ich meinen Schlafsack aus, um in sauberer Wäsche zu liegen, der Teppich sieht verdächtig nach Fußpilz-Überträger aus ...

13. Juni 20. Tag, Freitag Km-Stand: 5.550

Wetter: Morgens Regen, Mittag bewölkt, am Abend Sonne
Ziel: Nach Omsk und dann Richtung Novosibirsk

Diese Nacht war ich der einzige Gast mit Zimmer, nicht nur, weil ich die Zimmernummer 1 hatte. Die LKW-Fahrer nutzen nur die Kellerduschen und die warme Küche, geschlafen wird im LKW. Die Uhr wird ab jetzt wieder eine Stunde vorgestellt, nun bin ich 5 Stunden vor der Zeit von zuhause. Der Morgen beginnt mit Regen. Um 9 Uhr starte ich zeitig, denn es gibt einiges aufzuholen. Die ersten drei Stunden fahre ich im starken Regen, die PKW fahren mit Scheibenwischerstufe zwei. Die LKWs zu überholen ist auf der Landstraße mit dem starkem Seitenwind, der immer wieder seine Richtung wechselt, eine heikle Angelegenheit. Dazu kommt wieder der Schmutz auf der Fahrbahn. Wie schon so oft, sehe ich an der Farbe der Sprühfahne, die der Wind hinter den LKWs auf die Überholspur weht, ob mit rutschigem Material zu rechnen ist; bei braunem Sprühwasser ist etwas Geduld sicherer, bis graues Sprühwasser folgt. Die schwarzen Dieselwolken sind allgegenwärtig – Visier sauber halten und die 350 km durch bis Omsk.

Bei Omsk bessert sich das Wetter und ich will eine Pferdeherde fotografieren; Abstellen auf der Straße geht nicht, da ich zu wenig Platz habe. Obwohl ich zuvor einige Fahrzeuge am Straßenrand dahinrutschen sah, bin ich unvorsichtig und fahre auf die Seite. Und schon stecke ich mitten im Schlamm vom vielem Regen. Das Motorrad kann ich gerade noch in der Balance halten; Motor abstellen und warten. Der Hinterreifen hat sich in den Schlamm eingegraben und die Aufhängung mit dem klebrigen Dreck verschmutzt. Abwarten, die beste Linie heraussuchen und baggern – sehr vorsichtig, denn die schwer beladene Maschine rutscht seitlich weg. Mit viel Glück und noch mehr Dreck an Motorrad und Stiefeln komme ich aus eigener Kraft zurück auf den festen Asphalt. Wieder etwas dazugelernt, fahre ich im Schritttempo weiter, bis sich alle Dreckpatzen

Herzlicher russischer Cowboy

halbwegs gelöst haben; den Rest erledigt der Regenschauer nach Omsk. Die Strecke um Omsk ist wunderbar ausgebaut, breit und gerade führt sie mich bestens voran nach Novosibirsk. Das hier nun sonnige Wetter trocknet meine Klamotten, speziell die Handschuhe sind im trockenen Zustand einfach angenehmer. Die Landschaft ist wunderbar, führt mich vorbei an Birkenwäldern, Sümpfen, Feldern, Wiesen und Viehherden. Bei einer Herde halte ich, um nun doch einige Fotos zu machen. Aus der Ferne sehe ich einen Cowboy zu Pferde, winke und er reitet zu mir – quer über die Schnellstraße M 51. Freundlich stellt er sich für einige Fotos zur Verfügung, verabschiedet sich voller Lebensfreude und den mitgezogenen Fliegenschwarm lässt er bei mir. Der umsurrt mich, bis ich alles dicht gemacht habe und durchstarte.

Auf halber Strecke zwischen Omsk und Novosibirsk stehen plötzlich am Straßenrand der Gegenspur 2 bepackte Motorräder. Eine Panne hat Michael und Volker aus Berlin mit einer Yamaha Tenere und einer BMW R 80 GS gestoppt. Die beiden kommen vom Baikalsee und fahren zurück nach Deutschland. Michael hat bei seiner Tenere gerade das Hinterrad ausgebaut, einige Speichen sind gebrochen und zu allem Überfluss ist auch noch ein Plattfuß dazugekommen. Rasch tauschen wir unsere Adressen und Erfahrungen aus, ich biete mein Haarshampoo für die Reifenmontage an, weil Michael den Reifen rasch und sicher abmontieren will. Mit einer irkutsker Übernachtungsadresse versorgt, verabschiede ich Michael und Volker mit „Hals- und Beinbruch!" und fahre weiter Richtung Osten. Zuvor haben mir die beiden Abenteurer noch erzählt, dass zwei deutsche Motorradfahrer in meiner Richtung unterwegs sind, ungefähr 3 Stunden voraus. Vielleicht will es ja das Schicksal und ich treffe sie morgen. Aber das Land ist groß und die wollen angeblich jemanden besuchen. Das endlose gerade Teerband spült mich immer weiter Richtung Osten und die Tankstellen werden seltener. Am Nachmittag geht mir, trotz 32 Liter Tankvolumen, der Sprit aus. Am Fahrbahnrand packe ich den gefüllten 10 Liter-Reservetank aus dem Seitenkoffer, schütte ihn in den Tank – und vieles davon auch daneben. Die nächste Tankstelle übersehe ich fast, etwas abseits der Straße ist sie schwer auszumachen. Wie die meisten Tankstellen ist auch dieses Tankwarthäuschen vergittert und verspiegelt. Kommuniziert wird nur

Einsame Tankstelle, etwas abseits der Straße

über eine schmale Schublade in Griffhöhe, die hin und her geschoben wird. „92 Oktan, 30 Liter" rufe ich in Russisch durch Gitter und Spiegel, ohne zu wissen, wer oder wie viele mich hören beziehungsweise zuhören. Nachdem meine Geldscheine in der Schublade liegen – eine große, rostige Schraubenmutter dient als Beschwerer, damit der Wind die Rubelscheine nicht wegreißt – erfolgt das schabende Geräusch des Ladeneinzuges und zurück kommt, wiederum schabend, unter der Schraubenmutter liegend, das Wechselgeld. Quittung gibt es bei diesen einsamen Tankstellen keine. Danach tanke ich stillschweigend. Richtig verloren kommt man sich vor bei diesem grußlosen Geschäft. Während das Benzin in den Tank läuft, sehe ich mich um: wo könnten die Banditen sein, vor denen sich die Tankstellenbetreuer so gut versperren? Angenehm der Spritpreis: 10,20 Rubel pro Liter (0,31 EURO); und unglaubliche Freude kommt immer wieder auf, wenn auf 92 Oktan kein „njet" kommt. Denn wenn das der Fall ist, muss man sich mit der 76 Oktan-Klingelsuppe begnügen, um weiterzukommen. Meine Erfahrungen bisher: folgen die Tankstellen dichter aufeinander, darf ich den Tank nicht leerfahren – ich muss beim letzten Drittel wieder auftanken. Sollte dann eine auf der Straßenkarte eingezeichnete Tankstelle geschlossen sein oder nur 76 Oktan haben, wird der Sprit bis zur nächsten mit 92 Oktan reichen. Mit dieser Strategie bin ich wunderbar durchgekommen.

Das waren heute runde 700 km und ich checke bei einem Fernfahrer-Motel an der Straße ein, das nach warmer Küche und kühlem Bier aussieht. Den Versuch, im kleinen Sitzgarten vor dem Motel Pfeife zu rauchen oder zu telefonieren, muss ich abbrechen, Schwärme von Mücken überfallen mich. Alles in allem aber ein erfolgreicher Tag: ein Tag Rückstand ist aufgeholt und ab Sonntag müsste ich wieder im Zeitplan unterwegs sein – sofern meine alte Dame so gut läuft wie gestern und heute. In 2 Tagen 1.250 km zu fahren, finde ich eine gute Leistung. Der Hinterreifen ist nun zum Wechseln fällig, bei nächster Gelegenheit werde ich den mitgeführten Reservereifen aufziehen oder aufziehen lassen.

14. Juni — 21. Tag, Samstag — Km-Stand: 6.250

Wetter: Sonnig, am Nachmittag einige Regenschauer
Ziel: Am Morgen nach Novosibirsk, dann nach Kemerova bis Mariinsk

Bei optimalem Wetter geht's auf schnurgerader Fahrbahn 350 km bis Novosibirsk. Die anfangs gute Fahrbahn wird vor Novosibirsk immer schlechter. Die Landschaft ist angenehm flach und einfach romantisch. Eine flache Ebene, Wiesen mit Birkenwäldern und endlose Weiten. In Novosibirsk heißt es wieder „Großstadt-Durchquerung" mit sehr viel Verkehr über der großen Brücke über den aus Kreuzworträtseln bestens bekannten Fluss Ob, der mitten durch die 1,5 Mio.

Jegliche Arbeit wird sofort eingestellt, um den Reisenden zu begrüßen

Einwohner-Stadt führt. Bei der nördlichen Stadtausfahrt wieder eine Milizkontrolle, dieses Mal will ein junger Mann in Uniform mehr als nur „kudá, at kúda“ (wohin, woher) wissen. Er deutet mir „auffahren zur schrägen Rampe, Motorrad abstellen und mir in das Bürohäuschen folgen“. Dort angekommen, zeige ich die ganze Sammlung meiner nationalen und internationalen Papiere. Es dauert einige Zeit, bis ich dahinter komme, um was es ihm geht. Mit 200,- Rubeln (6,- EURO) sind seine Vorstellungen noch nicht erfüllt, der gute Mann will auch noch die Armbanduhren tauschen, was mir dann doch zu viel wird – eine korrupte Ausnahme, unzählige Kontrollen zuvor verliefen freundlich und ohne Komplikationen.

Ab jetzt wird's hügeliger und ich genieße die ersten Kurven nach der ewig langen Geraden der letzten Tage in Richtung Kemerova. Das hier beginnende Mittelgebirge ist eine angenehme Abwechslung nach der monotonen westsibirischen Tiefebene. Die Leute werden zunehmend einfacher und noch ärmer als zuvor, andererseits wird das Interesse an mir immer größer. An den Tankstellen, bei Ampeln und an Kreuzungen kommt immer wieder die Frage: „Kudá? At kúda?“. Meine Antwort bezieht sich immer auf die nächste, größere Stadt. Nicht alle müssen mein wirkliches Schlussziel kennen und ich möchte für niemanden zum lohnenden Überfallopfer werden. Eine interessante Beobachtung ist, dass im Straßenverkehr immer mehr rechtsgesteuerte PKWs zu sehen sind, teilweise ohne oder nur im Heckfenster angebrachtes Kennzeichen. Ein rechtsgesteuerter PKW aus japanischer Produktion mit zersprungener Frontscheibe überholt mich hupend und mit weit überhöhter Geschwindigkeit. Als er dann ein gutes Stück vor mir an den rechten Straßenrand fährt und der Beifahrer auf der linken Seite aussteigt, um zu signalisieren, dass ich stehen bleiben soll, sagt mir mein Bauchgefühl und ein flüchtiger Blick: Wodkabrüder. Nein, zuviel der Freundlichkeit, ich bleibe auf dem Gas und ziehe weiter nach Kemerova. Wieder eine riesige Industriestadt und wieder darf ich quer durch das ganze Stadtgebiet fahren. Besonders mühsam ist es, die richtige Ausfahrt zu finden, aber auch das gelingt mir und dafür werde ich die weiteren 160 km bis Mariinsk mit einer wunderbar hügeligen Strecke mit vielen endlosen Wäldern belohnt. Aber immer wieder volle Konzentration

Sibirische Entfernungen

Väterchen Frost lässt grüßen

auf die Fahrbahn, sage ich mir. Ohne jegliche Vorwarnung gibt es ständig starke Frostaufbrüche mit großen Löchern, denen man nur mit einem radikalen Schwenk auf die Gegenfahrbahn entkommt. Das geht natürlich nur, wenn auf der Gegenfahrbahn keine Löcher sind und auch kein LKW den Weg versperrt.

Am Stadtrand von Mariinsk frage ich drei ältere Feldarbeiter am Straßenrand nach einem Motel, einer Gastíniza oder Ähnlichem. Kurze Zeit später stehe ich vor einem nach Gastíniza aussehenden Café. Das letzte Stück dorthin begleiteten mich zwei junge Nachwuchsbiker. Im Café wird gleich die Nachbarin Laima als Dolmetscherin geholt; sie versteht zwar weder Englisch, noch Deutsch, bemüht sich aber, mich zu verstehen. Da ich der einzige Gast im Hause bin, bemühen sich alle um mich. Hauptsächlich die alte Laima klopft unzählige Mal an meiner Zimmertür, um mir wichtige, aber schwer verständliche Informationen zu überbringen. Meine alte Dame bekommt für 50,- Rubel (1,75 EURO) einen versperrten Abstellplatz und ich für dasselbe Geld eine gute Mahlzeit. Müde von der Reise nicke ich beim Tagebuch schreiben in meinem Bett ein und werde jäh durch lautes Klopfen aus dem Schlaf gerissen. Da in der Nacht die Köchin und alle anderen Gehilfen das Café verlassen, weckten sie mich zuvor noch auf, um das eiserne Eingangstor mit einem großen Riegel von innen zu verschließen. Wieder allein, dieses Mal in einem Gasthaus mitten in Sibirien, ohne zu wissen ob es noch andere Eingänge in diesem großen Haus gibt. Stille. Lediglich die Geräusche von der nahen Straße, der unmittelbar vorbeiführenden transsibirischen Eisenbahn und vom Bahnhofs- oder Fabriklautsprecher dringen in mein rosarot gestrichenes Zimmerchen mit Bretterbett und ohne richtige Matratze. Die schlecht schließende Zimmertür lässt sich nicht absperren; es ist kein Schloss vorhanden, aber das kenne ich alles schon aus den vergangenen Tagen. Heute saß ich 800 Kilometer im Sattel, hatte unzählige Eindrücke von Land und Menschen, jetzt bin ich todmüde ...

Mein rosarot gestrichenes Motelzimmer

15. Juni 22. Tag, Sonntag Km-Stand: 7.050

Wetter: Nach nächtlichem Regen sonnig und schwül
Ziel: Nach Krasnojarsk (ca. 380 km)

Am Morgen werde ich durch laute Rufe unter meinem Zimmerfenster geweckt: „Franz, Franz!“ Im Halbschlaf tapse ich zum Eingangstor, um von innen meine Köche wieder hereinzulassen. Dafür bekomme ich ein wunderbares Frühstück. Sehr erfrischend ist die Dusche – aus einem verrosteten Eisenrohr ohne Brauseaufsatz, das Wasser eiskalt. Daneben primitive Toiletten, aber immerhin mit Sitzgelegenheit. An den Tankstellen auf der Strecke sind oft nur offene Toiletten ohne Türen mit Loch im Boden; in der Ecke steht meist ein Birkenbesen. Statt Morgensport beschließe ich, den abgefahrenen Hinterreifen zu wechseln, der Vorderreifen dagegen wird wohl noch gut 2.000 km halten. Frisch geduscht und mit kurzen Hosen geht's an die – im sonnigem Café-Vorplatz neben dem Eingang abgestellte – alte Dame. Zuerst muss der Schmutz vom demontierten Rad abgewaschen werden und der Reisesand aus dem neuen Reifen-Innenteil entfernt werden. Mit viel Haarshampoo wird dann der mitgeführte, neue Reifen eingeschmiert, damit er leichter über die Felge rutscht. Laima, die hilfsbereite alte Nachbarin mit Hang zum Wodka, bringt eine alte Hundedecke als Unterlage und so wird zusammen am Boden herummontiert. Laima will unbedingt helfen, einmal klemmt sie sich die Finger zwischen Reifenwulst und Felge ein. Zwischendurch geht sie mehrmals zu ihrem Haus hinüber und wieder zurück zu mir – jedes Mal um einen großen Schluck Wodka reicher, wie mir scheint. Bis ich mein Zimmer geräumt habe und abreisefertig bin, hat sie ordentlichen Seegang. Aber sie war mir eine wertvolle Hilfe. Zum Abschied schenkt sie mir ein dicke russisches Geschichtsbuch mit persönlicher Widmung. Platz habe ich zwar keinen mehr, aber aus Freundlichkeit quetsche ich das Buch noch in einen der Seitenkoffer. Zuvor musste ich aber noch die Kettenhunde von Laima besichtigen – einer größer und furchtbarer als der andere. Die zahnlückige und vom Wodka gezeichnete alte Laima, angeblich Veterinärmedizinerin aus vergangenen Tagen, hinterlässt für mich einen unvergesslichen Eindruck. Nach einem herzlichem Abschied bekommt Alexej, der Mopedfahrer von gestern, von Laima den Auftrag, mich bis zur Schnellstraße zu begleiten.

Meine Motel-Nachbarin Laima mit einem ihrer Kettenhunde

Hauptverbindungsstraße durch eine ruhige, hügelige Lanschaft

Die Straße nach Krasnojarsk führt wieder über eine ruhige, hügelige Landschaft. Zwischendurch erscheinen die Schornsteine der Stadt Acinsk, wo ich eine kurze Pause einlege. Als ich auf ein Gebäude zugehe, das aussieht wie eine Kombination von Magazin und Café, kommen gleich zwei einheimische junge Männer auf mich zu, bezahlen mein Mineralwasser und laden mich ins Café ein. Ich nehme die Einladung an, obwohl mir die beiden suspekt erscheinen, vermutlich sind es Nachwuchszuhälter. Ich lasse meine alte Dame mit dem Gepäck nicht aus den Augen. Den angebotenen Wodka lehne ich ab, aber meinen Tee wollen sie unbedingt bezahlen. Nach mehreren Komplimenten, in denen ich ihr gutes Aussehen lobe und ihnen beteuere, dass sie wie echte Schauspieler aussähen, sowie meiner bestimmten Äußerung weiterfahren zu wollen, kann ich mich rasch verabschieden. Auf dem Weg nach Krasnojarsk denke ich immer wieder an den Reifendruck im neuen Hinterreifen. Meine alte Dame hatte ich heute Morgen im Zuge der Reifenmontage durchgecheckt: Motoröl, Beleuchtung und eine optische Sichtprüfung. Lediglich den neuen Reifen hatte ich mit einer Handpumpe ohne Anzeige, nur nach Gefühl, aufgepumpt. Nach 380 km Fahrt, kurz vor Krasnojarsk bei einem neuerlichen Tankstopp, will ich doch noch den genauen Reifendruck wissen – das erscheint mir bei der schwer beladenen Maschine äußerst wichtig. Wie an den meisten sibirischen Tankstellen gibt es auch hier keine Druckprüfer, ich solle aber ins angeschlossene Café kommen, sagt mir die kernige Dame an der Kasse. Der Tankstellenkunde hinter mir bietet sich sofort an, mir den Weg zum nächsten Reifenhändler zu zeigen. Der Monteur prüft sofort den Druck und lässt sich dafür nicht mal ein Trinkgeld geben; der Wert zeigte am neuen Reifen 2,7 Bar an – also Junge, mehr Selbstvertrauen, gerade um 0,2 Bar über dem Idealwert.

Bei Krasnojarsk beziehe ich wieder ein Motel nahe der Straße, es sieht etwas größer und professioneller aus als das letzte. Aber es ist genau so einfach wie alle anderen davor. Der Innenhof ist voll mit geparkten LKWs. Kurz nach der Einfahrt sitzt ein älterer Portier auf seinem Stuhl im Freien und weist mir ohne Worte per Handzeichen einen Abstellplatz zu. Der befindet sich zwar direkt vor dem Eingang des

Portierhäuschens und unter den Motelzimmerfenstern – aber: gibt es keine abgesperrte Garage? Kein Problem, der Wächter bürgt für die Sicherheit. Nachdem mir ein kleines Zimmer zugeteilt wird, setze ich mich zu den Männern im sonnigen Vorgarten. Die meisten von ihnen sind LKW-Fahrer und auf der Durchreise. Jeder hat ein kühles Bierchen vor sich und ich tue es ihnen gleich. Einer der Männer mit nacktem, muskulösem und tätowiertem Oberkörper interessiert sich sehr für mich. Er gehört irgendwie zum Haus und erzählt, dass hier vor 2 Tagen ein junges deutsches Paar mit Motorrädern abgestiegen sei. Nach seinen Angaben soll sie dünn, aber hübsch sein und er sehr trinkfest. Während er so erzählt, kommen fünf schrill gekleidete Damen ins Motel gefahren. „Normal russian women business" oder auf Deutsch Prostitution, erklärt mir mein Gesprächspartner und jetzt wird mir auch seine Funktion klar: er ist Zuhälter! Einer der LKW-Fahrer lädt mich auf ein Bier ein und auf meine Frage, ob dieses Motel wohl auch in Ordnung sei, schüttelt er den Kopf und sagt nur: „Nicht gut!"

Super, nun habe ich bereits alle meine Sachen auf das Zimmer im ersten Stock getragen, meine Bleibe bezahlt und der Tag neigt sich dem Ende zu. An eine Weiterfahrt ist aus Sicherheitsgründen nicht zu denken, also das Beste daraus machen. Da setzt sich eine der Damen zu mir auf den Schoß und will Bruderschaft trinken. Sie riecht nach Alkohol. Der Zuhälter hat sie zu mir geschickt, um mein Interesse zu wecken. Ich verabschiede mich höflich, aber bestimmt von ihr, danke dem neben mir sitzenden LKW-Fahrer für die Einladung zum Bier und ziehe mich auf meine primitive Bude zurück. Dort ist es zwar schwül, aber sicher. Über der Tür eingebaute Glasfenster sind die einzige Lichtquelle, sie tauchen den Raum in ein schummriges Licht. Auf dem Bett liegend denke ich über den heutigen Tag nach. Es war ein sonniger, angenehmer Tag mit vielen neuen Eindrücken. Und das Beste: Ich habe den Zeitrückstand – durch den Motorschaden im Ural – aufgeholt und bin wieder im Zeitplan. Grandios! Aber man sollte den Tag nicht vor den Abend loben, wie es so schön heißt. Beim Tagebuchschreiben hat mich die Müdigkeit überwältigt und ich schlafe ein. Gegen Mitternacht holen mich eigenartige Geräusche aus dem Schlaf. Die Laute auf dem Gang, zwischen den Zimmern, war ich schon gewohnt, aber diese Geräusche sind neu. Im Halbschlaf glaube ich zuerst, eine Sportveranstaltung oder Ähnliches mitzubekommen, es klang nach Anfeuerungsrufen. Da sie immer lauter werden, stehe ich auf und schaue aus dem Fenster in den Innenhof, wo schräg darunter meine alte Dame im Freien steht. Und tatsächlich, die aufgeregten Stimmen befinden sich innerhalb der 3 Meter hohen Einzäunung des Abstellplatzes. Zwei Gruppen von insgesamt 16 bis 18 Männern unterschiedlichen Alters liefern sich eine Auseinandersetzung, die mit Faustschlägen und Fußtritten bereits zu eskalieren scheint. Nach zweistündigem Geschrei und Streit rücken die Streithähne dem Portiershäuschen immer näher – und somit ins Licht. Jetzt sehe ich, dass sie alle völlig betrunken sind; viele können fast nicht mehr gehen und torkeln mit ihrer Wodkaflasche herum, die Balance nur mühsam haltend. Einige von ihnen starten ihre alten PKWs, fahren aufeinander los, einige springen auf die Fahrzeuge, andere treten dagegen. Reifen quietschen, Glas splittert, ein Mann wird aus dem Fahrzeug gezerrt und mit nacktem Oberkörper über den Asphalt gezogen, dazu ohrenbetäubendes Geschrei. Die Polizei wird nicht gerufen, lediglich die resolute Hotelangestellte versucht die Streithähne mit Geschrei zur Vernunft zu bringen. Wo bin ich da nur hingeraten! Jetzt sind die Schreie auch unten im Motel zu hören, ich ziehe meine Kleider an und gehe hinunter. So langsam mache ich mir Sorgen um meine alte Dame ... Die Schlägerei scheint aber abzuklingen, der Anführer der Meute hat offenbar genug. Der Portier hat inzwischen seinen Lada-Kombi schützend vor mein Motorrad gestellt und versichert mir per Handschlag: „Njet prabljém, ganz normal, nur betrunkene russische Zigeuner" und spickt mit dem Zeigefinger vom Daumen weg an den gestreckten Hals – eindeutiges russisches Zeichen für Trinker. Fazit: vorne die gewerblichen Damen, hinten die betrunkenen Zigeuner und dazwischen eine schlaflose Nacht – morgen bin ich der erste, der dieses Motel verlässt und bei Sonnenaufgang Richtung Osten fährt ...

16. Juni 23. Tag, Montag Km-Stand: 7.430

Wetter:	Sonnig und warm den ganzen Tag
Ziel:	Nach Kansk und Tajset, Richtung Irkutsk

Die gestrige Erzählung über das deutsche Pärchen in Richtung Baikalsee stimmt mich am Morgen sehr positiv. Dazu kommt das gestrige Telefonat mit Mikhaíl vom Motorradclub Iron Tigers in Wladiwostock am japanischem Meer. Trotz der Schlägerei in der Nacht starte ich motiviert in den neuen Tag. Es war dies die erste Kontaktaufnahme mit einer zuhause vorbereiteten Adresse. Ab jetzt kann ich auch in etwa abschätzen, bis wann ich in Wladiwostock eintreffen werde. Denn dort brauche ich sicher Hilfe bei meiner Ausreise in die USA. Ich bat Mikhaíl schon jetzt um die Organisation eines Schiffes nach Seattle und er bestätigte mir, dass zwei deutsche Motorradfahrer derzeit in meine Richtung unterwegs seien. Also kann es sich nur um das deutsche Paar handeln. Ich bin gespannt, ob ich die beiden treffe.

Getankt und alles geprüft hatte ich ja schon gestern Abend, nun kann es ohne Zeitverlust nach Irkutsk weitergehen. Um 7 Uhr starte ich meine Maschine und fahre ohne Frühstück los; noch nie bin ich auf meiner Reise um die Welt so früh abgefahren. Mit einem Trinkgeld für den Portier und einer freundschaftlichen Umarmung verlasse ich die düstere Stätte. Er hatte Recht behalten, meine alte Dame hatte das Desaster unbeschadet überstanden. Die Fahrt geht bei schönstem Wetter an der Industriestadt Krasnojarsk (etwa 800.000 Einwohner) vorbei nach Kansk. Die Straßenzustände wechseln immer wieder von mittelmäßig bis sehr schlecht. Die

Dorfladen in Mittelsibierien mit riesiger Auswahl an Wodka

Frostaufbrüche hinterließen riesige, mit Regenwasser gefüllte Löcher auf der Straße, in denen sich der blaue Himmel und die weißen Wolken widerspiegeln. In einem kleinen Dorfladen versuche ich etwas Proviant einzukaufen. Die bunt bekleidete Verkäuferin hat mit meinem Wunsch nach einem Sandwich so ihre Schwierigkeiten.
Dennoch schmiert sie mir Brote und legt die Wurst nach ihren Vorstellungen in zentimeterdicken Stücken darauf. Dabei schüttelt sie den Kopf und wiederholt immer wieder „Sandwich? Sandwich?" Mit Schokolade und Zahncreme tun wir uns schon leichter. Ihre größte Auswahl im Regal besteht aus Wodka. Hier ist das Angebot groß, verschiedene Flaschen mit bunten Etiketten in allen Größen und Formen stehen zum Verkauf bereit.

Ab jetzt wird die Landschaft sehr ansprechend, hügelig und waldreich. In Kansk, einer nicht allzu großen Stadt in einer Talsenke, habe ich größte Mühe, wieder herauszufinden. Ich finde den Weg nach Osten nicht mehr. Die zuerst gute Beschilderung M 53 hört bei den entscheidenden Kreuzungen einfach auf. Ein netter Kleinbusfahrer stoppt, steigt aus, zeichnet mir auf seiner Zeitung einen Plan auf wie man am besten über den Fluss kommt, reißt das Stück Zeitungspapier heraus und wünscht mir gute Fahrt. In Richtung Tajset kommen die ersten Staub- und Schotterpisten, die es mit viel Vorsicht und sehr langsam zu befahren gilt. Volle Konzentration auf die Piste ist angesagt, immer wieder liegen Metallteile auf der rauen Fahrbahn herum. Kurz zuvor war ich viel zu schnell über eines der unzähligen Frostaufbruchlöcher gefahren, die Schatten der Baumkronen machten das Erkennen der plötzlich auftretenden Löcher schwer. Bei besagtem Loch schlugen die Federung und die vordere Aufhängung hart durch. Das tat weh. Das soll mir ab jetzt nicht mehr passieren, schwor ich mir unter meinem von Zitronenfaltern verklebten Helm. Mir steht am Abend kein Serviceteam zur Verfügung, wie das sonst bei Rallye-Einsätzen der Fall ist; immerhin sollte meine alte Dame den langen Weg nach Wladiwostock ohne Reparaturen überstehen. Das werden noch ziemlich anstrengende 5.000 km! Um 18 Uhr wieder die allabendliche Überlegung: wo soll ich die Nacht verbringen? Immerhin bin ich heute gut 700 km gefahren, davon 70 km Staubpiste. Bei der Stadteinfahrt von Tulun fahre ich an einer heruntergekommenen Gastíniza vorbei und frage einen vorbeifahrenden, einheimischen Motorradfahrer, ob denn das die einzige Bleibe im näheren Umkreis sei und ob sie zu empfehlen wäre. Er antwortet auf beide Fragen mit ja, muss aber absteigen und mit dem Kickstarter rumpeln, bevor er weiterfahren kann. Unfair von mir, denke ich, schlussendlich habe ich ihn aufgehalten.

Staubpiste, 70 Kilometer am Stück

Im Innenhof der Gastíniza dann die große Überraschung! Hinter dem großen Eisentor stehen zwei BMWs mit deutschen Kennzeichen. Also waren die beiden von Volker angekündigten Motorradfahrer doch noch vor mir und haben ebenfalls hier eingecheckt. Nach freundlicher Begrüßung und einem kleinen Bier werden zuerst einmal Erlebnisse ausgetauscht. Die Reise der beiden geht bis Irkutsk, gemeinsam wollen wir morgen alle dorthin fahren. Günter (69) aus Warstein / Soest und Dieter (60) aus Frankfurt am Main sind sehr positive Menschen und ich freue mich, dass ich mit den erfahrenen Bikern bei noch einem Bier den Staub aus der Kehle spülen kann. Auch als Verstärkung in der trostlosen Unterkunft sind mir die beiden sehr willkommen. Sämtliche Menschen, ob Mann oder Frau, in der Gastíniza oder in ihrer Umgebung, sind ausnahmslos betrunken – vom Wodka gezeichnet. In der kargen Herberge gibt es weder Toilette noch Dusche. Einmal mehr ist mein winziges Zimmer nicht absperrbar – diesmal fehlt das ganze Schloss! In der Nacht zerre ich die Tür mittels Reservegummispannern zu, die alten Fenster lassen sich nicht öffnen und das Bett quietscht über den ausgeleierten Metallfedern. Dieter und Günter schlafen im Zimmer rechts von mir. Die Wände sind so dünn, dass wir uns zurufen können, wer wen am Morgen weckt. Links von mir schläft eine mongolische Familie, die sich auf der Durchreise befindet. Das Familienoberhaupt schnarcht mir die ganze Nacht die Ohren voll. Na ja, wenn nur am Morgen die Motorräder noch da sind, dann ist das zu ertragen und halb so schlimm. Mit Günter und Dieter möchte ich weiterfahren. Die beiden fahren die gleiche Motorradtype wie ich und wir werden bestimmt noch einiges an Gemeinsamkeiten entdecken. Jedenfalls machen mir die Deutschen einen sehr erfahrenen und besonnenen Eindruck und auch ihr Humor bringt mich immer wieder zum Lachen.

17. Juni	**24. Tag, Dienstag**	**Km-Stand: 8.130**
Wetter:	Sonnig, sehr warm, am Abend leichte Bewölkung	
Ziel:	Von Tulun über Sima nach Irkutsk, ca. 400 km	

Je weiter man nach Osten kommt, desto ungepflegter und schmuddeliger wirken die Menschen. Auffallend sind die schlechten, lückenhaften Zähne der meisten. Auch

Milizkontrollposten mit eigenem Schrottplatz

hier, scheint mir, gibt es viele Alkoholiker oder zumindest stark dem Alkohol zusprechende Personen. Bitterarme Verhältnisse; auch die Natur ist davon nicht verschont geblieben. Sehr viele Waldstücke sind braun und dürr, sicher eine Folgewirkung der starken Luftverschmutzung. Es fehlen offensichtlich auch hier die Mittel für eine vernünftige Müllentsorgung. Müllhaufen und Abfälle aller Art liegen überall am Straßenrand. Aber keiner kümmert sich darum.

Nach einem starken Kaffee geht die Reise weiter nach Irkutsk, die Straßen sind wieder von sehr unterschiedlicher Qualität – von gut ausgebauten bis zu solchen in miserablem Zustand ist alles dabei. Aber abgesehen davon: Nach mehr als dreiwöchiger Reise fahre ich zum ersten Mal wieder in einem Team – zusammen mit meinen neuen deutschen Motorrad-Freunden. Ich genieße diese Fahrt. Immer wieder wechseln wir die Reihenfolge, ich könnte ständig fotografieren. Endlich habe ich die richtigen Motive in dieser eintönigen, hügeligen Landschaft gefunden. Dieter und Günter sind erfahrene Tourenfahrer mit optimaler Ausrüstung und gleich überladen wie ich. Vorbei geht's an der Stadt Sima, immer weiter nach Irkutsk. Die Landschaft ist stark hügelig mit weit reichender Sicht auf den Straßenverlauf. Die Milizkontrollen nehmen ab und verlaufen immer unproblematischer, erstmals lassen sich die Polizisten der DPS (das sind in Russland die Milizkontrollen) mit uns zusammen fotografieren. Direkt am Kontrollposten befindet sich eine Art Schrottplatz mit lauter alten Fahrzeugen – ob die wohl alle aus dem Verkehr gezogen wurden? Diese Frage lässt sich nicht klären.

Gut 100 km vor Irkutsk kommen uns zwei Motorradfahrer entgegen, es sind Olaf und Torsten aus Schleswig-Holstein mit einer BMW R 80 G/S und einer MuZ. Natürlich bleiben wir für einen Plausch am Fahrbahnrand stehen. Die beiden kommen exakt aus der Richtung, die ich noch vor mir habe, nämlich aus Wladiwostok. Ursprünglich wollten sie über China und die Mongolei fahren, aber aufgrund von SARS ist die Grenze gesperrt. Sie haben sogar die Strecke von Skovorodino bis Cernysevsk am Amur auf dem Landweg zurückgelegt. Dieser Weg soll entsetzlich sein und durch Sümpfe führen ... Er ist dieses Jahr erstmals befahrbar, aber sehr schwierig zu bewältigen, da es dort praktisch keine Straße gibt. Ich muss schon sagen: sehr mutig, aber riskant. Olaf hat sich die Reifen dabei zerschnitten und fährt nun einen dünnen rus-

Olaf und Torsten aus Norddeutschland mit Reifenpanne

sischen Gummimantel für 300,- Rubel (10,- EURO); mit beladener Maschine sind da gerade einmal 80 km/h zu empfehlen. Während wir plaudern, fällt uns auf, dass an seinem Hinterrad die Luft fehlt. „Kein Problem" sagt Olaf, nimmt den linken Seitenkoffer herunter und hebelt am montierten Rad den Gummimantel von der Felge. Darauf zieht er den Schlauch heraus und stellt fest, dass sich ein alter Flicken gelöst hatte. Die zwei Abenteurer wirken sehr mitgenommen und beide sind vor lauter Dreck fast so grau wie die Straße. Für sie gilt es jetzt, die Rückreise von gut 9.000 km zu bewältigen. Sie sind aber sehr zuversichtlich. Ich erfrage noch einige Infos über die Strecke vor und nach den Sümpfen; die Strecke durch die Sümpfe möchte ich mir ersparen und sie lieber mit der transsibirischen Eisenbahn zurücklegen, denn ich möchte mir nicht unbedingt mein Fahrwerk ruinieren. Die Auskunft gibt mir neue Hoffnung. Die restlichen 4.500 km Sibirien seien zwar anstrengend, aber nicht problematisch.

Rast- und Kaffeepause

Nach den obligatorischen Glückwünschen fahren wir weiter nach Irkutsk. Wieder eine Millionenstadt, sie liegt am Ufer des Baikalsees. Eigentlich wollte ich ein Zimmer in dem von Volker empfohlenen Privathaus in der Stadt beziehen. Dieter und Günter laden mich jedoch spontan in ihre Unterkunft ein, es ist eine Studienwohnung der technischen Universität Irkutsk. Dieter bewohnte sie bereits letztes Jahr während seiner Rucksacktour durch Sibirien. Als wir gegen 20 Uhr hundemüde, aber glücklich ankommen, müssen wir für unsere Motorräder noch einen Avtostojánka (bewachten Abstellplatz) suchen. Der gleicht eher einem Schrottplatz, ist aber der einzige zu Fuß erreichbare und wir verlassen uns auf die Ehrlichkeit der Betreiber. Sicherheitshalber lassen wir uns aber alles schriftlich bestätigen, und das mit all unseren Kennzeichen und Typennummern. Nachdem jeder Seesack, Rucksack, Motorradkoffer und Tankrucksack in den ersten Stock des Wohnblocks hinaufbefördert wurde, packe ich meine Flasche Wodka von Jekaterinburg aus, dazu teilen wir uns das unterwegs gekaufte Abendbrot ...

Endlose Weiten und sanfte Hügel – nicht einmal die Vögel wissen, wo die Taiga endet

18. Juni	**25. Tag, Mittwoch**	**Km-Stand: 8.550**
Wetter:	Sonnig, sehr warm und schwül	
Ziel:	Erster Ruhetag in Irkutsk	

Diese Nacht schlafen wir tief und fest, ich hatte schon tagelang nicht mehr so gut genächtigt. Günter bekommt das einzige Bett in der Wohnung zugesprochen, Dieter und ich schlafen in unseren Schlafsäcken auf dem Fußboden. Die gesamte Studienwohnung ist mit unseren Motorradutensilien verstellt. Es gibt eine Küche und ein Badezimmer mit fließendem Warmwasser. Man stelle sich diesen Komfort vor, nach den Entbehrungen der letzten Tage. Da ich wieder einen Tag in meiner Planung aufgeholt habe, beschließe ich, 2 Tage in Irkutsk zu bleiben. Denn jetzt ist es einfach an der Zeit, eine Großreinigung vorzunehmen und einzukaufen. Dieter kennt sich in Irkutsk sehr gut aus, er war letztes Jahr ohne Motorrad hier, um einen Film über die Stadt zu drehen. Ich nütze die Zeit in Irkutsk, um meine gesamte Ausrüstung zu reinigen und zu überprüfen. Beim Waschen des Motorradanzuges rinnt eine schwarze Brühe in den Abfluss der Badewanne, die Schmutzschicht ist wie festgebacken und besteht aus Staub, Sand und Ruß von Sibiriens Straßen. In einem Tag trocknen die Klamotten nicht, befürchte ich und hänge sie an die Wäscheleine, die wir quer durch die Wohnung gespannt haben. Dafür riechen sie dann wieder besser und können sich halbwegs sehen lassen. Beim Einkaufsbummel in der Innenstadt suchen wir das Hauptpostamt, um nachhause zu telefonieren. Das Mobiltelefonnetz funktioniert seit Tagen nicht mehr und ich will meiner Moni unbedingt sagen, dass es mir gut geht, damit sie sich keine Sorgen macht. Meine neuen Freunde wirken entspannt, sie haben ihr Reiseziel Irkutsk erreicht und wollen die Motorräder auf die Bahn verladen und in einer Woche nach Deutschland abreisen. Dieter ist ein sehr aktiver, ideenreicher Mensch und Günter ein humorvoller, besonnener, sie kennen sich erst seit kurzem. Ein Inserat, unter der Rubrik „Reisepartner gesucht" in einer Motorradzeitung, brachte die beiden zusammen. Um 17 Uhr lade ich die Freunde zum Mittagessen ein. Die Zeitverschiebung von inzwischen 7 Stunden ist sicher auch der Grund für unser verspätetes Mahl. Den Abend verbringen wir mit dem Erzählen von unseren Motorradreisen. Günters BMW hat gut 250.000 km Laufleistung am Buckel, sie begleitete ihn bis in die USA und in den Orient. Natürlich hat er einige Tipps und Infos für meinen US-Reiseteil und ich freue mich schon darauf. Dieter ist auch schon viel mit dem Motorrad gereist, auch er hat einige interessante Lösungen für unterwegs auftauchende Probleme parat.

19. Juni **26. Tag, Donnerstag** **Km-Stand: 8.550**

Wetter: Sonnig und schwül

Ziel: Zweiter Ruhetag in Irkutsk

Nach der gestrigen Reinigung der gesamten Ausrüstung wie Anzug, Seesack, Schuhe, Wäsche und Helm kommt heute meine alte Dame an die Reihe. Zuvor verrichten wir gemeinsam an allen drei Motorrädern einige Inspektionsarbeiten. Die Ventile werden auf Spaltmaß geprüft und eingestellt, die Ölstände kontrolliert und aufgefüllt – alles auf dem bewachten „Abstellplatz-Schrottplatz“. Nun ist es auch an der Zeit, den zweiten, neuen Reifen am Vorderrad zu montieren. Günter ist mir bei der Montage behilflich. Auf einem der herumliegenden Bretter ziehen wir mit bloßer Hand den widerspenstigen Reifen auf die Felge auf. Das Profil des alten Reifens ist noch nicht am Ende, ich will aber für den kommenden, sicher schwierigsten, Teil der Russlandreise optimal bereift sein und nehme den gebrauchten als Reserve für alle Fälle mit. Anschließend wollen wir die verschmutzten Motorräder reinigen – aber wo? Wir fragen zwei Polizisten am Straßenrand und die zeigen uns – indem sie uns mit dem Einsatzwagen vorausfahren – prompt den Weg zu einer Tankstelle mit Waschplatz. An der Tankstelle helfen junge, kräftige und zugleich attraktiv gekleidete Mädchen bei der Wäsche und als wir mit den drei Motorrädern in der Waschbox stehen, werden wir von allen Seiten bewundert. Beim Saubermachen stelle ich fest, dass die hintere Kotflügelhalterung durch die permanenten Erschütterungen gebrochen ist. Schnell ist sie ausgebaut, Günter, der Techniker, nimmt sie zu sich und sagt mit väterlicher Stimme: „Da finden wir eine bessere, bis morgen hält das wieder und du kannst beruhigt deiner Wege ziehen.“ Die beiden werden mir sehr fehlen, aber wie sich die Wege treffen, so werden sie sich nun einmal auch wieder trennen. Aber wahre Freundschaft lebt weiter – im Herzen und im Geist.

Avtostojánka – bewachter Abstellplatz

Am Abend sind wir gemeinsam in der Studienwohnung und ich bekomme eine Lektion in Sachen deutsche Geschichte sowie deutsche Politik der Gegenwart und der Vergangenheit; das verrückte Lachen von Dieter und die trockenen, humorvollen Witze von Günter lassen die Diskussion zu einer äußerst unterhaltsamen Runde werden. Mitten in Russland: zwei alte deutsche Hasen und ein Ösi, die über ihre Heimat philosophieren.

ASIEN
MITTELSIBIRIEN – OSTSIBIRIEN / IRKUTSK – WLADIWOSTOK

20. Juni	**27. Tag, Freitag**	**Km-Stand: 8.550**
Wetter:	Bewölkt und Regen, kühl; am Abend starke Gewitter	
Ziel:	Weiterreise um den Baikalsee nach Ulan-Ude, ca. 450 km	

So, heute möchte und muss ich wieder vorwärts kommen, Günter und Dieter begleiten mich zum bewachten Abstellplatz, um meine alte Dame abzuholen. Im Hof vor dem Wohnblock wird sie aufgepackt. Es gibt einiges zu verstauen und die Zeit zieht sich in die Länge, wahrscheinlich weil ich mich ungern von den beiden trenne. Nach einer herzlichen Umarmung gibt mir Günter noch einige Jausenbrote sowie eine Fischkonserve mit auf den Weg und sagt: „Mensch, wenn ich nur ein paar Jährchen jünger wäre, wie gerne würde ich jetzt mit dir um die Welt fahren!“ Dieter, der Ortskundige, gibt mir noch letzte Tipps, wie ich aus der Stadt hinausfinde: „Über die Angara-Brücke und dann Richtung Sljudjanka.“ Um 11 Uhr dann der Start. Nach vielen gegenseitigen Glückwünschen saugt meine alte Dame ihr Luft-Benzingemisch geradezu stürmisch an, sie zieht mich hinaus aus Irkutsk und weiter nach Osten. Nach so viel Zuwendung darf ich sie nun wieder ordentlich beanspruchen und es macht Spaß, neue Ziele anzusteuern, selbst wenn wieder schwacher Regen einsetzt. Über die M 55 peile ich das südliche Ende des Baikalsees an – eine von Hügeln und Wäldern durchzogene Landschaft auf gut ausgebauter Straße führt mich nach

Sljudjanka. Nach langer Fahrt durch regennasse Wälder und auf schmalen Straßen erblicke ich zum ersten Mal den Baikalsee. Enge Kurven schlängeln sich hinunter zum See, der im Dunst der Regenwolken einen traurigen Eindruck macht. Dazu kommt die Kälte, die Finger sind ganz klamm und ich habe keine Lust, Landschaftsfotos zu machen. Wären nur Günter und Dieter mit ihren Motorrädern noch hier, was gäbe das für herrliche Motorrad-Regenfotos, zwar mit grauen Dunstwolken im Hintergrund, aber mit fröhlichen Gesichtern im Vordergrund. Ich muss gestehen: ich fühle mich einsam und deprimiert. Wie schon so oft in solch einer Situation, sage ich zu mir: „Durchstarten. Aufwärmen und trocknen kannst du dich heute Abend in Ulan-Ude!"

Die Fahrt dorthin macht trotz schlechtem Wetter Spaß. Kurvenreich ist sie, mit hohen Steigungen und steilen Abfahrten. Jetzt ist meine ganze Konzentration gefordert. Immer wieder liegen Eisenteile auf der Fahrbahn herum und die vielen Schlaglöcher reißen mich fast aus dem Sattel. Die Straße führt durch viele kleine Dörfer, in einem von ihnen kaufe ich in einem kleinen Laden ein. Vor allem brauche ich Limonade und Schokolade für unterwegs. Die Kekse in der Glasvitrine führen mich ebenfalls in Versuchung, die Verkäuferin verpackt für mich einige und berechnet dann den Preis mittels eines 40 x 40 Zentimeter großen Holzrechenschiebers: Die unterschiedlich großen Holzkugeln der Stschjoty werden in einer für mich nicht nachvollziehbaren Weise hin und her geschoben und bis sie mir die Summe nennt, vergeht Zeit. Vor dem Laden versammeln sich sofort einige junge Burschen um meine alte Dame. Als ich ihre sehnsüchtigen Blicke bemerke, schenke ich ihnen die gerade eingekauften Kekse. Bei meinem Start auf Knopfdruck sind alle überrascht – ich denke mir, das war wohl ihre erste Begegnung mit einem Elektrostarter. Und das ohne Kickstarter-Rumpeln!

Kurz vor Ulan-Ude bin ich noch am Überlegen, ob ich auf der M 55 noch ein Stück Richtung Chilok weiterfahren soll, ich wäre dem morgigen Etappenziel Chita gleich etwas näher. Denn das waren heute ja erst 460 km, aber durch die späte Abfahrt in Irkutsk ist es jetzt bereits 18 Uhr abends und die Wolken werden immer dunkler. Als ich bei Ulan-Ude dann an einem gepflegt wirkenden Motel vorbeikomme, checke ich ein, ohne lange zu überlegen. Nach längerem Hin und Her bekomme ich ein Einzelzimmer für 500,- Rubel (17,- EURO). Es ist das beste seit Jekaterinburg und für russische Verhältnisse sehr sauber. Meine alte Dame kommt wieder in einen umzäunten Innenhof, der von einem Security-Man bewacht wird; der Innenhof ist leer und frisch asphaltiert, wellenförmig asphaltiert, um genau zu sein ... Die angrenzenden Baracken machen einen ziemlich wackeligen Eindruck. Als ich die Maschine zum Abpacken auf den Hauptständer stelle und die Bänder löse, sinkt der Ständer im Asphalt ein und kippt auf die Seitenkoffer weg. Meine Maschine ist viel zu schwer, um das Kippen zu verhindern. Allein sind solche Situationen schwer zu meistern, aber da fällt mir etwas ein – eines der im Innerhof herumliegenden Bretter dient mir als Unterlage für den Hauptständer. Eng an der Hauswand stehend, stütze ich den Sturzbügel mit einer kaputten Holzpalette ab und drücke mit aller Kraft dagegen. In

Ein burjatischer Friedhof; jedes Grab hat einen eigenen Zaun

schweißtreibender Arbeit bekomme ich meine Lady wieder in die Waagrechte. Eine Stunde später, während ich meine Notizen mache, flackert plötzlich das Licht im Zimmer; es blitzt und donnert, schlagartig setzt ein orkanartiger Sturm ein. Dachziegel und Blechteile von den Barackendächern fliegen im Innenhof herum. Fast in Panik schaue ich zu meinem vergitterten Zimmerfenster hinaus. Aber um die BMW zu sehen, muss ich einen kleinen Trick anwenden – ich hole meinen Rasierspiegel aus dem Beautycase und jetzt kann ich sie sehen: wie ein Fels in der Brandung steht sie da und bietet dem Sturm die Stirn. Oder besser ausgedrückt, ihre Frontscheibe. Beruhigt wende ich mich der Jause zu, die mir Günter am Morgen mit auf den Weg gab. Mein Gott, bin ich froh, bei diesem Wetter nicht weitergefahren zu sein. Bei einer guten Pfeife sehe ich mir die Straßenkarten an. Morgen bis Chita zu fahren, bedeutet 665 km am Stück. Ich beschließe das morgige Wetter abzuwarten. Erst dann entscheide ich mich, ob ich die ganze Strecke an einem Tag fahre.

Ab Morgen bin ich schon einen Monat auf der Reise. Langsam löst Heimweh das Fernweh ab ... Dazugekommen ist „Hinternweh" – vom vielen Sitzen. Wie glücklich bin ich darüber, meine Moni regelmäßig am Telefon zu hören. 22 Jahre gemeinsamer Alltag, das schmiedet schon zusammen. Von zuhause kommen Gott sei Dank nur gute Nachrichten. Unter anderem hat mein Sohn Roman eine Gymnasium-Stufe positiv hinter sich gebracht – und das nach zwei ‚Ehrenrunden'! Wieder ein Grund, um Freude aufkommen zu lassen. Der starke Regen schlägt an mein vergittertes Fenster und wiegt mich in tiefen Schlaf ...

21. Juni **28. Tag, Samstag** **Km-Stand: 9.010**

Wetter: Stark bewölkt, Regen; sehr windig und kühl, erst am Abend Sonne
Ziel: Von Ulan-Ude über Chilok nach Chita, ca. 660 km

Beim Frühstück bin ich allein – Spiegelei mit Speck, Käse, Brot und Kaffee gibt es reichlich. Meine alte Dame hat den Sturm gut überstanden, sie ist lediglich voller Sand und Laub. Zeitig starte ich wieder nach Osten, überall liegen Äste und Unrat herum. Der Himmel ist mit dunklen Wolken verhangen und nach den ersten Kilometern ist es im Fahrtwind so richtig kalt. Zuerst spüre ich die Kälte an den Fingern, aber Angriff ist die beste Verteidigung, ich gebe Gas. Nicht nur die Menschen haben hier inzwischen mongolische Gesichtszüge, auch die Landschaft hat den Charakter der nahen, durch politische Grenzen getrennten Mongolei. Eine breite Grassteppenlandschaft mit ewigen Weiten und von Wind und Wetter sanft abgerundeten Hügeln. Hier kann sich der Wind voll entfalten. Auf den wenig befahrenen Straßen muss ich mich beim Geradeausfahren auf die Seite legen, um dem Wind trotzen zu können. Den Tankrucksack stütze ich mit den Oberarmen ab, er wäre sonst völlig dem Seitenwind ausgeliefert.

Ganze Hügelketten liegen im Sterben

Weiter führt die Strecke durch zerstörte Wälder – braunschwarz und traurig liegen ganze Hügelketten im Sterben. Teilweise werden die kranken Nadelwälder einfach abgebrannt, die beißenden Rauchschwaden sind unübersehbar. Das durch Umweltsünden verursachte Desaster lässt in mir ein bedrückendes Gefühl zurück. Aber das gleichmäßige Brummen meiner alten Dame – bei 5.000 U/min im 5. Gang – beruhigt meine strapazierten Nerven. Die Finger sind klamm, das Wetter zeigt sich hartnäckig von seiner schlechtesten Seite. Nach gut 300 km erreiche ich Chilok – Halbstation für die heutige, kaltnasse Etappe. Unglaublich, gestern in der Straßenbahn von Irkutsk haben wir in kurzen Hosen nach Kühlung gehechelt und uns bei jeder Haltestelle auf die Kühlluft der offenen Tür gefreut.

Zwischen Chilok und Chita, auf der M 55, nach vielen geradezu deprimierenden Kilometern durch abgestorbene Wälder, kommt aus der Gegenrichtung einer der seltenen russischen Motorradfahrer auf mich zu. Und natürlich wird angehalten. Es ist Vladímir aus Chita mit Freundin und seiner aufgemöbelten Honda 750 four. Sie geben mir Informationen aus ihrer Heimatstadt, die Adressen von ihren Motorradfreunden Vitálij, Álik, Míscha und nennen mir ein gutes Motel mit dem Namen Panama City; es soll sich gleich bei der Stadteinfahrt am 2. Kreisverkehr zu finden sein. Hier ist einmal mehr die große russische Seele zu spüren! Vladímir fragt, ob ich die polnische Harley-Gruppe schon getroffen hätte – mein erster Gedanke ist: Harleys in Sibirien? Nach einigen Fotos und vielen guten Wünschen fährt jeder in seine Richtung. Mein Ziel heißt Chita, das Wochenendziel der beiden ist Ulan-Ude. Das Wetter bessert sich nicht, die Kälte und mit ihr die klammen Finger halten an bis

Chita. Einige Kilometer davor läuft der linke Vergaser über. Ich nehme gleich die Schwimmerkammer-Spange ab und entleere die Kammer. Die Sache ist vorerst dicht, die Ursache finde ich nicht. Während der Fahrt sehe ich oft beunruhigt zum Vergaser hinunter. Plötzlich läuft wieder der Benzin aus dem Vergaser – über die Stiefel zum Hinterrad und dann auf die Straße! Also wieder an den Straßenrand und genauer untersuchen. Bei abgenommener, aber untergehaltener Schwimmerkammer öffne ich erneut den Benzinhahn und lasse Benzin nachströmen. In der Hoffnung, dass der Schmutz aus dem Ventilgehäuse geschwemmt wird, klopfe ich mit dem Schwimmer einige Male vorsichtig von unten dagegen und wirklich – harzartige, gelbe Pfropfen liegen als Beweis in der untergehaltenen Kammer! Rasch baue ich alles wieder zusammen und mache mich auf den Weg nach Osten. Eine der gekauften Tankfüllungen war wohl nicht von bester Qualität.

Vladímir mit Freundin und seiner aufgemöbelten Honda 750 four

Kurz darauf dann eine weitere Begegnung: zwei BMW F 650 mit japanischem Kennzeichen stehen vor einem einfachen Holzhaus-Café an der Strecke und ich möchte natürlich gleich Kontakt aufnehmen. Chris stammt aus Seattle / Washington und lebt seit vielen Jahren in Japan, er kommt mit seinem japanischen Freund von Wladiwostok und sie möchten mit dem Motorrad über die Mongolei und China wieder zurück nach Japan fahren. Rasch werden Erfahrungen ausgetauscht, ich frage mal, wie die Verladung bei der transsibirischen Eisenbahn gelaufen ist und wie die Straßenverhältnisse waren. Beim kurzen Smalltalk auf dem windigen und sandigen Parkplatz vor dem Café vergesse ich, die Adressen aufzuschreiben. Aber Chris will mir die Kontaktadresse seines Vaters in Seattle per E-Mail schicken, meine Adresse hat er jedenfalls auf die Fotokarte geschrieben.

Chris aus Seattle mit seinem japanischen Freund

Eine der seltenen Tankstellen

Mit vollem Speed geht's auf der M 55 – sie ist halbwegs in Ordnung – nach Chita. Bei der Stadteinfahrt suche ich gleich die Adresse des russischen Bikers Vlad, um mich nach der Transsib zu erkundigen: Die allerletzte Verlademöglichkeit vor den großen Sümpfen ist angeblich in Cernysevsk, gut 300 km nordöstlich von Chita. Dem vertraue ich aus Zeitgründen nicht ganz, ich glaube in Chita rascher vorwärts zu kommen. Allmählich versammeln sich einige Freunde Vlaidímirs um mich, alle anderen werden per Telefon zusammengetrommelt. Die Auskunft lautet: verladen kann man erst in 2 Tagen; das wäre dann erst am Montag. Am morgigen Sonntag hat die Gepäckwagen-Abteilung keinen Schalterdienst. Daher: erst mal beim empfohlenen Motel vorbeischauen, versuchen ruhig zu bleiben, den Sonntag werde ich schon irgendwie überbrücken. Und dann: welche Überraschung! Im umzäunten Innenhof des Motels stehen 7 Harleys mit polnischen Kennzeichen und eine mit deutscher Nummer. Die Fahrer der stolzen Geräte müssen wohl irgendwo in der Stadt unterwegs sein. Sofort versuche ich, ein Zimmer zu organisieren. Leider gibt es nur Häuschen mit 4 Betten zu mieten, aber trotz einer abendlichen Maturafeier im Motelpark wäre noch eines frei. Nur der Preis ist mir mit 1.500,- Rubel (50,- EURO) viel zu hoch und ich lehne ab. Ein Anruf vor Ort bei Vlad's Freunden führt mich in die Stadt, wo ich prompt die Harley-Fahrer – schon leicht angeheitert – im Wirtshaus treffe: Wieder so ein perfekter Motorrad-Kontakt, der sogar in einer so großen Stadt die Wege zusammenbringt.

Zur Runde zählen auch viele Einheimische vom Motorradclub aus Chita; mit denen werden bei reich gedecktem Tisch und jeder Menge Getränken (Benzin)-Gespräche geführt. Nebenbei lädt mich der deutsche Harley-Fahrer Friedel für die Nacht ins Motel Panama ein. Die 4 Betten im Zimmer seien zwar belegt, aber für einen Schlafsack sei immer noch genügend Platz, meint er. In perfektem Deutsch erzählt er mir vom großen Reiseziel der Harley-Gruppe: Um die Welt wollen sie – durch Russland, Japan und in die USA, um in Milwaukee bei der 100. Jahresfeier von Harley-Davidson dabei zu sein! Hurra, Weltreisende – da gibt es einiges zu erzählen. Auch sie wollen nach Wladiwostok und ab hier auf die transsibirische Eisenbahn verladen, das trifft sich gut. Allerdings haben die acht Biker vorreserviert, was soviel heißt wie: die 8 Harleys können morgen, Sonntag, auf die Transsib. Ich berate mich mit den russischen und polnischen Kumpels Andrjéj, Vitálij, Sáscha, Míscha, Edmund, Zygmunt, Wojciech, Andrzej: muss ich warten? „Nein, das machen wir schon, ob acht oder neun Motorräder verladen werden, bemerken die Gepäckwagenarbeiter nicht", wird einstimmig beschlossen. Obwohl ich mich gegen Gruppenreisen immer gewehrt habe, macht dieses Beispiel schon deutlich, dass man in der Gruppe eindeutig stärker ist. Nach einem ausgelassenen Fest und anschließendem Maturaparty-Krach im Hotelpark fällt die Nacht im Schlafsack ziemlich kurz aus.

22. Juni **29. Tag, Sonntag** **Km-Stand: 9.720**

Wetter: Sonnig und gegen Mittag sehr heiß

Ziel: In Chita werden die Motorräder auf die Transsib verladen

Durch Chita am Sonntagmorgen zum Bahnhof

Um 8 Uhr sollten wir am Bahnhof sein; bedingt durch die viel zu kurze Nacht wird es 9 Uhr, bis alle ihre Sachen startklar haben. Es dauert weitere 2 Stunden, bis wir ins Bahnhofsgelände eingelassen werden. Und das nur, nachdem sich Andrjéj aus Chita mit ausdrucksstarken Worten Gehör verschafft hat. „Wir sind bei Mütterchen Russland, hier dauert alles etwas länger!“, lacht er, aber wir befinden uns nun endlich im Innenhof des Bahnhofs. Man führt uns an großen Eisentoren vorbei zu den Geleisen, wo die Gepäckwagen halten. Nach einer schier endlosen Wartezeit können wir um 14 Uhr endlich die Motorräder verladen. Aber wie! Nachdem der enorm lange, grüne Güterzug eingefahren ist, werden aus dem uns zugewiesenen Gepäckwagen aus schmalen, aufgeschobenen Seitentüren erst mal alle Waren ausgeladen – lange Bleche, Holzkisten, Säcke. Und es dauert und dauert. Ich denke in der Zeit des Wartens über eine nicht vorhandene Rampe nach. Wie um alles in der Welt bekommen wir die Motorräder über diese hohe Ladekante? Plötzlich heißt es ganz schnell rein mit den Motorrädern, der Schienenstrang muss schleunigst für den nächsten Personenzug freigemacht werden, Hektik kommt auf. Zum Verladen der Bikes kommt als Abstellzwischenstufe ein herumstehendes Transportwägelchen, – uralt, klapprig und mit verschieden großen Gummirädern – zum Einsatz.

Warten auf die Verladung, denn in Chita hören alle Straßen auf

Mit eigener Muskelkraft und unter Mithilfe der Bahnarbeiter wird eine Maschine nach der anderen in den Wagon gehoben. Und das ziemlich unsanft – Motor, Getriebe oder Auspuff sitzen öfters auf, bei einigen unserer Lieblinge werden Spiegel und Blinker verbogen. Eng nebenein-

Letzte Motorradparade vor dem Verladen in die Transsib; nur sie führt durch die Sümpfe am Amur sicher nach Osten

ander stehen sie dann auf dem Seitenständer und es bleibt keine Zeit zum Festmachen, der nächste Zug kommt schon auf denselben Schienen angefahren! Fertig, aus, Schiebetür zu – uns blutet das Herz! Alle 9 Motorräder stehen im selben Wagon zwischen meterhoch lose aufgetürmten Holzkisten und großen, weißen Gepäcksäcken. „Njet prabljém, normal", erklären die Arbeiter im Gepäckzug, als ich es wage, meine Bedenken wegen der Holzkistentürme zu äußern. Wir wollen mit einem späteren Personenzug hinterherfahren. Bis wir die Fahrkarten endlich bekommen, haben wir den 15:30-Zug versäumt: nächste Fahrmöglichkeit 21 Uhr.

Die reservierte Fahrstrecke ist 2.300 km lang und führt von Chita nach Chabarovsk. Ein längeres Stück als in meiner vorgesehenen Reiseroute, aber in die korrekte Richtung: ostwärts. Reisezeit 2 Tage. Die Frachtkosten für die 8 reservierten Motorräder teilen wir durch 9 und so fallen für mich 3.000,- Rubel (100.- EURO) an und ich spare sehr viel Zeit. Für die Fahrkarten im Personenzug mit Liegewagen bezahlen wir je 1.000,- Rubel (33,- EURO). Als uns die russischen Motorradfreunde zum Bahnsteig begleiten, erwartet uns wieder eine Überraschung: Die Transsib ist trotz ihrer ungeheuren Länge von fast 25 Wagons restlos überfüllt. Am Bahnsteig sind heute, am Sonntagabend, unzählige Menschen versammelt. Gott Lob sind Andrjéj und seine Freunde da. Seit dem frühen Morgen sind sie nun mit uns beschäftigt und helfen uns beim Herumschleppen der Ausrüstungen. Ein kurzer Auszug aus meiner Ausrüstung: 80 Liter-Seesack mit Zelt- und Schlafausrüstung, Tankrucksack mit Kamera, Rucksack mit Lebensmitteln und Toilettensachen, Shoppingsack mit Getränken, Reservereifen, Helm, Stiefeln und Motorradanzug (ich bin derzeit wegen der schwülen Hitze in kurzen Hosen). Tipp für alle Motorrad-Weitreisenden und solche, die es noch werden wollen: Die täglich verwendeten Ausrüstungsteile mit Motorrad-Sicherheitsbekleidung und Helm muss jeder ohne Probleme mindestens

Gepäckwagen-Innenleben

500 Meter allein und bei ärgster Hitze selber tragen können, denn Gepäckwägelchen gibt es keine, und wenn dann viel zu wenige. Aber richtig gepackt, kommt man auch allein durch (ich denke dabei an Bahn- und Schiffspassagen). Quintessenz daraus: travel light, man braucht viel weniger als man glaubt! Beim Motorrad in den Koffern geblieben sind Werkzeug, Ersatzteile, Notnahrungsmittel, Reservetank, Feuer- und Kochausrüstung, Bücher, Reserveöl, Filme, Wasserfilter und Kleinteile.

Als wir nun endlich im Abteil sitzen (jeder bekam vom Wagenbegleiter eine Liege zugeteilt), plagt mich ein ungutes Gefühl. Der Gedanke, meine alte Dame nach 28 Tagen gemeinsamer Reise in einem anderen Zug zu wissen, der früher abfuhr, aber aufgrund der vielen Verladestopps später in Chabarovsk ankommen soll, gefällt mir überhaupt nicht. O.K., dem Gepäckwagenbegleiter haben wir alle zusammen 1.000,- Rubel (33,- EURO) in die Hand gedrückt mit der Bitte, gut aufzupassen und alle 9 Motorräder mit Gurten zu sichern.

Im Liegewagen, der durchgehend offen ist, herrschen einfachste Bedingungen. Vom Wagenbegleiter bekommen wir Bettzeug und Decken für unser Nachtlager. Langsam gewöhne ich mich an die Umgebung und an meine asiatischen und russischen Mitreisenden. Meine unmittelbaren Liegenachbarn stammen aus Tadschikistan und reisen 6 Tage und Nächte nach Wladiwostok, weil sie dort eine zeitlang Arbeit gefunden haben. Die Leute bekommen lächerliche 3.000,- Rubel im Monat – das sind 100,- EURO! Meine neuen polnischen Freunde vom polnischen Harley-Club Bractwo in Bydgoszcz sind Edmund, Wojciech, Zygi (Zygmunt), Lukasz, Maciej, Andrzej, Batman (2. Andrzej), der Kameramann Tarek sowie Friedel, der 69-jährige Niedersachse. Wir teilen die Lebensmittel und die letzte Flasche Wodka untereinander auf. Durch die vorangegangene, kurze Nacht kriechen wir bald in unsere Liegestätten und lassen uns von der Transsib in den Schlaf schaukeln.

Meine mongolisch-russischen Liegewagen-Nachbarn

23. Juni **30. Tag, Montag** **Km-Stand: 9.720**
Wetter: Sonnig, sehr warm, nachmittags leichte Wolken
Ziel: Erster Reisetag mit der transsibirischen Eisenbahn

Meine Liege befindet sich in Fahrtrichtung und so kann ich am Morgen im Halbschlaf die vorbeiziehende Taiga auf mich wirken lassen. Einzelne Dörfer, Sümpfe, sanfte Hügel und viele Wälder, die aber auch stark geschädigt sind. Die Hügel wirken in ihrer leuchtenden Herbststimmung, mit Grünstreifen durchzogen, wie daheim – mit dem Unterschied, dass hier die Nadelwälder braungefärbt sind. Wo bleibt diese von mir erwartete und in vielen Reiseberichten angekündigte wildromantische Natur? Ich komme mir vor, als ob ich ausgezogen sei, um rassige Wildpferde zu fotografieren, um dann nur abgemagerte, klapprige Gäule vorzufinden. Wir im Zug unterhalten uns über unsere offenbar zu hoch gesteckten Erwartungen. Jeder zuckt nur mit den Schultern – wir haben keine plausible Erklärung dafür; gegen diese Umweltzerstörung muss etwas auf internationaler Ebene passieren. Auch die auffällig vielen Müllhaufen der Strecke entlang sind sehr störend.

Wir verbringen den Tag mit Ausruhen und Entspannen. An den größeren Bahnhöfen bleibt die Transsib für eine Viertelstunde stehen. An den Kiosken und privaten Verkaufsständen kann der Proviant wieder aufgefüllt werden, an den Ständen verkaufen Frauen Selbst- und Hausgemachtes: Auf bunten Decken, ausgebreitet über ausgedienten Kinderwägen, liegen Teigwaren aller Art, in Flaschen und Gläsern gibt es Säfte und Eingemachtes in allen Farben. Das Erworbene wird brüderlich aufgeteilt und sorgt – ebenso wie das russische Bier – für gute Unterhaltung auf Polnisch, Englisch und Deutsch. Die Transsib liefert per Lautsprecher die Musik dazu und das russische Bier sorgt für glänzende Stimmung unter uns neun Motorradfahrern und dem Kameramann. Übrigens: Die Harley-Runde hat einige Sponsoren. Deshalb wird ein Film über ihre Reise um die Welt gedreht. Schwerpunkt der Produktion ist das 100-jährige Harleytreffen in Milwaukee / Wisconsin. Spätestens in Wladiwostok werden wir uns trennen: mein Weg geht gleich nach Seattle / Washington und die Harley-Runde will nach Japan. „Zum Sushi-Essen", wie Edmund, der heimliche Boss der Harley-Fans, mir schmunzelnd erzählt. Ihre Jause teilen sich die Freaks mit Springmessern, aber im Grunde genommen sind es lauter nette Männer. Die Wagenbegleiterin geht einmal am Tag mit

Hausgemachtes für die Reisenden

Meine neuen polnischen Harley-Freunde

einem feuchten Besen durch den Gang und die Abteile, säubert den Zugboden und bringt ein wenig Ordnung ins Durcheinander. Zum Putzen wird ihre blaue Uniform einfach gegen einen schwarzen Arbeitsmantel und rosa Gummihandschuhe ausgetauscht. Den groben Müll kann jeder selbst entsorgen – wohin er will. Geraucht wird nur in der geschlossenen Kupplungs-Station zwischen den Wagons; diese besuchen Friedel und ich öfters, um unsere Pfeifen zu rauchen. Mich überraschen die guten, ziemlich lauten amerikanischen Klassiker aus den Lautsprechern. Die Musik sorgt für eine gute Atmosphäre und passt zum sonnigen Wetter. Wären da nicht diese fatalen Umweltschäden und der überall herumliegende Müll in der Landschaft, könnte man sich richtig wohl fühlen. Die Bahntoilette ist sehr einfach, es gibt kein Toilettenpapier, dafür sparsam fließendes Wasser für die Toilettenspülung und ein winziges Metallwaschbecken. Letzteres in Betrieb zu nehmen, gelingt mir erst, nachdem ich mich bei der Zugbegleiterin erkundigt habe. Unmittelbar unter dem Wasserhahn-Auslauf befindet sich nämlich ein kleiner Gegendruck-Duschknopf. Wieder etwas dazugelernt! Die von meiner Moni mitgegebenen feuchten Toilettentücher sind in diesen beiden Tagen Goldes wert ...

24. Juni 31. Tag, Dienstag Km-Stand: 9.720 + Bahn

Wetter: Bewölkt, etwas kühler
Ziel: Zweiter Reisetag mit der transsibirischen Eisenbahn

Friedel, der Niedersachse, erzählt mir in diesen beiden Tagen seine Lebensgeschichte. Sie ist geprägt von der Kriegs- und Nachkriegszeit, er ist Jahrgang 1933. Jetzt kann er endlich in seiner Muttersprache und ohne „Zensur" erzählen. Da er kein Polnisch, Russisch oder Englisch spricht, kann ihm sonst nur der deutsch sprechende Edmund in der Gruppe dolmetschen. Die Kameradschaft in der Gruppe ist großartig, immer wieder teilen wir uns die Lebensmittel und Getränke. Meinen mongolisch-russischen Nachbarn spendiere ich ein Dosenbier, sie leben während der Bahnfahrt aus einer großen Kunststofftasche mit selbst erzeugten, von zuhause mitgenommenen Lebensmitteln. Allmählich werde ich von meinen Harley-Freunden als neues Clubmitglied akzeptiert – auch ohne Harley. Als Geste der Verbundenheit setzen

Friedel und ich unsere Höflichkeitsfloskeln in Polnisch ein. Der Tagesrhythmus im Zug hat sich gut eingespielt; wir schaffen das Ganze, ohne dass wir uns jemals im Wege sind – und das auf engstem Raum. Um 17 Uhr sollten wir heute in Chabarowsk eintreffen, wir sind alle schon gespannt, wie unsere Motorräder die Bahnfahrt überstanden haben ...

Pünktlich treffen wir ein und meine mongolisch-russischen Liegewagen-Nachbarn helfen uns beim Ausladen der zahlreichen Gepäcksstücke. Wir legen alles an einem schattigen Platz im Bahnhof ab und die beiden bekommen als Dank einige Dollar. Den Kameramann Tarek lassen wir als Bewacher zurück und wir gehen auf die Gepäckwagen-Suche. Bevor der Zug weiterfährt, fällt mir ein, dass ich meine Sandalen im Zugabteil vergessen habe. Ich renne zurück – vergeblich. Nur ein Achselzucken der weiterreisenden Passagiere. Kaum bin ich wieder ausgestiegen, läuft einer der mongolisch-russischen Liegewagennachbarn hinter mir her und drückt mir grinsend meine Sandalen in die Hand – was etwas Aufmerksamkeit beim Reisen bewirken kann, und wenn es nur ein Dosenbier zur rechten Zeit ist!

Immerhin: Die Nummer unseres Gepäckwagens lautet 080 / 50544 und überraschenderweise steht er auch wirklich in der Kette der vielen Züge und Wagons. Plötzlich steht der dazugehörige Zugbegleiter vor mir, ich umarme ihn vor Freude und mache mich gleich an die Besichtigung des Gepäckwagens. Alles in Ordnung – die Motorräder haben das rhythmische Geklopfe und Geschaukel über 2.300 Kilometer gut überstanden! Nach den vielen Aus- und Einlademanövern zwischen der Fahrt steht meine alte Dame unbeschadet zwischen den Holzkistentürmen und ist bis auf ein paar Kratzer und einen aufgedrückten Seitenkofferdeckel O.K. Nun müssen nur noch starke Bahnarbeiter organisiert werden. Einmal mehr dienen ausrangierte Gepäckwägen als Zwischenstufe, Hubstapler oder Ähnliches gibt es hier nicht. Unruhig vor Tatendrang helfen wir alle mit beim Ausladen – auch, um gröbere Beschädigungen an unseren Bikes zu vermeiden. Jetzt, nach geglücktem Transport, bin ich sehr froh, bereits in Chita verladen zu haben. Hätte ich weiter östlich einen Zug genommen (wie ursprünglich in meiner Planung vorgesehen), wäre laut Reiseberichten eine Verladung auf einem Güterzug mit offener Plattform und Stahlseilbefestigung wahrscheinlich gewesen. Das hat mich

Muskelkraft und Paketwägelchen lösen das Problem des Ausladens

lange beschäftigt; ich wäre auf einen Platz bei einem mitreisenden LKW-Fahrer angewiesen gewesen oder, noch schlimmer: bei einem der vielen PKW-Fahrer – auf good will und ohne Toiletten. Insofern war alles gut so, wie es war – und wieder ein Beispiel für meine Einsicht: „Leben passiert, während wir andere Pläne machen."

Großes Durcheinander beim Ausladen

Große Aufregung im Durcheinander der vielen Transportfahrzeuge und Warenan- und ablieferung am Bahnsteig. Riesiges Aufsehen dann beim Aufheulen der 9 Motoren. Nachdem wieder alles aufgepackt ist, fahren wir zum Hotel, das Wojciech inzwischen ausgekundschaftet hat. Dort können wir dann endlich nach der langen Bahnfahrt duschen. Beim Hotel erwarten uns zu unserer Überraschung die Motorräder der „Amur-Tiger". Spontan verabreden wir uns mit ihren Besitzern zu einem Stadtbummel; spätabends brausen wir lautstark durch das 600.000 Einwohner zählende Chabarovsk am Amur – zum Clubheim der russischen Biker. Über die Magistrale, durch die Karl-Marx-Straße, den Amurboulevard entlang – und das alles unweit der chinesischen Grenze. Die mit viel Gelächter und Benzingesprächen ausgefüllte Grillparty lassen wir mit einer donnernden Rückfahrt durch die beleuchtete Stadt des „Russischen Fernen Ostens" ausklingen ...

25. Juni 32. Tag, Mittwoch Km-Stand: 12.020

Wetter: Sonnig, leicht bewölkt, in der Nacht Gewitter
Ziel: Wieder mit dem Motorrad, von Chabarovsk nach Wladiwostok!

Die Zeitverschiebung beträgt mittlerweile 9 Stunden. Unsere Motorräder übernachteten im versperrten Abstellplatz gegenüber dem Hotel. Mit Kettenschlössern zusätzlich gesichert, warten sie auf ihre Befreiung. Bis alle 9 Maschinen bepackt und startklar sind, wird es 9 Uhr. Ich nutze die Zeit, um den russischen Straßenatlas zu studieren – sehnsüchtig betrachte ich auf der Karte das nördliche Gebiet Russlands,

Komsomolsk und Sowjetskaja Gawen am Tatarensee. Hier leben die letzten und größten Raubkatzen der Welt, die sibirischen Tiger oder auch Amur-Tiger genannt. Chabarovsk wäre der ideale Ausgangspunkt für eine Abenteuertour bis ans Ende der Welt, in fast unberührte Gebiete – vielleicht das nächste Mal, träume ich vor mich hin. Jetzt geht's aber zuerst einmal nach Süden, denn am Abend wollen wir in Wladiwostok am japanischen Meer sein. Einige unserer „Amur-Tiger" begleiten uns auf dem Weg nach Süden bis zum Stadtrand. In riesigen Steinbuchstaben verewigt, ist der Chabarovsk-Schriftzug schon von weitem zu erkennen. Nach den obligatorischen Gruppenfotos und vielen Umarmungen geht's los in Richtung Wladiwostok. Nun sind es nur mehr 790 km zum ersten und großen Richtungspunkt meiner Weltumrundung. Nach diesem Ziel habe ich mich lange gesehnt – und das mit großem Respekt vor der Weite des Landes. Das Donnern der Harleys und die Dynamik der Gruppe wirkt auf mich sehr angenehm. Bei schwülen Temperaturen fahren wir im Konvoi durch die beeindruckende Hügellandschaft. Ebenso wie die Stadt Chabarovsk, die sich übrigens sehr modern und gepflegt präsentierte, beeindrucken mich jetzt die Berge und die weiten Gebiete mit ihren Mischwäldern. Sie bestehen aus Tannen, Fichten, Lärchen, sibirischen Zedern, Birken, Linden und Eichen: die gleichförmige Fahrt mit maximal 100 km/h entlang des Ussuri-Flusses macht mich müde. Batman fährt mit seiner starken Road King immer wieder voraus, um etwas Geschwindigkeit zu machen. Ich hänge mich jedes Mal gleich mit aufgedrehtem Gasgriff dran. Vor auffallenden Straßen-Cafés halten wir an und warten auf die anderen. Während der Wartezeit lüften wir die Stiefel, trinken Kaffee oder essen eine Kleinigkeit. Batman spricht nur Polnisch und Russisch, wir verstehen uns aber auch ohne gemeinsame Sprache sehr gut. Er lädt mich auf Schaschlik ein, ich über-

Russischer Motorrad-Club Amur-Tiger mit den Weltreisenden

Rast- und Cafépause

Rastplatz-Stimmung

nehme die Nachspeise und nebenbei beantworten wir die Fragen verschiedener interessierter Durchreisender, vorwiegend LKW-Fahrer. Sobald unsere Gruppe eintrifft düsen wir weiter und genießen das flotte Reisen. Nach gut 600 Kilometern Fahrt braucht die Gruppe plötzlich außergewöhnlich lange, um zu uns aufzuschließen. Als sie zu uns aufgeschlossen haben, sehen wir schon an ihren Gesichtern und Gesten, dass es technische Probleme gegeben haben muss. Bei der Softel Custom von Lukasz hat die Hinterraddämpfung den Geist aufgegeben, sie ist bis zum Anschlag abgesunken. Bei Andrzej ist an seiner Springer Softel der Rahmenheckteil gebrochen und die Kupplung an Wojciechs Electra Glide lässt sich nicht mehr betätigen. An Friedels Sportster sorgen Zündaussetzer für unkontrollierte Motordrehzahlen – die Strapazen der Transrusslandfahrt machen sich jetzt bei den Bikes ziemlich unangenehm bemerkbar. Im Stillen danke ich meiner alten Dame und streiche in einem unbemerkten Moment über ihren Tank.

Davon sensibilisiert, fahren wir geschlossenen in einer Gruppe und sehr langsam die letzten 180 Kilometer nach Wladiwostok. Die angeschlagenen Bikes kommen geschützt in die Mitte, vorne und hinten rollen die intakten Motorräder. Bei stark bewölktem Himmel werden wir gegen 10 Uhr abends, gut 50 km vor Wladiwostok, vom russischen Motorradabenteurer Sinus aus Wladiwostok abgeholt. Unsere neuen Motorradfreunde aus Chabarovsk haben uns angekündigt und Sinus lotst uns in die 600.000 Einwohner-Metropole des südlichen Teils des russischen Fernen Ostens. Bereits in der Peripherie der Stadt erblicken wir massenhaft beleuchtete Hochhäuser; an Hängen und Hügeln gelegen, bieten die Gebäude unseren Blicken ein seltsam einmaliges Bild, die dahinter liegende See und der stark bewölkte Himmel ergeben eine imposante Silhouette. Am Horizont blitzt und donnert es über der Halbinsel.

In einer alten Halle der Sinus-Clubfreunde dürfen wir unsere Motorräder abstellen. Kaum dass sich die Tore schließen, beginnen die Regenschauer, die sich schon länger mit Wetterleuchten angekündigt hatten. Einige von uns übernachten gleich hier, todmüde lassen sie sich in ihre Schlafsäcke sinken. Der Rest der Gruppe wird per PKW in ein einfaches Hotel gefahren. Trotz der Müdigkeit sind wir glücklich, das Etappenziel Wladiwostok erreicht zu haben. Immerhin sind es von zuhause bis hierher 10.500 gefahrene Kilometer und hinzu kommen noch die 2.300 km mit der Transsib durch dieses gigantische Land. Der harte Kern der Gruppe trifft sich noch auf ein Glas Wodka, um das erreichte Ziel zu feiern; die wirkliche Leistung kann ich noch gar nicht begreifen. Aber die Gedanken kreisen schon um die nächsten Abschnitte wie Schiff, Flug, Einreise nach Amerika und zuvor die Ausreise aus Russland ... Zuerst wird aber ausgeschlafen, morgen schaut die Welt wieder anders aus ...

26. Juni 33. Tag, Donnerstag Km-Stand: 12.810

Wetter: Leichter Regen, stark bewölkt
Ziel: In Wladiwostok mit Iron Tigers Kontakt aufnehmen

Gleich am Morgen hole ich mein Motorrad aus seinem Nachtquartier. Meine Harley-Freunde bleiben in der Garage und verrichten Servicearbeiten und Notreparaturen. Ich möchte aber gleich zum Motorrad-Club der Iron Tigers fahren. Ein russischer Freund mit PKW fährt voraus und eine halbe Stunde später stehe ich im Hof einer Auto- und Motorradwerkstätte. Hier haben die Iron-Tigers im Obergeschoss ein Clubheim und Mikhaíl Slushkin ist Boss der Firma und Club-Präsident in einem. Und hier treffe ich auf den Globetrotter Mika aus Bochum. Er bereist bereits seit vier Jahren Asien, Australien und Südamerika mit einer Honda XLR 250 mit japanischem Kennzeichen und einer Yamaha Tenere 600 die zurzeit in Südamerika steht. Seine Erzählungen tun mir gut, speziell die Informationen über die Schiffspassagen sind sehr interessant. Es dauert eine Zeit, bis ich den Präsidenten Mikhaíl persönlich treffe. Über die Verschiffung nach Seattle kann er mir noch nicht viel sagen. Also abwarten, sich kennen lernen und einen Weg finden. Die Verbindungen in die USA scheinen doch nicht so gut zu sein wie ich mir das vorgestellt habe. Eventuell müsse ich sogar mit Umsteigen in Japan oder Südkorea rechnen, befürchtet Mika. Oder – als zweite Variante – meine Zielstadt in den USA ändern. Den heutigen Tag verbringe ich im Clubraum der Iron Tigers, meine Harley-Freunde halten sich im Sinus-Club auf. Zwischen den Häuptlingen Sinus und Slushkin hatte es anscheinend vor einiger Zeit Spannungen gegeben und Sinus hat seinen eigenen Club gegründet. Wobei die Informationen, bedingt durch sprachliche Missverständnisse, nicht immer stimmen müssen. Jedenfalls wurden mir bereits in Moskau von meinem Freund Shenja Reiseberichte über Sinus gezeigt. Er war allein mit dem Motorrad von Alaska nach Mittelamerika gereist. „Friendship without Border – solo Transcontinental Motorcycle Trip: Igor ‚Sinus' Sokolov", hieß der Bericht mit den atemberaubenden Fotos in der russischen Motorradzeitung.

Nach einigen Bierchen lasse ich meine alte Dame bei den Iron Tigers stehen. Wo ich übernachte, möchte ich noch mit meinen polnischen Freunden abstimmen, ich lasse mal alles offen. Einige meiner Sachen liegen im Hotel, Motorrad und Fahrerausrüstung sind hier bei den Iron Tigers. Sehr wichtig ist mir mein Rucksack mit den Papieren und dem Pfeifenrauchpaket. Den Rucksack trage ich stets bei mir. Bis jetzt ist nichts verloren gegangen.

27. Juni 34. Tag, Freitag Km-Stand: 12.820

Wetter: Bewölkt und kühl
Ziel: In Wladiwostok eine Ausreise-Möglichkeit finden

Ich überdenke meine positive Ist-Zustand-Situation. Ich bin gesund, habe keinerlei Verletzungen und bin seit 34 Tagen ohne Sturz 10.520 km mit dem Motorrad durch Russland gefahren. Nicht einmal einen Plattfuß hatte ich, vom gebrochenen Kipphebel in Jekaterinburg einmal abgesehen. Auch ist mir nichts abhanden gekommen und ich habe einige neue Freunde gefunden – eine super Situation!

Bei den polnischen Harley-Freunden wurde ich hervorragend in die Gruppe aufgenommen, speziell der deutsche Friedel weicht nicht von meiner Seite. Immer wieder fordern sie mich auf, mich ihnen anzuschließen und die weitere Reise bis in die USA bei ihnen zu bleiben. Das hieße also: Zuerst nach Japan und dann nach Los Angeles. In den vergangenen vier Tagen konnte ich die Vor- und Nachteile einer Gruppenreise austesten. Fazit: auf der Strecke muss man sich nicht mehr anstrengen, den richtigen Weg zu finden. Keine Pausen müssen eingeplant werden und die tägliche Suche nach einer Unterkunft fällt ebenfalls weg. Einkaufen mit Motorradbewachen, rechtzeitiges Tanken, Essen aufteilen und vieles mehr erfolgt in einer Art Gruppenarbeit. Die Kosten senken sich, das Zimmer wird halbiert, viele Handgriffe werden einem abgenommen, auf mehrere Hände aufgeteilt. Etwas Geduld braucht man, wenn Entscheidungen getroffen werden müssen. Zuvor wird immer viel diskutiert, vorwiegend in Polnisch. Bis dann eine für alle akzeptable Lösung gefunden ist, dauert es meist lange. So sehr ich vorher die Kameradschaft vermisst habe – jetzt fehlt mir doch manches Mal das Alleinsein und die Ruhe.

Für den heutigen Tag habe ich mir vorgenommen, den Hafen zu besichtigen und die Fluggesellschaft aufzusuchen. Ein befreundeter Autohändler der Iron Tigers, Sergej, will uns heute mit seinem rechtsgesteuerten Geländewagen durch die Stadt begleiten. Er hatte ihn mit vielen weiteren Gebrauchtfahrzeugen aus Japan importiert. Drei der polnischen Freunde wollen ebenfalls zum Hafen, um die Überfahrt mit der Fähre nach Japan abzuklären. Außerdem müssen wir Geld umtauschen und Einkäufe erledigen. Mein Hauptziel ist es, für mich und die Maschine ein Schiff nach Seattle zu organisieren. Aber dann die große Enttäuschung – im Hafen heißt es: Njet! Nur einmal im Monat gehe ein Frachtschiff mit Aluminiumschrott nach Seattle, und das ohne Zeitgarantie. Das letzte dorthin sei vor einer Woche ausgelaufen. Also zur zweiten Variante – ein Flug nach Amerika. Von derartigen Aktionen hatte ich bereits in Reiseberichten gelesen. Aber auch hier heißt es: Njet! Keine Flüge ab Wladiwostok in die USA. Möglich sind lediglich Flüge nach Alaska oder Südkorea. Meine Vision von einem Last-Minute-Flug, nämlich schnell und preisgünstig in die USA zu kommen, zerplatzt. Folglich bleibt mir nur eines übrig: mit der Fähre nach Japan zu schaukeln und von dort aus nach Amerika weiterzureisen. In den 2 Tagen auf der Fähre kann ich dann weitere Entscheidungen treffen. Von Japan gehen unzählige Flüge in die USA, über den Preis dafür lasse ich mich vor Ort überraschen. Hartnäckig frage ich aber doch noch im Flugreisebüro nach, ich hätte Berichte über Transportflüge von Wladiwostok in die USA gelesen. Die Antwort darauf ist einfach: was vor 2 bis 3 Jahren war, zählt heute nicht mehr. Das ist Russland. Somit ist meine Entscheidung gefallen: Ich buche mit meinen Harley-Freunden die Montags-Fähre nach Fusiki in Japan; aufgrund meines Zeitvorsprungs kann ich mir das leisten. Zudem ist eine Ausreise in der zehn Mann-Gruppe einfacher. Genau genommen habe ich gar keine andere Wahl.

Sergej begleitet uns geduldig durch die Hafenstadt und nachdem wir noch US-Dollars in Rubel getauscht hatten, geht's am Abend zum Clubabend der Iron Tigers – eine gelungene Sache. Zuvor hat uns Sergej noch zu einem gepflegten Hotel geführt (das jetzige entsprach nicht unseren Vorstellungen und war nur eine Notlösung in unserer Ankunftsnacht). Morgen wollen wir die Tapete wechseln: zurück in die Zivilisation. Bier und Wodka kaufen wir im gegenüberliegenden Kiosk, der rund um die Uhr geöffnet ist. Mit dem Bezahlen wechseln wir uns ab. Ein Taxi-Kleinbus mit 7 Plätzen bringt uns zehn Männer ins Hotel – im wahrsten Sinne des Wortes überladen.

28. Juni — 35. Tag, Samstag — Km-Stand: 12.840

Wetter: Regen, kühl
Ziel: Motorradausfahrt mit den Iron Tigers und ein neues Hotel

Eigentlich bin ich sehr froh, dass ich die polnische Gruppe getroffen habe. Unser gemeinsames Ziel, mit dem Motorrad um die Welt zu fahren, verbindet uns. Kleine und größere Verschiedenheiten wie Lebenseinstellung, Streckenführung und Zeitpla-

Ausflug mit dem Motorrad-Club Iron-Tigers zum Aussichtsplatz am goldenen Horn

nung nehme ich in Kauf. Es gibt viele Differenzen, aber wir sind alle kompromissbereit. Gestern beim feuchtfröhlichen Clubabend der Iron Tigers vereinbarten wir eine gemeinsame Ausfahrt rund um die Stadt und die Halbinsel. Zuvor muss ich aber noch Hilfe von zuhause in Anspruch nehmen: Da ich nicht auf Japan vorbereitet bin, fehlt mir ein „Carnet de Passages" – ein internationales Zollpapier, ohne das eine Einreise nach Japan mit Fahrzeug unmöglich ist. Das kann mir nur mein Freund Jürgen Wagner vom Automobilclub in Österreich organisieren. Ein Anruf bei meiner Moni und schon läuft alles wie am Schnürchen. Sie organisiert eine Bankgarantie und Jürgen das „Carnet"; alles geht in kürzester Zeit per DHL in ein unbekanntes Hotel meines japanischen Zielhafens, versichern mir Jürgen und Moni. Am Donnerstag sollten wir in Fusiki / Toyama sein. An diesem Beispiel sieht man wieder, wie wichtig echte Freunde zuhause sind, die sich auch für solche Extravaganzen Zeit nehmen. Die Wladiwostok-Motorrad-Tour wird trotz des schlechten Wetters ein riesiger Spaß, gemeinsam donnern wir mit gut 15 Motorrädern durch Wladiwostok und zur Küste. Angeführt werden wir vom besagten Geländewagen mit Rechtslenkung und Polizeisirene, er schafft uns freie Bahn. Autofahrer blinken mit der Lichtanlage und hupen uns zu, an allen Ecken herrscht Aufregung und bei jeder Pause werden wir von interessierten Menschen belagert. An der Küste wird eine Rast eingelegt. Es gibt kühles Bier und frisches Schaschlik, extra für uns zubereitet. In der Zwischenzeit führen wir die obligatorischen Benzingespräche und langsam schmelzen die Unstimmigkeiten zwischen den beiden Motorrad-Clubs dahin und Freundschaft zieht ein. Wieder zurück in der Stadt, geht die Fahrt zum Hafen. Um wenig Geld werden frischer Fisch, Meeresfrüchte und Hummer eingehandelt. Indessen sehen wir uns eine Walfisch-Vorführung an: drei Belugawale „tanzen" nach Anweisung der Trainerin und als Belohnung gibt es für jeden Wal einen kleinen Fisch. Wunderschön, diese Wale mit ihrer anthrazitfarbenen Haut und dem großen Höcker auf dem Kopf. Mir scheint, ihre traurigen Augen blicken allzeit beim Auftauchen zum offenen Ozean, zur Freiheit hinüber.

Zum Abschluss geht's zu einem Aussichtsplatz auf einen der vielen Hügel rund um Wladiwostok. Alle Motorräder werden nebeneinander aufgereiht und Erinnerungsfotos gemacht. Mir gelingt ein Solofoto mit Mikhaíl, dem Präsidenten, und Sáscha, dem Vizepräsidenten. Sergej, der uns mit viel Zeitaufwand geholfen hat, bekommt für diese Ausfahrt Maciejs Harley, die er voller Stolz durch die Straßen von Wladiwostok lenkt. Maciej ist im Hotel geblieben; er ist vom Vorabend gezeichnet und zieht sein Hotelbett der Harley vor. Das neue Hotel „Rus" ist sehr gepflegt, meine Harley-Freunde haben es gestern auch stilgemäß eingeweiht. Sergej wusste natürlich eine Adresse für käufliche Mädchen – fantastische junge Studentinnen, zumindest gaben sie sich für solche aus, brachten die Harley-Fahrer auf Touren. Unter dem Motto Sex, Drugs und Alkohol wurde ziemlich abgefeiert, für 50,- USD pro Mädchen der First-Class „mussten" die Jungs abwechslungsweise die Zimmer frei machen. Lediglich Friedel und ich gingen „ohne" ins Bett; wir freuen uns auf unsere Frauen zuhause. Zärtlichkeit, Liebe und Gefühle sind nicht käuflich. Aber meine Harley-Freunde brauchen solche Aktionen, der Stil muss gelebt werden, wobei ein gewisser Gruppenzwang nicht zu übersehen ist. Ich bin sonst gerne bei jedem Blödsinn dabei, aber das hier war mir dann schon zuviel des Guten.

29. Juni	**36. Tag, Sonntag**	**Km-Stand: 12.960**
Wetter:	Bewölkt, kühl, vormittags Regen	
Ziel:	Letzter Ruhetag in Wladiwostok, Vorbereitung zur Schiffsreise	

Um für die Schiffsreise, die 2 Tage und Nächte dauern wird, optimal vorbereitet zu sein, packe ich meine Sachen um. Wie es bei Fähren üblich ist, werden die Motorräder unter Deck verladen. Sobald das Schiff ausläuft, werden alle Türen zum Schiffsaufgang verschlossen und es gibt keine Möglichkeit mehr, an die Seitenkoffer und deren Inhalt heranzukommen.

Hier in Wladiwostok ist sich die Zollabfertigung noch nicht sicher: was geht bei uns mit der Fahrzeugabfertigung und was bei der Personenabfertigung durch den Zoll? Es bleibt mir also genügend Zeit, alle Ausrüstungsteile umzupacken und neu zu ordnen. Die erste Überraschung lässt nicht lange auf sich warten – in der Transsib wurde durch Verrutschen der Ladung der linke Seitenkoffer aufgedrückt und auf der Fahrt hierher ist Wasser in den Koffer eingedrungen, die Bücher sind nass, eines davon ist das russische Buch von Laima aus Mariinsk. Bei genauerer Untersuchung sehe ich, dass das Deckelschloss defekt ist, die Haltemutter muss abgefeilt werden, damit das Gewinde wieder greift. Mit Unterstützung von Friedel (er hält die kleine Mutter mit der Zange fest), gelingt die Reparatur dann auch. So, jetzt bleibt das

Wasser wieder draußen! Da wir über die zweitägige Schiffspassage nur sehr wenig in Erfahrung bringen konnten, besonders wie es mit der Verpflegung an Bord aussieht, mache ich mit Friedel noch einige Besorgungen. Um die Stunden an Bord zu überstehen, ist natürlich Wodka im Einkaufswagen ... Etwas Sorge bereitet uns, ob der Laderaum auch wirklich wasserdicht ist, Salzwasser würde in kürzester Zeit große Schäden an unseren Motorrädern anrichten. Damit uns die Zollbeamten die Ausreise nicht allzu schwer machen, hat uns Sergej seine Unterstützung zugesagt. Auch Mikhaíl will uns bei der Zoll-Vorabfertigung helfen. Jedenfalls sehen wir uns im Geiste schon wieder warten, Formulare ausfüllen und Gepäck schleppen. Im Moment geht mir das alles ziemlich auf die Nerven. Andererseits: die Reise soll ja ein Abenteuer sein, mit allem was dazu gehört! Friedel, der junge 69er, mit dem ich die letzten Tage das Zimmer und die Lebensmittel teilte, ist auch meiner Meinung. Heute Abend gehen wir früh zu Bett, um am Morgen ausgeschlafen die Ausreise anzutreten. Die Unbeschwertheit der Gruppe tut mir gut, immer wieder gibt es viel zu lachen. Friedel erzählt mir viel von seinem Zuhause und aus seinem Leben. Und dass er nun durch mich eine bessere Meinung über die Österreicher hätte – wieder eine gute Tat für mein Vaterland, weitere werden folgen.

ASIEN, AMERIKA
OSTSIBIRIEN – JAPAN – USA / WLADIWOSTOK – TOYAMA – TOKYO – LOS ANGELES

30. Juni **37. Tag, Montag** **Km-Stand: 12.960**

Wetter: Bewölkt, schwül, aber kein Regen

Ziel: Ausreise! Ein Schiff nach Japan!

Früh morgens holt uns Sergej vom Hotel ab, er fährt mit dem PKW voraus und wir zu neunt auf den Motorrädern hinterher. Am Schiffshafen von Wladiwostok angekommen, heißt es wieder warten. Die Pässe und die Einreisescheine haben wir gestern kopiert, um heute bei der Vorabfertigung etwas schneller voranzukommen. Bis Mittag bleibt unklar, ob wir überhaupt auf das Schiff – es heißt „Mikhail Sholokhov“ – kommen, oder noch eine weitere Woche auf die nächste Gelegenheit warten müssen. Das wäre bitter! Wir schlagen uns die Zeit tot, indem wir die umliegenden Cafés und Kioske besuchen, sind aber jederzeit zum Verladen bereit.

Am frühen Nachmittag sage ich zu Friedel: „Komm, lass uns die Motorräder starten, wir fahren ins Zentrum und machen beim Wahrzeichen der Stadt ein paar Fotos.“ Wir finden auch hin, der Weg ist nicht weit, aber die vielen Einbahnen lassen schon eine schwierige Rückfahrt vermuten. Beim Wahrzeichen angekommen, kommt die nächste kleine Hürde – Fahrverbot. Aber nach einer kurzen Anfrage bei der Polizei, die den starken Verkehr regelt, klappt auch das und wir werden über doppelte Sperrlinien in die Fußgängerzone gelotst. Stolz posieren wir vor dem Kriegerdenkmal mit Bronzesoldaten und wehender Bronzefahne aus längst vergangenen Tagen. Etwas umständlicher geht's dann im dichten Verkehr zurück, aufgrund der Einbahnstraßen kommen wir nicht in die gewünschte Richtung. Wir stehen auf der falschen Seite des Hafens, von hier können wir nicht zufahren. Zu allem Unglück geht mir im stärksten Verkehr auch noch der Sprit aus, Gott sei Dank habe ich noch ein paar Liter in meinem Reservekanister im Seitenkoffer. Während des Benzindesasters – der Koffer muss zuerst ausgeräumt werden, damit ich überhaupt an den Kanister herankomme – umringen uns gutgesinnte Russen aller Altersstufen. Dieses Mal frage ich zuerst; es fällt mir nur nicht gleich das russische Wort für „Hafen“ ein. Aber auf die Frage nach dem Tunnel bekomme ich die passende Wegbeschreibung – zweite große Ampel rechts, dann noch mal rechts und dann durch den Tunnel zum Hafen. Am Verladehafen

Friedel und ich vor dem Wahrzeichen von Wladiwostok

Mannschaftsfoto vor der Ausreise aus Russland

angekommen, müde und verschwitzt, sehen wir, dass die Hetzerei umsonst war: 15 Uhr und keine Neuigkeiten – warten. Wir warten bis 17 Uhr, keine Fortschritte, um 18 Uhr sollte das Schiff schon auf hoher See sein! Plötzlich kommen Sergej, Mikhaíl und unser Wojciech hastig auf uns zu. Ihre befreiende Aussage: „Es kann losgehen!" nehmen wir mit großem Hallo entgegen. Endlich! Wir starten die Motoren und fahren zwischen aufgetürmten Frachtwaren und Transportfahrzeugen zum Verladeplatz, wo unser Schiff (es gehört zur Betreibergesellschaft „Vladistar Shipping") bereits festgemacht hat. Über eine Rampe geht's in den leeren Schiffsbauch, unsere Motorräder sind die einzige wahrnehmbare Ladung nach Japan. Für die Überfahrt werden sie vom Schiffspersonal zwischen Bodenschienen und Schiffswand festgezurrt; rasch verlassen wir den Laderaum. Bei der Rückfahrt werden die Ladekammern bis oben hin mit gebrauchten PKWs aus Japan ausgefüllt sein, denke ich. Jetzt ist Anstehen zur Personenkontrolle angesagt, diese Zeremonie bewältigen wir trotz des vielen Gepäcks und der Hitze in voller Motorradbekleidung. Davor wird aber noch richtig herzlich verabschiedet – Mikhaíl und viele Clubmitglieder der Iron Tigers und ihre Frauen begleiten uns bis zur letzten Zollkontrolle. Darunter auch Sergej, der uns tagelang begleitet und durch alle Ausreisestationen geholfen hat. Ihm gebe ich als kleines, symbolisches Souvenir meinen Peilkompass zum Abschied, damit er auch weiterhin den richtigen Weg für durchreisende Globetrotter findet. Bei der Personenkontrolle gilt es natürlich wieder für jeden ein kyrillisch geschriebenes Formular in der Wartehalle auszufüllen: Alle Wertsachen sowie Bargeld in allen Währungen müssen eingetragen werden. Wobei darauf zu achten ist, dass russische Rubel nicht ausgeführt werden dürfen. Im anschließenden Raum stehen wir in einer Reihe vor 3 Glaskabinen an. In den Kombüschen sitzen uniformierte Damen; damit ihnen bei den Ausreisenden nichts entgeht, sind die Durchgänge vor und hinter den Einrichtungen verspiegelt. In den abgedunkelten Raum dringt Licht durch die Glastür – jener Tür, die ich bald hinter mir schließe und wo ich Mütterchen Russland nach 32 Tagen voller Erlebnisse Lebewohl sage ... Mir ist etwas flau zumute ... Beschleicht mich etwa jetzt schon Heimweh nach dem großen, weiten Land mit seinen herzlichen Menschen?

Ein Ausreisewilliger nach dem anderen kommt an die Reihe, sämtliche Pässe werden genauestens mit blauem UV-Licht durchleuchtet, Seite für Seite. Speziell das Visum und der Einreisestempel werden sorgfältig geprüft und mit dem zurückbleibenden, separaten Einreiseschein verglichen. Zwischen den Kontrollkabinen mar-

Kurz vor der Verladung

schiert die uniformierte Leiterin mit strengem Blick und stolzem Schritt einher, unter den Damen werden über den einen oder anderen Pass geheimnisvolle kurze Gespräche geführt. Die Schwüle im Raum drückt auf die angespannte Stimmung; endlich komme ich an die Reihe. Mit Seesack, Rucksack, Helm und in Motorradbekleidung stehe ich im ausgeleuchteten Spiegelkabinett, die vom UV-Licht bläulich beleuchtete Zöllnerin vor mir. Auf ihre Fragen antworte ich grinsend immer mit „njet", obwohl ich eigentlich nicht viel verstehe. In aller Ruhe durchleuchtet sie Seite für Seite den Reisepass; sie wartet auf ein Anzeichen der Nervosität bei mir. Mir geht einiges durch den Kopf: Ob sie sich für das Gepäck interessiert? Da wäre einige Schmutzwäsche dabei, die könnte sie mit nachhause nehmen – zum Waschen ...

Dann kommt endlich ihr O.K. – ich bekomme meinen Pass mit Ausreisestempel in die Hand gedrückt und mit einem „da swidánija" (auf Wiedersehen) kann ich durch die Glastür zum Schiff. Hurra! Natürlich muss jeder seine Sachen selber schleppen und einmal im Schiff, kommt keiner mehr raus, um einem anderen zu helfen. Die letzten Schritte vom Zollgebäude zum Schiff, mit Seesack auf dem Rücken, im zwischenzeitlich liebgewonnen Russland ... Nach der schwülen Abfertigungshalle erfüllt mich die frische, salzige Meeresluft mit einer eigenartigen, unbeschreiblichen Sehnsucht. In Gedanken nehme ich still Abschied von der weiten, russischen Seele. Aber: ein Abschied, der nicht für immer sein wird. Die Menschen in Russland haben ihre Spuren in meinem Herzen hinterlassen – mit gemischten Gefühlen bin ich damals eingereist, aufgewühlt verlasse ich heute ein Land, das – unter dem Pseudonym „Weltmacht" – stumm nach Hilfe schreit.

An Bord bekomme ich sofort einen Kabinenschlüssel und ein kyrillisches Formular in die Hand gedrückt, letzteres kenne ich schon zur Genüge. Die kleinen Kabinen sind mit 4 Liegen ausgestattet und haben keine Luken für natürlichen Lichteinfall. Dafür gibt es eine integrierte Dusche mit WC und – oh Wunder – WC-Papier. Friedel und ich teilen uns eine Kajüte, im Fahrpreis inbegriffen sind Frühstück, Mittagessen und Abendessen – welch unerwarteter All-in-Service auf so ferner hoher See. Unsere polnischen Harley-Freunde beziehen mit je zwei Mann die Kabinen nebenan; der Klang der ersten vollen Gläser läutet für die nächsten 2 Tage an Bord unüberhörbar ein Freudenfest ein. In der Club-Bar findet ein nettes Programm mit hübschen Mädchen statt, die knapp bekleidet ihre Tanzshow vorführen. Mit dabei die attraktive Sängerin Irína im funkelnden Abendkleid und Álex mit der Gitarre im Jimmy Hendrix T-Shirt. Den ersten Abend an Bord beenden wir erst früh morgens in der Disco. Wir, die Weltumrunder, tanzen und feiern vor Freude über die gelungene Transrussland-Fahrt ...

1. Juli **38. Tag, Dienstag** **Km-Stand: 12.980**
Wetter: Bewölkt, abends etwas Sonne
Ziel: Erster Reisetag mit dem Schiff nach Japan

Auf dem Schiff ist gute Stimmung in unserem Team, für die weitere Reise werden Pläne geschmiedet: maximal 7 Tage möchten wir in Japan verbringen. Die zu fahrenden Reisekilometer bis Tokio und Yokohama werden ca. 500 km ausmachen. An einigen Tagen wollen wir Ausflüge machen, um die Insel kennen zu lernen.

Auf der Fähre ist der Luxus nicht allzu groß. Die Dusche in der Kabine ist allerdings feudal. Wenn ich zurückdenke, was für Verhältnisse ich während meiner Russlandreise schon erlebt hatte ...

Das Essen schmeckt hervorragend, wird elegant serviert und ist im Fahrpreis von 6.300,- Rubel (210,- EURO) inbegriffen. Für den gleichen Wert würde ich in Russland 630 Liter Benzin bekommen und damit knapp 10.000 km mit dem Motorrad fahren. Für meine alte Dame ist die Überfahrt natürlich viel billiger, für 2.700,- Rubel (90,- EURO) hat sie einen Stehplatz im kalten und dunklen Laderaum.

Während des Tages tun wir uns mit Gleichgesinnten zusammen, jeder von uns macht sein eigenes Programm in kleinen Gruppen. Das japanische Meer ist ruhig und glatt. Friedel und ich besichtigen das Schiff von Bug bis Heck, hier steht auch die Länge: 185 Meter. Die Dieselmotoren entsorgen die Rußwolken über 4 Röhren im zentralen Kamin. Hinten auf dem Deck stehen, lose aufgestapelt, einige Kartons mit Abfällen aller Art. Als ich am späten Abend mit Friedel an Deck gehe, um den Sternenhimmel zu betrachten, fällt uns auf, dass der Müll weg ist – wohin, kann man sich ausmalen, für die Fische wird er schwer verdaulich sein ... Morgen kommen wir in Japan an, ich bin sehr gespannt und ein bisschen nervös, ob inzwischen mein „Carnet de Passages“ eingetroffen ist. Meine polnischen Freunde waren auf Japan vorbereitet, sie alle haben dieses Zollpapier für ihre Motorräder schon dabei. Beim Auslaufen aus dem Hafen von Wladiwostok erhielt ich mit den letzten Funkwellen noch ein SMS: „Carnet verschickt per DHL an ANA-Hotel in Toyama, Jürgen.“ Sollte das nicht klappen, ergibt sich eine seltsame Situation: In Japan kann ich als Person ohne Visum für 90 Tage einreisen, aber nicht mit dem Fahrzeug, für dieses ist das internationale Zollpapier zwingend vorgeschrieben. Zurück nach Russland kann ich als Person ohne neues Visum nicht mehr einreisen, dafür aber mein Motorrad, da Russland kein „Carnet de Passages“ verlangt. Interessante Konstellation, ich bin aber zuversichtlich und glaube fest an meinen Erfolg, genieße die herrliche Luft an Deck und die gute Stimmung mit meinen neuen Freunden in der Disco. Wir leben heute und jetzt, eine passende Lösung wird sich morgen finden ...

Fähre nach Japan

2. Juli **39. Tag, Mittwoch** **Km-Stand: 12.980**

Wetter: Sonnig warm, abends wolkenlos

Ziel: Zweiter Reisetag mit dem Schiff nach Japan; Einreise

An Bord habe ich endlich Zeit, etwas Unangenehmes zu behandeln – meinen Fußpilz; seit 2 Wochen geht mir an beiden Füßen zwischen den Zehen die Haut in Fetzen ab. Kein Wunder bei den schmuddeligen Teppichen in den diversen Motels und immer in denselben Stiefeln. Am frühen Vormittag kommen wir im Hafen Fusiki an. Die japanischen Zollbeamten kommen an Bord unseres Schiffs und in der Club-Bar wird ein improvisiertes Zollbüro eingerichtet. Tische werden aneinandergereiht, die Vorhänge zur Seite gezogen und schon beziehen die Beamten der Emigrationsbehörde und des Zolls hoheitsvoll ihre Stellung. Wir hatten unsere Pässe und die ausgefüllten Formulare schon früher bei der Rezeption abgegeben, sie reicht alles weiter an den Kapitän, damit sich die japanischen Behörden vorab ein Bild machen können. Zu unserer großen Verwunderung finden unsere Handys keinen Netzempfang. Wie wir später erfahren, sind im Elektronikland Japan die Frequenzen nicht dieselben wie auf der restlichen Welt ... Die SMS kann ich aber abrufen, (ich hatte sie wahrscheinlich mit dem letzten Ausläufer des russischen Telefonnetzes empfangen). Und da hat mein Freund Jürgen zuhause wieder hervorragende Arbeit geleistet; in seiner letzten SMS steht: „Dein Carnet liegt im Hotel ANA, 2-3 Otenachi, Toyama-Shi, Telefon 076 / 495-1111, Frau Kuwata." Mir fällt eine Riesenlast vom Herzen ... Die Ungewissheit der beiden Tage auf dem russischen Schiff, bei dem es kein Zurück durch das abgestempelte russische Visum für mich als Person, und kein nach Vorne wegen des fehlenden „Carnet de Passages" für die alte Dame gab, war doch nervenaufreibend. Bevor ich das Schiff überhaupt verlassen kann, wird die angegebene Adresse zur existenziellen Rettung, denn ohne Hoteladresse gibt es keine Einreise. Meinen Kumpels jedoch fehlt diese Bescheinigung. Zygmunt, der viele Jahre in Amerika gelebt hat und die Doppelstaatsbürgerschaft besitzt, versucht den Uniformierten die Geschichte von der Weltreise zu erklären; dass wir erst ein Hotel suchen müssen und so weiter. Der zuständige Beamte von der Behörde schüttelt mit ernstem Gesichtsausdruck immer wieder den Kopf. Jetzt wird es kritisch – bis ich den aufgebrachten Zygmunt beruhigt habe und ihm die gute Nachricht mit dem Hotel überbringen konnte, hatten die polnischen Harley-Freunde schon fast die Springmesser offen ... Ohne Worte, aber voller Dankbarkeit, füllt jeder von ihnen meine Hoteladresse in das kleine, doppelseitige Formular, die eine Hälfte wird abgeschnitten und verbleibt bei der Immigrationsbehörde. Unfreundlich und hart werden uns die Brandzeichen in den Pass gestempelt: „Temporary Visitor 90 Days, Japan-immigration."

Dann geht's zum nächsten Tisch, zu den „Customs"; der Kapitän ist als Vermittler bei jedem dabei, er will sicher gehen, dass seine Passagiere ohne Scherereien von Bord gehen können. Die anderen haben brav ihr Carnet de Passages dabei, meines

Nach 2 Tagen auf See im japanischen Hafen Fusiki

muss noch abgeholt werden. In Japan nimmt man es dem Anschein nach besonders genau. Bestimmt darum, damit sich keine unerwünschten Fahrzeuge ins Land einschleichen können. Folglich muss das internationale Zollpapier vom japanischen Automobilverband, JAF, abermals in japanischer Sprache bestätigt werden ... Kurz und gut, wir fahren mit einem Zollfahrzeug in die Stadt, um alles vorzubereiten und uns einen Kostenvoranschlag für die Bestätigungen und die Taxi-Kosten machen zu lassen – der Preis zieht uns fast die Schuhe aus. Wir suchen gleich die nächste Bank auf, um an die gewünschten Yen zu kommen. Meine Barmittel sind erschöpft und als die Plastikkarten vom Automaten immer wieder ausgespuckt werden, greift Zygmunt zu seinem geheimen Geldgürtel am Unterschenkel und drückt mir 500 US-Dollar in die Hand – der maximale Umtauschwert in bar für Ausländer. „In den USA funktionieren unsere Karten wieder", ist er überzeugt, „ bis dahin gehören die Dollars dir."

Alle neun Motorradbesitzer klettern in den Kleinbus des Zöllners und ab geht's quer durch Fusiki und Toyama. „Das Hotel ANA liegt auf der Strecke zum JAF", sagt der gewiefte Zöllner und lächelt über die vielen Yens, die er uns abgenommen hat. Beim Hotel angekommen, steigt die Spannung. Entschlossen gehe ich durch die Hotelhalle, in der gerade ein nobles Fest stattfindet, zur Rezeption. Frau Kuwata ist nicht im Dienst, aber ein freundlicher Herr bittet mich um etwas Geduld. Wenig später steht er vor mir und übergibt mir mit einer eleganten Handbewegung ein dick verpacktes DHL-Kuvert – mein „Carnet de Passages" ist tatsächlich angekommen ...

Und weiter: beim Club JAF angekommen, heißt es wieder warten. Die Japaner scheinen sehr ruhige und höfliche Menschen zu sein – nicht so herzlich und offen wie die Russen, aber nett. Am Auffälligsten ist die Sauberkeit in der Stadt, ungewohnt nach den vielen Russlandwochen. An jeder Straßenecke steht ein Getränkeautomat. Die sprachlichen Barrieren sind mit Englisch einigermaßen zu überwinden. Als

Antwort bekommen wir auf alle Fragen ein „Hi“ – das heißt auf Japanisch „Ja“, auch wenn die Befragten nichts verstanden haben. Die Wartezeit, bis unsere Zollpapiere übersetzt und geschrieben sind, verbringen wir im nahe gelegenen Sushi-Haus. Eine junge Dame übergibt uns am Nachmittag nach langem Warten die „Application for an Authentication of the Carnet“. Und wieder muss unterschrieben werden. Ausreisetag und Ausreiseort sind auch noch von Interesse, also eintragen und wieder wird kopiert. Erst dann geht's zurück zum Schiff, immer vom Zöllner bewacht und chauffiert. An Bord werden stichprobenartig die Gepäckstücke durchsucht, es erwischt den „Sir“ unter den Harley-Freunden, Edmund. Anschließend werden die Motorräder im Frachtraum mit Taschenlampen auf die Fahrgestellnummern überprüft. Dabei sehen wir, dass Wojciechs Harley von den Arbeitern einfach an die Schiffswand gezurrt wurde, ohne Rücksicht auf Schäden an Lack und Chrom. Am Abend ist alles überstanden – wir sind fertig, im wahrsten Sinne des Wortes.

Das Schiff liegt nun für 3 Tage im Hafen, die Motorräder bleiben vorerst im Frachtraum und auch wir entschließen uns, noch 2 Nächte an Bord zu bleiben. Zwischenzeitlich haben wir uns an das Leben auf dem Schiff gewöhnt und der Preis für die Kajüten ist gegenüber den japanischen Preisen in Hotels äußerst gering.

Morgen wollen wir einen Ausflug in die wunderschöne Berglandschaft unternehmen, aber zuerst werden wir uns wohl an den hier geltenden Linksverkehr gewöhnen müssen. Früh morgens wollen wir die Motorräder aus dem Laderaum holen und sie auf japanischen Boden rollen lassen. Wiederum ein neuer Schritt auf meiner Tour um die Welt.

Gleichzeitig wird das Schiff mit gebrauchten, japanischen PKWs, Mopeds und Fahrrädern beladen, welche in Unmengen nach Russland transportiert werden. Dieses Geschäft läuft offenbar gut. In Japan werden die Fahrzeuge nach 3 Jahren höher versteuert und um jedes weitere Jahr wird der Unterhalt teurer. Deshalb werden die älteren Fahrzeuge abgestoßen und nach Russland verkauft, wo sie extrem begehrt sind. Trotz ausgelaufener Modelle sind Fahrzeuge „Made in Japan“, den veralteten, russischen Konstruktionen um Jahrzehnte voraus. Den „Wolga“, der in Nijzni Novgorod hergestellt wird, baut man zum Beispiel seit 30 Jahren ohne gravierende Veränderungen daran vorzunehmen. Aber japanische High-Tech-Limousinen sind ihm um Welten voraus. Diese gebrauchten PKWs mit Rechtslenkung sind mir in Russland ab Novosibirsk immer wieder aufgefallen – mit oder ohne Transitnummern in der Scheibe, Motorhaube und Scheinwerfer abgeklebt (um den Steinschlagschaden zu minimieren) und immer viel zu schnell. Sogar auf Schotterpisten kamen sie mir mit Vollgas entgegen, in Kurven quergestellte und quietschende Kisten waren keine Seltenheit. Angeblich soll ein Fahrer für die Überstellung eines Autos von Wladiwostok nach Nowosibirsk 500,- USD erhalten, für russische Verhältnisse ein guter Verdienst für 6.000 km, Sprit und Transsib-Transfer durch die Sümpfe inkludiert – so was nenne ich Autofahren in Akkordarbeit!

3. Juli **40. Tag, Donnerstag** **Km-Stand: 13.730**

Wetter: Bewölkt und schwül; nachmittags leichter Regen

Ziel: Motorrad ausladen, Ausflug in die Berge rund um Toyama

Am Morgen befreien wir als erstes unsere Motorräder von ihren Fesseln, ihr Dasein im dunklen Laderaum des Schiffes hat nun ein Ende. In der ersten Euphorie fahre ich in kurzen Hosen und ohne Helm den Kai rauf und runter. Meine gute, alte Dame – wie viele Sorgen habe ich mir während der Überfahrt um sie gemacht, unvorstellbar, wenn das „Carnet de Passages“ nicht rechtzeitig eingetroffen wäre ...

Voller Erwartung auf den heutigen Ausflugstag fahren alle, die noch Yen brauchen, zur Bank, um zu wechseln. Da ich gestern meinen Yen-Bedarf gedeckt habe, bleibe ich im Hafen und treffe auf den Gitarristen Álex. Wir setzen uns in eine der Aufenthaltsnischen und plaudern ein wenig über Gott und die Welt. Als ich danach wieder über die Schwenktreppe an Land will, die nächste Überraschung: Das Schiff hat Fahrt aufgenommen und läuft gerade aus! Das darf doch nicht wahr sein, denke ich und wende mich an die Frau an der Rezeption. Diese macht mir klar, dass wir in einer halben Stunde im Frachthafen nebenan wieder festmachen; ich dachte schon, ich hätte etwas falsch verstanden und werde wieder nach Russland transportiert – und das ohne mein Motorrad! Wieder festen Boden unter den Füßen, bereite ich mich auf einen längeren Fußmarsch vor. Nach ein Paar Schritten donnern die beiden Electra Glides mit Edmund und Wojciech um die Kurve. Souverän über dem breiten Lenker thronend und nach einer kurzen Kopfbewegung in Richtung Beifahrersitz, sammelt mein Jahrgänger Wojciech mich auf – also jetzt bin ich mir absolut sicher: die mögen mich! Mein Herz lacht und auf dem Beifahrersitz geht mir eine tibetanische Weisheit durch den Kopf: „Friendship is the flower growing by the side of the road. Never try to pluck it or to posses it – and it will blossom for you.“

Nach dem Tanken, bei dem auf dem blitzblanken und markierten Boden eingeparkt wird und die Füllschläuche von der Decke herabgelassen werden, geht's im Linksverkehr durch die Stadt und in die Berge. Der Liter Benzin mit 93 Oktan kostet 97,64 Yen (0,84 EURO) und 98 Oktan 102,91 Yen (0,89 EURO), also fast drei Mal so viel wie in Sibirien. Die Landschaft: wunderschöne saftige Wälder, Vögel zwitschern und ab und zu sehe ich eine Schlange am Straßenrand. Auf den Bergkuppen halten wir für Fotos und Gespräche, treffen japanische Feldarbeiter und

Japanische Tankstelle mit Sprit von oben

die Stimmung ist ausgelassen. Ich bin begeistert, an allen Ecken bieten sich optimale Zeltplätze an, komplett anders als in Russland. Diese Ordnung und Sauberkeit; man glaubt sich in einer riesigen Parkanlage zu befinden. Die Kurven machen so richtig Spaß, griffiger Asphalt, teilweise enge mit Gräsern und Sträuchern zugewachsene Straßen laden zum Wohlfühlen ein. An einer kleinen Kreuzung möchte ich ein Foto von den bunten Straßenschildern und den japanischen Schriftzeichen machen, die Gruppe ist bereits vorausgefahren. Klick, klick und ich versorge meinen Fotoapparat und fahre schnell hinterher, für einen winzigen Augenblick unkonzentriert ... Ich beschleunige und setze die enge, verwachsene Rechtskurve wie in zigtausend Kilometern vorher aus reiner Gewohnheit auf der rechten Seite an. In diesem Augenblick sehe ich ein tonnenschweren Lastwagen vor mir, besser gesagt wir rasen aufeinander zu! Instinktives Bremsen, Sekundenbruchteile des Grauens, Ausweichen unmöglich und dann erfolgt der Crash! Krachend werde ich von meiner alten Dame weggerissen. Nach dem Aufprall in die linke Vorderecke des LKWs fliege ich auf den Grashügel zu und rutsche wieder zurück in den Straßengraben. Für Sekunden ist das Bewusstsein weg. „Ich Idiot“, sind meine ersten Worte. Ich kann zwar aufstehen, aber mein linkes Bein und der linke Arm schmerzen, der linke Handrücken ist vom Scheinwerferglas aufgeschnitten und blutet stark. Durch den Aufprall hat es die Seitenkofferdeckel aufgedrückt und – ein kleines Wunder – das Verbandspäckchen liegt jetzt oben auf! Der LKW-Fahrer stürzt erschrokken auf mich zu und ich signalisiere ihm: alles O.K. Er läuft die Straße hinauf, um beim nächsten Haus die Rettung zu rufen. Nun stehe ich da – allein im japanischen Hügelland, mitten in der Straße der LKW und meine alte Dame liegt auf dem Boden. Das eben erst getankte Benzin läuft aus und bildet mit der auslaufenden Batteriesäure eine riesige Lache an der Unfallstelle. Die Scheinwerferverkleidung samt Halterung ist abgeschlagen und liegt auf der Straße, der Tachometer unter dem LKW. Der Sturzbügel ist regelrecht um den Zylinder gewickelt, im Vorderreifen ist die Luft raus. Der Lenker ist zurückgebogen und der Tank ist linksseitig komplett eingedrückt. Der Tankrucksack ist abgerissen und liegt im Graben, die Seitenkoffer sind verbogen und haben einige Schrammen abbekommen. Ist die Weltumrundung jetzt zu Ende? Ich warte allein an der Unfallstelle, in der Nähe sind einige Feldarbeiter, die ruhig weiterarbeiten, als ob sie nichts gehört hätten. Als erster kommt Zygi mit seinem Motorrad zurück, erschrocken hilft er mir beim Aufstellen des Motorrades und wir schieben die geschundene alte Dame zurück in die letzte

Nach zigtausend Kilometern der Crash

Wegeinfahrt und sammeln die Motorradteile von der Straße und aus dem Straßengraben auf. Was tun?! Aufgrund des kurzen Aufenthalts und der komplizierten Abwicklung haben wir alle auf eine Motorrad-Haftpflichtversicherung für Japan verzichtet. Volltreffer, würde ich sagen. Aber jetzt heißt es Zähne zusammenbeißen, da muss ich jetzt durch. Kurze Zeit später hat Zygi alle Harley-Freunde zurückgeholt und gleich darauf kommt auch schon die Rettung mit Geheul daher. Mit Signalhorn und Rettungsleuchten geht's ins Krankenhaus Yamazaki / Tsubata, zuvor werde ich mit Halskrause auf die Trage geschnallt und in den Krankenwagen getragen. Eine halbe Stunde später werde ich auf einer Liege durch das Krankenhaus geschoben; nette Krankenschwestern röntgen alle verletzten Körperteile, das stark geschwollene Bein und die Schulter werden verbunden. Zum Glück hatte ich zuhause eine weltweite Krankenversicherung abgeschlossen, gewissenhaft übergebe ich die englischsprachige Bestätigung. Dann wird kurzerhand ein englisch sprechender Krankenhausbesucher herbeigeholt: ein sehr hilfsbereiter Hochschullehrer Mitte 40, der, während mein Handrücken genäht wird, meine Worte an den Arzt übersetzt. Der lächelt die ganze Zeit – auch, als er mit der Pinzette in der Wunde nach Glassplittern stochert ... Die beste Meldung nach Abschluss der Untersuchung: keine stationäre Aufnahme, ich kann gleich mit der wartenden Polizei mitfahren, um meine Daten für den Polizeibericht aufzunehmen.

Unheimliches Glück im Unglück

Der Hochschullehrer begleitet mich dorthin, die Polizisten wie auch die meisten Japaner, die ich getroffen habe, sprechen kein Englisch. Die Polizeistation ist in einer Kombination aus Museum und Erste-Hilfe-Station untergebracht und beim Heranfahren sehe ich im Hof schon die Harleys im Regen stehen. Alle meine Harley-Freunde und der LKW-Fahrer warten im Warteraum geduldig auf meine Ankunft. Freudig werde ich von meinen Jungs empfangen, die erste Meldung lautet: „Franz, das Motorrad kann repariert werden und wenn du fahren kannst, kann es morgen weitergehen!" Um sicher zu gehen, dass alles korrekt abläuft, gebe ich meine Versicherungskarte ab, ein Sachverständiger wird herbeigeholt und nach langen japanischen Diskussionen können wir alle abfahren. Zuvor wird noch meine geschundene alte Dame im Hof abgeladen; mein Unfallpartner hat sie in den Bergen per Schwenkkran auf die leere LKW-Pritsche aufgeladen und hierher transportiert. Er wirkt sauer und redet wenig – verständlicherweise. Er nimmt aber meinen Dank an und ich verzeihe ihm in Gedanken, dass er mir in die Quere kam – leider erfahre ich seinen

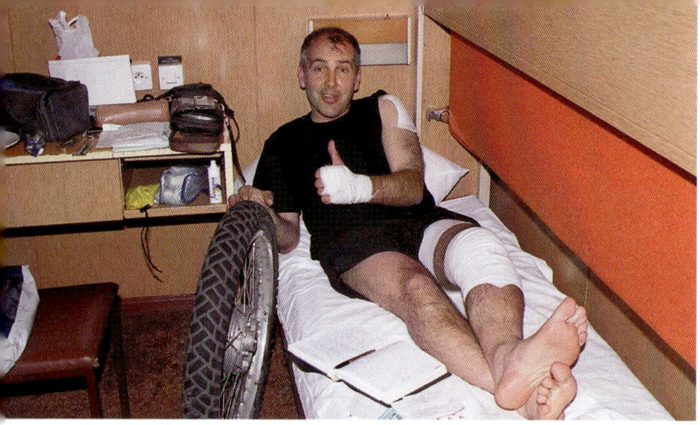

Fallen und Aufsteigen, Gott liebt mich!

Namen nicht. Leben passiert, während man andere Pläne schmiedet, denke ich mir. Auf dem Harley-Soziussitz werde ich zum Schiff zurückchauffiert – was für ein Luxus. Vorsorglich habe ich das Vorderrad ausgebaut und auf eine der Harleys geladen, um unterwegs den Plattfuß zu flicken. Alles andere können wir morgen notdürftig vor Ort reparieren. Ich hatte unglaubliches Glück im Unglück, keine argen Verletzungen und meine alte Dame bekommen wir auch wieder startklar. Meine Versicherung zuhause wird sich dann schon melden, wenn die Rechnung eingeht, die LKW-Reparatur wird mein Bankkonto allerdings in den roten Bereich treiben. Was soll's, das Leben geht weiter. Nach zigtausend Motorradkilometern der erste Crash, und das mit so viel Glück ...

Am Schiff angekommen, humple ich über die Schwenkstiege in meine Kabine hinauf, um mein Bein hoch zu lagern. Sämtliche Abendgetränke der Harley-Freunde gehen auf meine Rechnung. Sie alle besuchen mich einzeln in der Kabine. Der eine bringt Tee aus der Küche, ein anderer das Abendessen. Das nenne ich wahre Freunde! Ich zünde mir die Pfeife an und denke über den Vorfall nach. Allein. Und mein Entschluss lautet: Durchhalten! Mein Hochschullehrer und Übersetzer hatte mir heute im Krankenhaus gesagt: „Es könnte sein, Sie fahren gleich nachhause?" Ja – aber mit dem Motorrad!

4. Juli	**41. Tag, Freitag**	**Km-Stand: 13.780**
Wetter:	Bewölkt und leichter Regen, windig	
Ziel:	Das Schiff räumen, Motorrad in Stand setzen und durchhalten	

Nach einer traumreichen Nacht erwache ich frühmorgens mit großen Schmerzen. Als ich mich im Bett umzudrehen versuche, spüre ich, dass der gestrige Tag kein Traum war ... Die Schwellungen auf der linken Körperseite bereiten mir ziemliche Probleme, sofort drehe ich mich wieder auf die gesunde Körperseite zurück. Friedel schläft tief und fest im gegenüberliegenden Bett. Gedanken und Fragen gehen mir durch den Kopf, auf die wenigsten finde ich eine Antwort. Doch seit dem Unfall gestern weiß ich, dass es ein Morgen gibt.

Um 9 Uhr fährt das Schiff zurück nach Russland, also müssen wir zeitig raus, damit wir an Bord ein Frühstück bekommen und dann gleich das Schiff verlassen können. Auf dem Kai liegen die „Secondhand-Fahrräder" herum – der Sturm hatte sie umgeblasen. Aber die Harleys trotzen dem Sturm, sicher stehen sie auf ihren Hauptständern. Der starke Wind macht uns dann auch bei der Abreise etwas Mühe. Beim Beladen und Festzurren der Säcke muss alles festgehalten werden, damit nichts ins Meer geblasen wird. Mein Gepäck wird auf die 8 Harleys aufgeteilt und ich darf auf dem Sozius Platz nehmen. Zuerst geht's zur Reifenstation, dort flicken wir meinen Vorderreifen und wenig später stehen wir wieder vor der Polizei-Station und bei meiner lädierten, alten Dame. Jeder meiner Harley-Freunde nimmt nun einen abgebrochenen Motorradteil in die Hand, um die BMW mittels einer Behelfsreparatur wieder fahrbar zu machen. Im Nu ist der eingedrückte Tank ausgebaut, die ausgerissenen Zündkabel werden befestigt. Einer montiert das geflickte Vorderrad, wieder ein anderer klebt mit Klebeband die gesplitterte Scheinwerferverkleidung. Provisorisch werden die Seitenkoffer zurechtgebogen, damit die Deckel wieder zugehen. Der Sturzbügel wird ebenfalls per Stiefel-Druck in seine ursprüngliche Lage gebogen und der Lenker samt Griffeinheit eingerichtet. Zu guter letzt werden Tank und Sattel wieder montiert. Nach einem Probestart läuft meine alte Dame wieder; mit dem zerknitterten Benzintank sieht sie etwas mitgenommen aus. Aber er ist dicht, auch wenn er jetzt ein Drittel weniger Benzin aufnehmen kann. Nachdem ich meine Sachen umgeladen habe, können wir starten. Zuvor hatte mich eine hübsche Krankenschwester ins Krankenzimmer gebeten, um mir an der genähten Hand einen frischen Verband anzulegen und die gerötete Wunde zu reinigen. Nach dem Abschied geht's dann aber wirklich los.

Der erste Tag nach dem Crash, Fahrer und Maschine zurechtgebogen

Über bewaldete Hügel und durch viele Dörfer und Städte führt uns die Straße ins Landesinnere. Trotz schmerzender Kupplungshand und stark geschwollenem Schaltbein halte ich durch. Nach dem gestrigen Sturz ist die neuerliche Fahrt im dichten Verkehr die beste Medizin. Das Linksfahren wird immer mehr zur Routine. Nur, wenn uns nach längerer Gegenverkehrspause plötzlich ein LKW entgegenkommt, zucke ich etwas zusammen. Aber ab jetzt ist die „Flucht nach vorne" angesagt, meine Verletzungen kann ich auch am Abend versorgen. Im 9-Motorräder-Pulk geht's ostwärts. Nachdem der Regen einsetzt, bekommt Friedel mit der Elektrik Probleme. Mit Mühe erreichen wir irgendwo in Nagano ein passendes Hotel. Die Sucherei in der Stadt bei starkem Verkehr und zu neunt im Pulk ist abenteuerlich, besonders wenn es mehrere Anführer gibt. Der Komfort, aber auch der Preis, ist im Vergleich zu Russland ganz schön hoch. Sogar die Klobrille ist beheizt und für jeden Gast liegt ein Kimono auf dem Bett. Ich teile mit Friedel das Zimmer, todmüde lassen wir uns auf die Betten fallen.

5. Juli **42. Tag, Samstag** **Km-Stand: 14.100**

Wetter: Bewölkt und schwül

Ziel: Ins Landesinnere, Richtung Tokio

Am Morgen testen wir das Bidet und genießen die sauberen Einrichtungen. Das Frühstück ist ungewöhnlich umfangreich und nachdem ich alle Salben geschmiert und sämtliche Pillen geschluckt hatte, zelebriere ich nun das Frühstück in voller Länge. Heute heißt es wieder durchhalten. Aber jeder Tag bringt mich der Heilung und meinem Ziel näher.

Wir wollen auf der Landstraße bleiben und Wojciech übernimmt die Führung. Wir kommen in Nagano an einer großen BMW-Motorradvertretung vorbei, hier kann ich meine Beleuchtung in Stand setzen lassen. Ich fahre gleich in die Werkstatt, innerhalb kurzer Zeit bekomme ich einen Gesellen und einen Lehrling zugeteilt und die Reparatur kann beginnen. Einen Blinkerschalter, ein neues Blinkergehäuse mit Glas und einen Rückspiegel bekomme ich aus dem Teilelager – und das für ein 15 Jahre altes, deutsches Motorrad mitten in Japan! Auch die Scheinwerferbirne und die Kontrollleuchten werden ersetzt. Zuvor muss aber alles abgepackt werden, Knitter-Benzintank und Sitzbank müssen ebenfalls runter, um an die Elektrikverbindungen zu kommen. Einen Ersatz für den kaputten Tachometer gibt es leider nicht und auf der Rechnung stehen zum Schluss 26.700,- Yen (230,- EURO) – Arbeitszeit kostenlos! Während der Reparatur gesellen sich freundliche japanische Motorrad-Kunden zu mir und befragen mich über meine Herkunft und den Unfall; ungläubig schütteln sie den Kopf. Nachdem es wieder leuchtet und blinkt, packe ich alles auf und zurre das ganze Zeug wieder fest – das wird langsam zur Dauerbeschäftigung. Meine Harley-Freunde haben sich zwischenzeitlich beim gegenüberliegenden Harley-Händler die Ausstellungsstücke angesehen und nun geht's gemeinsam wieder weiter. Bis in die Nacht hinein fahren wir durch Dörfer und Städte, mehrmals diskutieren wir an Kreuzungen mit japanischen Schriftzeichen über den richtigen Weg. Am Ende des Tages kommen wir wieder in Nagano an – wir sind im Kreis gefahren ...

6. Juli **43. Tag, Sonntag** **Km-Stand: 14.460**
Wetter: Schwül und bewölkt
Ziel: Weiterfahrt Richtung Yokohama, Ausflug zum heiligen Fujiyama

Japan heißt Nippon und Nippon bedeutet Sonnenaufgang – im Chinesischen „Jihpun" – weil aus chinesischer Festlandsicht über diesen Inselbogen vor der eurasischen Küste Tag für Tag die Morgenröte heraufdämmert. Den heiligen Berg Fujiyama dürfen wir nicht auslassen, er liegt fast auf dem Weg nach Yokohama. Ein recht langer Anfahrtsweg – bis auf 2.300 Meter Höhe hinauf. Etwas nebelig und keine Sicht nach oben, so zeigt sich uns der 3.776 Meter hohe heilige Berg. Vielleicht, weil wir aus Sicht des Schintoismus und des Buddhismus Ungläubige sind? Also sehen wir uns den heiligen Berg auf den vielen Schönwetterfotos und Postkarten in den Kiosken an, essen und trinken eine Kleinigkeit und fahren weiter. Wir werden im Land der Geishas und der Kirschblüte, der Teehäuser und der Bonsaibäume sicher noch andere Sehenswürdigkeiten finden. Gut 200 km vor Yokohama übernachten wir in einem Hotel. Mein Bein schmerzt immer noch, die Schulter wird von Stunde zu Stunde besser; auch die genähte Wunde an der Hand heilt wunderbar. Am Abend liege ich im Hotelzimmer und verarzte mein Bein. Wie wird das morgen werden? Wegen dieser körperlichen Belastung bekomme ich vom Land wenig mit – jeder Schaltvorgang erinnert mich schmerzlich an mein Bein. Aber es muss gehen, ich muss einfach durchhalten! Jarek, der Kameramann, bringt mir eine Tablette aus seiner Reiseapotheke. Die Nacht hindurch mache ich kalte Umschläge, die etwas Kühlung und Erleichterung mit sich bringen.

7. Juli **44. Tag, Montag** **Km-Stand: 14.560**
Wetter: Regen, schwül und bewölkt
Ziel: Nach Yokohama

Am Morgen regnet es, wir fahren trotzdem früh ab. Heute haben wir uns zum Ziel gesetzt, trotz des schlechten Wetters bis nach Yokohama zu fahren. Von dort aus wollen wir die Motorräder in die USA verschiffen lassen. Über bewaldete Hügel und durch viele Tunnels geht's Richtung Yokohama. Je näher wir der Stadt kommen, desto dichter wird der Verkehr. Die Ampel-Rotlichtphasen scheinen auf uns zu warten, ständig muss angehalten werden. Nach dem Regen kommt die Schwüle. Also stehen bleiben und das Anzug-Innenfutter herausknöpfen, das mich im Regen trocken gehalten hatte. Durch den starken Verkehr kommen wir nur sehr langsam vorwärts, auch an Sperrlinien vorbeischlängeln bringt nicht viel. Immer wieder stop

Der heilige Berg Fujiyama im Hintergrund auf einer Tafel

and go, die Zubringerstraßen zur Hauptroute sind total verstopft. In der Stadt finden wir – nach mehrmaligem Nachfragen und wiederholten Umkehrmanövern – endlich die richtige Straße zum Hafen.

Zunächst suchen wir in Hafennähe ein Hotel, um zu Fuß die Frachtschalter und Reisebüros abzuklappern. Bei den kleinen und bunt beleuchteten angeblichen Hotels stellt sich heraus, dass es sich um Liebeshäuser handelt: Per Kreditkarte kann man mit seinem Partner für einige Stunden ein Zimmer mieten. Die verschiedenen Etablissements kann man sich mittels beleuchteter Bilder im Eingangsbereich aussuchen – eine gute Lösung, um ein ungestörtes Schäferstündchen abzuhalten. Denn die engen, japanischen Wohnungen mit ihren zahlreichen Familienmitgliedern machen es einem Liebespaar nicht immer einfach ungestört zu sein.

Wir suchen weiter und finden ein größeres Hotel in Hafennähe, das Rotlicht der Ampelanlagen geht ins Rotlichtmilieu über, die ganze Straße ist ein Bordell. Nach dem Einchecken fragen meine Harley-Freunde gleich in den einzelnen Bordells nach, aber immer heißt es „nur für Japaner".

Mir ist das alles egal, mich beschäftigt mein linkes Bein. Die Schwellung geht einfach nicht zurück und einige Stellen am Knie fühlen sich taub an. Heute will ich früh ins Bett und morgen gleich ins nächste Hospital zur Kontrolle. Der Mann an der Rezeption meldet mich telefonisch für 7:30 zur Visite an. Mit dem Taxi seien es nur 10 Minuten bis dorthin, meint er.

8. Juli	**45. Tag, Dienstag**	**Km-Stand: 14.750**
Wetter:	Leichter Regen, schwül	
Ziel:	Ein Schiff Richtung USA für die Motorräder besorgen	

Schon in den frühen Morgenstunden sitze ich im Krankenhaus auf der Wartebank. Beim Anblick der vielen kranken Menschen, die in Warteschlangen anstehen, wird mir bewusst, wie wenig mir eigentlich fehlt. Ein junger Arzt verschreibt mir neue Pillen und eine Salbe. Die Rechnung muss ich sofort bezahlen. Die hübsche junge Dame an der Kasse spricht hervorragend Englisch, was ich gleich für ein telefonisches Dolmetschgespräch mit dem nicht englisch sprechenden Sachverständigen meines Unfallgegners nutze. Nachdem ich ihr dessen Visitenkarte mit den vielen japanischen Zeichen in die Hand gedrückt und die Antwort über die Reparaturkosten erwarte, übersetzt sie: „Der Geisterfahrer soll nie mehr anrufen, sie hätten das Ganze intern geregelt!" Was immer das auch heißen mag, ich werde es nie erfahren ...

Kuschelige Fußgängerzone in Yokohama

Am Vormittag fahren wir alle zum Hafen, um die empfohlene Spedition „Nippon-Express" zu suchen, den Flug zu buchen und ein Transportschiff für die Motorräder zu organisieren. Nachdem wir die Adresse gefunden haben, erfahren wir, dass die Motorräder frühestens Anfang August in Los Angeles sein werden. Das sind beinahe 4 Wochen! Nach Seattle oder San Francisco würde es noch 2 Wochen länger dauern. Muss ich jetzt endgültig meinen US-Einreiseplan ändern, um in der geplanten Zeit anzukommen?! Meine zuhause geplante Einreisestadt an der US-Westküste war Seattle; langsam werde ich einsichtig. Der Weg kann geändert werden – das Ziel muss dasselbe bleiben. Und an die Harley-Boys habe ich mich auch schon gewöhnt. Also sagten wir kurz entschlossen zu. Mit der obligatorischen Versicherung kostet der Motorradtransport in einer Holzkiste per Schiff von Yokohama nach Los Angeles 116.000,- Yen (1.000,- EURO) und muss in bar abgegolten werden; sonderbar – keine Kreditkarten.

Wir können erst abfliegen, wenn die Zollbehörde uns die Fahrzeugabnahme im Reisepass einträgt und das wird wieder dauern. Die Zoll-Formalitäten sind scheinbar auf der ganzen Welt gleich bedeutend. Erst in 6 Tagen, das ist Montag der 14. Juli, beabsichtigen uns die Japaner ihren Stempel in das zarte Papier von Reisepass und „Carnet de Passages" zu klopfen. Ein telefonischer Hilferuf von mir bei der österreichischen Botschaft in Tokio bringt auch nicht viel, dafür werde ich aber bei meinem Landsmann am Telefon wie ein alter Freund begrüßt. Als erstes fragt er mich, wie es mir nach meinem Unfall ergangen sei. Die LKW-Versicherung hätte nämlich gleich nach dem Unfall alle meine Papiere zur Botschaft gefaxt, um sich deren Echtheit bestätigen zu lassen. Er tröstet mich – vor einigen Tagen hätte es einen Tiroler aus Schwaz erwischt, allerdings weitaus schlimmer ... Der Botschafter ist zwar sehr entgegenkommend, bittet mich, alles zu regeln, sobald ich wieder zuhause bin, aber in Zollfragen müsse ich mir selbst weiterhelfen. Na warte, morgen werden wir mit „Neun-Mann-Druck" antreten und die Zollfreunde um eine raschere Abwicklung bitten ...

9. Juli **46. Tag, Mittwoch** **Km-Stand: 14.750**

Wetter: Bewölkt und schwül

Ziel: Motorräder im Hafen abgeben und den Zoll beschleunigen

Am frühen Morgen fahren wir zum endlos langen Hafen, um die Motorräder in eine der riesigen Hallen einzustellen. Die Hafenarbeiter erwarten uns schon und wir bekommen einen Platz neben großen, alten Industriemaschinen an der Hallenwand zugewiesen, die gerade in große Holzkisten verpackt und eingenagelt werden.

Während wir Seitentaschen und Koffer ein letztes Mal umpacken, um die wichtigsten Sachen mit auf die Flugreise zu nehmen, schießen die Hafenarbeiter mit Luftdruckpistolen lautstark Klammern in die Holzkisten. Alle Taschen und Koffer müssen unversperrt bleiben. Nur das Zukleben mit Klebeband wird genehmigt, der Zoll muss auch ohne uns jederzeit Zugriff haben können; das Ganze ohne Garantie – in den USA werden wir ja sehen, ob alles noch vollständig ist ...

Das Wichtigste ist jetzt, die richtige Ausrüstung für die nächsten 3 Wochen in den Staaten mitzunehmen. Und dann kann die Motorradtour „around the world" weitergehen. Bei Bahnfahrten, durch Flughallen hindurch, bei Taxi-Fahrten, zu Autovermietungen oder zu Hotels müssen immer alle Sachen per Hand transportiert werden, deshalb möchte ich während der nächsten Tage nicht allzuviel an Gepäck mit mir herumschleppen müssen. So entschließe ich mich, meinen Helm beim Motorrad zu lassen und schicke ihn – mit Klebeband am Motorrad befestigt – auf die dreiwöchige Reise über den Pazifik; meinen „Haussack", den Tankbag und den Rucksack nehme ich mit. Den weiten Weg zurück in die Verwaltung legen wir zu Fuß zurück. Erst jetzt werden uns die wirklichen Dimensionen des Hafens bewusst, große Brücken verbinden die Hafenanlage für den Transport der Waren. Mein Bein ist immer noch dick geschwollen, die schwüle Witterung trägt wesentlich dazu bei. Aber ich lasse mir nichts anmerken und marschiere mit den Harley-Freunden zurück. Um in der Verwaltung zu bezahlen, müssen wir zuvor eine Bank aufsuchen, „Nippon-Express" möchte die 116.000,- Yen (1.000,- EURO) bar auf die Kralle, nur dann werden unsere geliebten Bikes nach L. A. verschifft. Aber zuvor muss noch der Zoll mitspielen ... Nachdem wir alle neun hartnäckig angestanden sind, die gute Nachricht: der Zoll fertigt uns schon am Freitag, den 11. Juli ab!

Hurra, wir können abfliegen!

10. Juli **47. Tag, Donnertag** **Km-Stand: 14.750**

Wetter: Regen und schwül

Ziel: Gepäck für Abflug richten, Flug nach Los Angeles vorbereiten

Der letzte Tag vor dem Abflug ist gekommen. Am Vormittag machen Friedel und ich einen Einkaufsbummel, am Nachmittag wollen wir die Fluggesellschaft aufsuchen. Bei Singapore Airline können wir mit Kreditkarte bezahlen, der Flug kostet 71.900,- Yen (620,- EURO). Jetzt sitzen wir in der Fußgängerzone von Yokohama unter dem Vordach eines Cafés und sehen dem bunten Treiben zu. Der leichte Regen scheint die vorbeihastenden Menschen nicht zu stören. Die hübschen Japanerinnen fallen durch ihre modische Kleidung und fast einheitliche, kastanienbraune Haare auf; wenn man aber, so wie ich, mit Schmerzen kämpft, hält sich das Interesse an der Umgebung in Grenzen. Heute ist der siebte Tag nach meinem Unfall; die Prellung färbt nun den linken Unterschenkel bläulich ein. Heute spüre ich zum ersten Mal ein leichtes Gefühl der Besserung. Ausruhen, Bein hochlegen, um für den langen Flug gerüstet zu sein. Durchhalten, heißt die Devise, spätestens in einer Woche laufe ich wieder wie in den guten, alten Zeiten.

Beim Einkaufen unseres Tagesproviants fällt mir wieder auf, wie elegant gekleidet hier die Menschen sind. Sie sind sehr zurückhaltend und suchen keinen Kontakt zu uns, wie wir es von Russland her gewohnt sind. Die ganze Stadt ist sehr sauber: kein sichtbarer Müll, kaum ein Auto, das nicht auf Hochglanz poliert ist.

In den Straßen gibt es in erster Linie Lebensmittel- und Getränkeläden und ziemlich viele Fastfoodketten sowie Restaurants. Weiters fallen die vielen Autohäuser und Tankstellen auf. Bei letzteren werden die Kunden lautstark zur Betankungs-Markierung eingewiesen und beim Verlassen derselben bis auf die Straße zurückgeleitet, natürlich mit dem obligatorischen lauten Dank und einer Verbeugung. Auch in den Banken herrscht größte Freundlichkeit – jeder Kunde wird sofort begrüßt und einem Schalter zugewiesen. Nachdem das Formular mit den Wünschen ausgefüllt ist, bekommt man eine Nummer und einen Wartesitzplatz zugeteilt. Nach der routinemäßigen Prüfung der Daten und dem Aufleuchten der Nummer am Ausgabeschalter wird man äußerst zuvorkommend bedient. Wir sehen, wie eine Kundin (eine ältere Dame mit Übergewicht) von drei weiblichen Bankangestellten bis zu ihrem Auto begleitet und sogar ins Auto gesetzt wird. Ob für derlei Sonderbehandlungen ein gewisser Kontostand erforderlich ist – wir wissen es nicht.

11. Juli **48. u. 49 Tag, Datumsgrenze** **Km-Stand: 14.750**

Wetter: Heiß, sonnig, blauer Himmel

Ziel: Abreise aus Japan und Flug über den Pazifik

Wir sind alle froh, nun doch etwas früher aus Japan ausreisen zu können. Zu Fuß machen wir uns mit unseren Gepäckstücken auf den Weg zum Bahnhof – bis wir ihn erreicht haben, sind wir völlig durchgeschwitzt. Mit dem Zug geht's von Yokohama zum Airport Tokio. Nach der ersten Haltestelle bemerken Friedel und ich zu spät, dass wir eigentlich schon umsteigen müssten – in dem überfüllten Abteil haben wir gar nicht bemerkt, dass unsere Freunde schon ausgestiegen sind ...

Nachfragen ist sinnlos, die Zeit drängt und der Weg zum Flugzeug ist noch weit. Ruhe bewahren, beim nächsten Stopp raus, vom Bahnsteig 1 hinüber zu Bahnsteig 4 und eine Station zurück. Dort werden wir schon aufgeregt erwartet, unsere Freunde sind sehr erleichtert, als sie uns in der riesigen Menschenmenge auf sich zukommen sehen. Als Fremder könnte man hier leicht verloren gehen, denn die japanischen Schriftzeichen können nur die Einheimischen entziffern. Eine lange Zugfahrt führt uns durch Kawasaki und Tokio zum Airport auf der Halbinselspitze, der weit außerhalb der Stadt liegt. Beim Kontroll-Sektor schauen japanische Beamtinnen prüfend in unsere Taschen und Säcke, alles wird geröntgt und kontrolliert. Dann geht es über viele Treppen hinauf zur Gepäckaufgabe, Lifte scheint es keine zu geben. Um 18:45 soll unser Flug mit der Singapore Airline abgehen, jetzt ist es bereits 17:58. Dann folgt die nächste Überraschung: Bevor wir unser Gepäck abgeben, erklärt uns die japanische Dame am Schalter, dass laut amerikanischer Einwanderungsbehörde unbedingt ein Rückflug-Ticket aus den USA bezahlt werden müsse, es sei denn, wir hätten ein gültiges Visum, wie es für polnische Staatsbürger vorgeschrieben sei. Also lösen Friedel und ich rasch um je 123.000,- Yen (1.060,- EURO) ein offenes Ticket der günstigsten Variante New York-Lissabon – aufs Neue strapaziere ich meine Kreditkarte ... Friedels Karte wird erst gar nicht angenommen – seine Frau hatte sicherheitshalber eine monatliche Abhebungs-Obergrenze eingegeben, diese wurde aufgrund der vielen Sonderausgaben der letzten Tage bereits erreicht. Aber wir sind ja zu zehnt – nach langen Diskussionen wird eine unserer Karten akzeptiert. Zusätzlich wurde uns beiden versprochen, sollten wir dieses so genannte Open-Ticket nicht benötigen, würden uns die Kosten in unserem Heimatland zurückerstattet werden. Danach stellen wir uns wortlos in die lange Warteschlange zum Gate 15. Bis ich meinen Sitz in der Boeing 747-400 der Singapore Airline erreicht habe, schmerzt mein linkes Bein wieder ziemlich. Und jetzt liegen 12 Stunden Flug vor mir, wieder eine harte Probe für mein geschundenes „Japan-Knie". Aber ein Indianer kennt keinen Schmerz und: in Kürze sollte ich erstmals einem „Echten" begegnen!

Der Flug führt durch die Datumsgrenze: Aus plus 8 Stunden werden minus 8 Stunden und das heißt auch: den 11. Juli darf ich zweimal erleben. Das egalisiert sich

aber wieder, denn ich bin deshalb keinen Tag jünger geworden und meine Geburtstage feiere ich am selben Tag wie in den letzten 42 Jahren. Den 3. Juli, den Tag meines Unfalls, könnte ich aus aktuellem Anlass dazu nehmen, denn normalerweise sieht man nach dem Zusammenprall mit einem 7,5 Tonnen-Monstrum nicht so lebendig aus. Die Zeitverschiebung mit anschließendem Jetlag trägt das ihre dazu; im Halbschlaf nehmen meine Harley-Freunde und ich an Bord das Abendessen und gleich darauf das Frühstück ein. In Los Angeles angekommen, heißt es wieder in der Reihe anstehen, Formulare ausfüllen und bei der Immigrationsbehörde vorsprechen. Alle müssen sich anstellen, außer jene mit amerikanischer Staatsbürgerschaft. Die können natürlich gleich durch, wie unser Zygi. Durch seine Doppelstaatsbürgerschaft – er lebte viele Jahre in Rhode Island – kommt er rasch durch und nutzt gleich die Zeit, um eine passende Mietwagenfirma ausfindig zu machen. Bei der Fußgängerunterführung, zwischen Gepäckausgabe und Einwanderungsbehörde, steht in großen Lettern: „Welcome to Los Angeles!" – ein schönes Gefühl. Mit 2 Leihwagen, einem Pontiac und einem Chevrolet, geht's vorerst hinaus aus L. A., in Richtung Malibu und Santa Barbara. Dort wollen wir ein Hotel suchen, um zu schlafen.

Der erste Eindruck von den Vereinigten Staaten ist überwältigend: Die großen Autos, vorwiegend Pick-ups und riesige Limousinen, die vielen wohlgenährten Menschen, alles ist blitzsauber und die Straßen sind in Bestzustand. Lediglich die Abhänge zu den Küstenstraßen hinunter sehen aus, als ob sie jeden Augenblick mit den Häusern am Abgrund hinunterrutschen würden ... Nach den kyrillischen Straßenschildern in Russland und den unverständlichen, japanischen Schriftzeichen auf der Insel wirken die unzähligen amerikanischen Straßen- und Reklameschilder in englisch und spanisch geradezu heimelig. Und: es gibt Speedlimits an allen Ecken; jetzt heißt es Meilen in Kilometer umrechnen, aber man gewöhnt sich gleich daran. Das Gleiche gilt für Temperaturangaben in Fahrenheit, Längeneinheiten in Inch, Feet, Yards und beim Tanken die Maßangaben in Gallon, selten Pints und Quarts.

Aus plus 8 Stunden werden minus 8 Stunden

Ist-Zustand: gut 3 Wochen Wartezeit für neun Biker plus Kameramann, ohne Motorräder. Heute ist der 11. Juli, frühestens am 2. August kommen die Bikes in L. A. an. Wir haben beschlossen, mit den 2 Mietwagen Kalifornien unsicher zu machen. Meine Harley-Boys wollen nach San Francisco, Nevada und Las Vegas fahren, auch der Grand Canyon steht auf der Reisezielliste. Die Idee begeistert mich nicht besonders – in den engen Kisten zu fünft einander auf die Zehen zu stehen und die Unabhängigkeit einbüßen zu müssen. Also erst mal abwarten.

Die ersten US-Dollars in den Staaten habe ich heute einem Taubstummen gegeben, er verkaufte für 2,- USD (1,80 EURO) in einem der Flughafen-Cafés US-Pins mit der wehenden amerikanischen Flagge. Er macht das zur Erinnerung an den 11. September 2001. Auf dem Zettelchen, auf dem der Pin heftet, steht: I am deaf and trying to earn a decent living, thank you and god bless America! Wir finden Richtung Norden ein Motel, das kurz vor Santa Barbara liegt, direkt an der Autobahn 101. Ein Ausweis reicht für alle 5 Zimmer und alle zehn Mann – es lebe die Sicherheit.

12. Juli | **50. Tag, Samstag** | **Km-Stand: 23.410**

Wetter: Sonne, blauer Himmel

Ziel: Krankenhausbesuch zur Kontrolle

Der Jetlag macht uns zu schaffen und wir schlafen durch bis Mittag. Dann aber werden wir unliebsam hinausgebeten: Mit Reinigungskübel und Putzlappen bewaffnet, steht eine Angestellte des Hotels vor uns; die Zimmertür hatte sie mit dem Universalschlüssel geöffnet und dazu läutet die ganze Zeit das Zimmertelefon. Also rasch packen, losfahren, orientieren. Bei bestem Wetter genießen wir die abenteuerliche Landschaft – trocken und braun, sandig das Gestein, hügelig und immer wieder neue Dörfer und Städte im Landesinneren. Wie in amerikanischen Spielfilmen: Land und Menschen „leben" Amerika. Flaggen mit den „stars and strips" gibt es an allen Ecken. Bei jeder Gelegenheit werden wir freundlich angesprochen und berichten über unsere Herkunft. Die von Palmen und tropischen Gewächsen bewachsene Pazifikküste ist rau und windig. Es gibt sehr viele Fastfood-Läden, sie scheinen alle gut besucht zu sein. Schon das Frühstücks-Angebot ist überwältigend, mir reichen die Portionen für

Die amerikanischen Fahrzeuge begeistern mich

den ganzen Tag. In Thousend Oaks, gut 30 Meilen nordwestlich von Los Angeles, gehe ich in ein Krankenhaus. Nach gewissenhafter Aufnahme mit Erkennungsband am rechten Arm untersucht mich ein stattlicher und kompetenter Arzt. Nach einigen Biege- und Belastungsprüfungen sagt er: „Am besten abwarten". Denn das Absaugen des gestauten Blutes im Knie könne womöglich eine Infektion nach sich ziehen, meint er. Bis zu einem Liter Blut hat mein Körper nun an meinem linken Bein abzubauen. Er lässt eine Spezialistin für das Ultraschallgerät kommen, um meine Venen zu prüfen – Ergebnis: alles in Ordnung. Meine Harley-Freunde bleiben, während ich im Krankenhaus bin, in der Nähe und verbringen ihre Zeit mit Einkaufen und Essen gehen. Dieser dreistündige Besuch im Spital diente in erster Linie einer Art seelischer Heilung; jetzt weiß ich definitiv, dass alles O.K. ist und dass die Zeit alles heilen wird. Am Abend fahren wir nach Santa Barbara – eine wunderschöne Stadt mit viel Leben auf und neben der Straße.

13. Juli – 4. August 51. Tag – 72. Tag Km-Stand: 23.410

Wetter: Kalifornischer Sonnenschein ohne Ende
Ziel: Leben in Kalifornien und auf das Motorrad warten!

Eigentlich wollte ich während der Wartezeit meine Harley-Freunde verlassen und an einem Campingplatz am Strand ein paar ruhige Tage verbringen. Und vor allem – mein Bein schonen und neue Energie tanken. Also mache ich mich auf die Suche nach einem geeigneten Campingplatz. Nach dem dritten Versuch gebe ich auf. Wieder heißt es: „Sorry, full camping!" Aufgrund der Urlaubszeit und des Wochenendes sind alle Campingplätze am Meer besetzt oder reserviert. Das Strandleben scheint hier bei Jung und Alt sehr beliebt zu sein. Erst wollte ich das gar nicht glauben: „Haben Sie nicht einmal für ein Einmann-Zelt einen kleinen Reserveplatz?!" Auch hartnäckiges Nachfragen hilft da nichts. So bleiben wir also zusammen, ich und meine Harleyfahrer. Am Abend mieten wir 2 Ferienwohnungen zu je 5 Personen, gegenüber vom

Achtung, hier fahren die Autos auch am Strand

Campingplatz, in Pismo Beach; hier dürfen die Fahrzeuge bis ans Meer fahren – von Motorrädern angefangen bis hin zu Geländewagen mit speziellen Sandreifen kurvt hier alles im Sand und auch im Wasser herum. Teilweise reisen Familien mit riesigen Wohnmobilen an: Mobilität heißt für die Amerikaner Leben.

Nur in der Sonne liegen und warten kann nicht alles sein für die nächsten Wochen. Ich muss mir etwas Abwechslungsreicheres einfallen lassen. Da ist aber noch mein linkes Bein, das braucht noch einige Tage um zu heilen. Abwinkeln kann ich mein „Japan-Knie“ nach wie vor nicht und ein großer Bluterguss rund um die Kniescheibe sorgt zusätzlich für wenig Bewegungsfreiheit. Hier nützt nur Ruhe bewahren, das Bein hoch lagern und den Heilungsprozess abwarten. Am Pazifikstrand ist es angenehm kühl, durch den ständigen Wind vom Pazifik spürt man die Kraft der Sonne kaum und die Gefahr eines Sonnebrandes ist sehr groß. Spaziergänge am wunderschönen Strand sowie die Kochkünste von Wojciech, der genau einen Tag jünger ist als ich, lindern mir die Zeit meiner Rekonvaleszenz.

Nebenbei wäge ich die Vor- und Nachteile einer Gruppenreise ab. Das Ganze hat – wie so vieles – zwei Seiten: durch das Aufteilen senken sich die Kosten, dafür ist man unselbstständig und desorientiert. Das Teilen beginnt beim Lebensmittel-Einkaufen und der Zimmerrechnung bis hin zum Aufräumen und Abwaschen. Tagsüber macht jeder sein Programm. Um die Zeit totzuschlagen, nehmen Friedel und ich einen unserer Leihwägen und fahren in der Gegend herum. Die amerikanischen Fahrzeuge begeistern mich, speziell die vielen Pick-ups, die mit Wohnwagen-Aufliegern oder mit Beach-Bikes anzutreffen sind. Die Küste ist für die Amerikaner ein beliebtes Ausflugs- und Urlaubsziel. Hier bietet sich sehr viel für den Freizeitspaß an und das Klima ist angenehm; Fun ist angesagt. Im Landesinneren dagegen ist es sehr heiß und in den Großstädten sehr eng. Die Preise sind in etwa wie in Mitteleuropa, durch die lange Aufenthaltsdauer kommt aber einiges zusammen. O.K., eine Weltreise macht man nicht alle Jahre und zuhause gibt es wieder Möglichkeiten zum Sparen.

Sündteure Telefonrechnung

Die Zeit vergeht sehr schnell, am Morgen bin ich meistens der erste unter der Dusche. Bis alle wach sind und das gemeinsame Frühstück eingenommen wird, sitze ich auf der Terrasse und nutze die Zeit für Telefonate mit der Heimat. Der Anruf bei meiner Moni zuhause bringt Erleichterung: alles in Ordnung. Dennoch gibt es eine negative Mitteilung. Die Handy-Telefonrechnung für Juni sei sehr hoch ausgefallen, erzählt mir Moni – das war die lange Zeit in Russland. Die Ersatzteilbesorgung in Jekaterinburg hatte weiters dazu beigetragen, dass die Rechnung 900,- EURO ausmachte. Sehr hoch, aber in Russland sah ich keine andere Möglichkeit, denn die Gespräche mit meiner Moni waren für uns beide extrem wichtig. Hier in den Vereinigten Staaten haben wir herausgefunden, wie wir mit Wertkarten und dazugehörigem Pin-Code günstiger telefonieren können. Zwei Frauen rufe ich noch an, zuerst meine Mutter in der Steiermark. Sie freut sich unglaublich über meinen Anruf, es geht ihr gut, nur der 34. Todestag meines Vaters drückt etwas auf ihre Stimmung. Den zweiten Anruf bekommt meine geschätzte Senior-Chefin. Sie macht während meiner Abwesenheit meinen Job. Leider geht es ihr nicht gut, die Lungenoperation vom letzten Jahr macht ihr noch immer zu schaffen und der Krebs ist noch nicht besiegt. Aber auch sie freut sich sehr über meinen Anruf. Sie verspricht mir, mich weiterhin zu vertreten, allerdings mit reduziertem Zeitaufwand. Aber sie gibt nicht auf, denn sie ist eine Kämpferin wie man sie sich nur wünschen kann. Sowohl meine Mutter als auch die „Grande Dame" bitte ich, allen Freunden, Verwandten, Mitarbeitern und Bekannten die besten Grüße auszurichten.

Hier in Kalifornien wollten wir heute eigentlich eine Geburtstagsparty steigen lassen, denn Edmund ist 53 geworden. Aber er war zu lange in der Sonne, ein Sonnenbrand mit Fieber ist das Ergebnis. Die Feier kann er nachholen, der Rest der Mannschaft trinkt ein paar Gläser auf ihn.

Unter Giganten

3 Stunden Anfahrtszeit zum Sequoia Nationalpark heißt für uns zeitig abfahren, denn am Abend wollen wir wieder zurück sein in Pismo Beach. Entlang der Interstate 101 und dem HW 41 geht's Richtung Sierra Nevada. An der Kreuzung HW 41 und HW 46 befindet sich das James Dean Memorial. Hier verunglückte am 30. September 1955 der damals 24-jährige Filmstar mit seinem Porsche 550 Spyder. Um die Erinnerungsstätte zu finden, muss ich nachfragen, denn der Straßenverlauf hat sich im Lauf der Jahre geändert. Für eine Gedenkminute muss Zeit sein; obwohl es schon lange her ist, berührt einen so ein Ort immer noch – ein Gigant der Filmwelt (wie übrigens auch der letzte seiner unvergesslichen Filme heißt: „Giants").

Der Besuch des Nationalparks ist überwältigend. Die uralten und bis zu 3.500 Jahre alten Giant Sequoia faszinieren mich. Diese Riesenbäume sind die größten Lebewesen der Erde und kommen nur hier, an der 2.000 Meter hoch gelegenen Westseite der Sierra Nevada, vor; 12 Meter Stammdurchmesser, über 80 Meter hoch und so groß wie ein 25-stöckiges Hochhaus. Im Winter liegen Tonnen von Schnee auf den Zweigen, im Sommer leben Vögel zu Hunderten und Insekten zu Zehntausenden in jeder der starken Kronen. Die bis zu 60 Zentimeter dicke Borkenrinde hat zig Waldbrände überlebt, sie braucht das Feuer unglaublicherweise sogar als

Nirgendwo hat die Bezeichnung „gigantisch“ mehr Berechtigung

Geburtshelfer für ihre eigene Fortpflanzung! Einfach gigantisch – im wahrsten Sinne des Wortes. Nirgendwo hat die Bezeichnung Urwald mehr Berechtigung als hier – diese Lebewesen sind Botschafter einer längst vergangenen Zeit.

Die Rundfahrt mit unseren beiden Leihwägen durch den Nationalpark, dessen Namen vom Cherokee-Häuptling Sequoyah stammt, ist ein bleibendes Erlebnis. Nur das Fotografieren gestaltet sich als ziemlich schwierig: wie soll man diese Riesenbäume neben einem Menschen auf ein Bild bekommen?!

Im voll beladenen Leihwagen mit je fünf Mann sind wir froh über die Klimaanlage, denn die Hitze von über 40 Grad und die weiten Entfernungen wären sonst nicht zu überstehen – eben kein Fahrtwind wie auf dem Bike, da lobe ich mir doch das Motorradfahren! Erst am späten Abend erreichen wir unser Motel in Pismo Beach und finden in der Brandung des Pazifik etwas Erfrischung.

Neues Zuhause für 2 Wochen

Ich mag jetzt nicht mehr mit dem Leihwagen herumfahren, meine Harley-Freunde dagegen wollen für die nächsten 14 Tage nach San Francisco und am nördlichen Grand Canyon entlang nach Las Vegas fahren. Nach einem Telefonat ergibt sich eine neue Möglichkeit mit einer Adresse in L. A. als Lösung: Ich entschließe mich, per Bahn nach L. A. zurückzufahren, um bei einem Bekannten meines Schwagers, Chris Laine, einige ruhige Tage zu verbringen und mein Bein auszukurieren. Vorerst aber verabschiede ich mich von meinen Freunden für einige Tage. Nun sitze ich einige Stunden am Bus-Bahnhof Grover Beach und warte auf einen Amtrak-Bus, der mich nach Santa Barbara fährt. Von dort geht's per Amtrak-Bahn nach L. A., wo ich am Abend eintreffe. Per Taxi, für 35,- USD (31,80 EURO) werde ich dann nach Pasadena, einem Stadtteil in L. A., kutschiert. Chris hat dort ein nettes Haus, lebt allein und ist

Mein Zuhause für zwei Wochen in Pasadena bei Chris und Max

Musiker und Kameramann. Hier will ich einige Tage verbringen und die Heilung meines Beines abwarten. Zudem kann ich von hier aus eine passende Werkstätte für die kaputten Harleys meiner Reisefreunde und für meine alte Dame ausfindig machen.

Große Überraschung: Chris hat neben seiner Harley noch ein Zweitmotorrad, eine Kawasaki 650 KLR Geländesport. Die stellt er mir, für die Zeit bis meine alte Dame eintrifft, zur Verfügung. Was bin ich doch für ein Glückspilz! Seit einigen Jahren wohnt der Österreicher Max aus Wien bei Chris und so steht einem Drei-Mann-Haushalt für die nächsten Tage nichts im Wege. Bei der Begrüßung suche ich in meinem Gepäck nach passenden Gastgeschenken. Für Chris finde ich eine grüne Militärkappe aus einem Geschenksladen in Wladiwostok mit vielen bunten russischen Orden und für Max finde ich, damit er seine alte Heimat nicht vergisst, eine österreichische Flagge im meinem Gepäck (wie treffend die spontan herausgesuchten Geschenke sind, wird sich erst in den nächsten Tagen zeigen).

In einer der Dachbodenecken unter der schrägen Dachunterseite, zwischen Holzstützen, richte ich mich am Fensterchen mit einer Matratze auf dem Boden häuslich ein. Die kuschelige Ecke wird mein Privatbereich, hier wird sich in den nächsten Tagen mein Leben abspielen. Die Umhängetasche, der Seesack und der Tankrucksack sind mein Kleiderschrank und das Matratzenlager meine Nachdenk- und Planungsstätte. Es ist ein ruhiger Ort, nur die großen Elektrorotoren in den Fenstern der Dachbodenstirnseite machen ihre rotierend-saugenden Drehgeräusche. Sie dienen zur Kühlung des Hauses, indem sie warme Luft der Erdgeschossräume über die Dachbodenstiege und den Dachboden ins Freie ableiten. Es ist ein gleichmäßiges und beruhigendes Geräusch, das in der Nacht auf die niedrigste Stufe geschaltet wird.

Aber das alles ist für mich zweitrangig, denn mein Interesse gilt ausschließlich dem verletzten Bein. Dieses will und muss ich jetzt hegen und pflegen, damit der Bluterguss abheilt und ich die geplante Durchquerung der USA auch wirklich genießen kann. Die Worte des Arztes in Thousand Oak sitzen mir immer noch im Nacken: „Rund ein Liter Blut ist innerlich ausgetreten". Das dauert seine Zeit und die nächsten 14 Tage will ich das Beste für mein Knie tun. Gleichzeitig kann ich mir die Strecke durch die USA überlegen. Soll ich ein Stück mit meinen Harley-Freunden oder endlich wieder allein fahren? Frei und unabhängig bin ich nur allein. Zwar haben wir ähnliche Ziele, es werden einem viele Tätigkeiten abgenommen und die Kosten aufgeteilt. Aber jetzt will ich mein Amerika erleben, wie ich mir den wilden Westen immer schon erträumt habe – die wirklichen Abenteuer spielen sich zunächst einmal im Kopf ab.

Als ich meinen Gastgeber Chris als Kenner der Staaten zu Rate ziehe, empfiehlt er mir, nicht einfach quer und auf dem schnellsten Weg durch das Land zu fahren. Die Strecke über Albuquerque, Oklahoma City, St. Louis, Indianapolis, Columbus und Pittsburgh sei nicht sehr abwechslungsreich, meint er. Das eigentliche Erlebnis seien die Rocky Mountains! Also empfiehlt er mir, in Arizona nördlich durch die Rockys und dann durch den Norden der Vereinigten Staaten nach Osten bis New York zu fahren. Erstens ist es dort jetzt kühler als im unendlichen Flachland und zweitens seien die Rockys einfach unvergesslich. Also muss ich planen und abwägen – die vielen Nationalparks in den Rockys warten auf mich. Ganz oben auf der Liste stehen da Arizona und Utah mit dem Grand Canyon und Monument Valley – den Weg kann man ändern, das Ziel bleibt dasselbe.

Verrückte Nachbarn

Die Zeit heilt alle Wunden, sagt der Spruch. Das trifft auch auf mein Bein zu, es wird von Tag zu Tag besser. Die Ausflüge mit den regelmäßigen Wanderungen in den Bergen hinter Pasadena tun meinem Bein sehr gut. In den frühen Morgenstunden ist die kalifornische Sonne noch nicht so stark und die Ostseite der San Gabriel Mountains liegt noch im Schatten. Das anschließende American Breakfast im kleinen Restaurant an der Straße, am frühem Vormittag, ist ein Erlebnis, bei dem ich mir immer viel Zeit lasse.

Tagsüber verbringe ich die Zeit vorwiegend auf der Terrasse mit Sicht auf den Vorplatz und die Straße. Die Nachbarn sind sehr unterschiedlich: zur Linken wohnen Jane und Doris, zwei reifere Damen mit Hang zur Frauenfreundschaft. Schräg gegenüber befindet sich ein Haus mit farbigen Amerikanern, unzählige Kinder unterschiedlichsten Alters gehen hier aus und ein, es geht zu wie in einem Bienenstock. „Pflegekinder", sagt Chris. Nur welche der beleibten Damen, die immer wieder mit breiten Limousinen älteren Datums vor- und wieder wegfahren, jeweils dazugehören, finde ich nicht heraus. Eine davon könnte aus meiner Sicht die Ziehmutter sein, denn sie schimpft am lautesten mit den Kindern und fährt den dicksten Schlitten. Zwischendurch fährt der schrullige Eiswagen durch, sein liebliches Glockenspiel mit seinen hohen Tönen hört man schon von Weitem, es erinnert mich ein wenig an Weihnachtsmusik. Die riesigen, gelben Schulbusse chauffieren die Schulkinder nachhause und bringen Abwechslung in den Limousinenverkehr. Die Reinigungsarbeiten in den Haushalten übernehmen mexikanische Frauen, die abwechslungsweise die

Häuschen besuchen und blitzschnell alles auf Hochglanz bringen. Im Garten der Hausbesitzer verdienen die mexikanischen Männer ihren Lebensunterhalt: Auf alten Pick-ups kommen sie mit verschiedenen Werkzeugen an, der mühevoll bewässerte Rasen wird im Team gemäht, die Hecken geschnitten, das Laub unter den Alleebäumen gekehrt sowie die Gehwege und Randsteine getrimmt. Mitte der Woche werden von den Anwohnern die Recycling- und Restmüllwägelchen an die Straße gestellt. Die LKWs der Müllabfuhr fahren mit fernbedienten Greifarmen durch und leeren einen nach dem anderen Container in den gefräßigen, tiefen Laderaum. Im Eiltempo verteilen verschiedene Post- und Paketzustelldienste ihre Sendungen. Die richtige Adresse finden sie aufgrund der mit weißer Farbe auf den Gehsteig gepinselten Hausnummern. Im Ortszentrum sind die Gehsteigkanten durchgehend mit Farbe markiert. Die Farbe rot steht für „hier ist Parkverbot“, die Farbe blau „hier ist Behinderten-Parkplatz“ und die Farbe weiß für „Kurzparkzone“ – aber einen „weißen“ findet man nur mit viel Glück.

Nach einigen Tagen ohne meine alte Dame werde ich langsam wieder heiß aufs Motorradfahren. Ich überrede den viel beschäftigten Chris zu einem Motorradausflug. Mit der Kawasaki und der Harley brausen wir in die Berge. Nördlich von L. A. wollen wir durch den Angeles National Forest und durch das Wüstengebiet Antelope Valley. Bei wunderbarem Wetter geht's zuerst durch verschiedene Villenviertel in Richtung Norden. Die anschließenden Berge bieten wunderbare Kurven und wir schrauben uns auf der wunderschönen Straße bis 2.000 Meter Höhe in die Berge. Trockene Wälder mit Steppenboden säumen unseren Weg. Nach einem ausgiebigen Frühstück geht's bergab – Richtung Wüste, eine heiße Angelegenheit ... Die Sonne brennt erbarmungslos vom tiefblauen Himmel. Hier unten ist die Landschaft staubtrocken, es gibt nur Sand, Steine, wenig Vegetation und das schmale, von der Hitze aufgeweichte Teerband. Aber auch hier stehen vereinzelt kleine Häuschen in der Landschaft – das eine oder andere treffen wir auf LKWs verladen auf der Straße an! In 2 Hälften geteilt, wechseln die Eigenheime mit ihren Besitzern den Standort. Umziehen auf amerikanisch, könnte man das nennen. Nach der

Mit riesigem Fahrvergnügen gehts durch die vielen Kurven der Berge

Ausflug in den San Gabriel Moutains um Los Angeles

„Wüstensauna“ fahren wir zurück in die Berge, zuvor aber zeigt mir Chris noch die „Air Force Base Edwards“. Hier landen die Raumfähren der NASA, wenn in Florida schlechtes Wetter ist. Mit riesigem Fahrvergnügen genießen wir die vielen Kurven. Mit der leichten Kawasaki fährt es sich spielend durch die Kehren, da hat die Harley mit Chris schon mehr zu kämpfen. Dafür zeichnet sich diese durch unbändige Kraft während des Beschleunigens aus.

Im kleinen Goldgräberstädtchen „Hidden Springs“ legen wir eine Pause ein und schwelgen in einem nostalgischen Café mit Wildweststimmung aus alten Goldgräbertagen. Nach 150 Meilen Motorradspaß kommen wir wieder in L. A. an, wo uns Max – der Hund von Chris – schon ungeduldig erwartet. Während Chris mit ihm einen Rundgang macht, versorge ich die Motorradsachen. Gleich darauf ruft mich Chris zum Nachbarhaus. Beim Nachbarn Conrad, mit dem Chris sonst kaum Kontakt hat, erregten wir wohl durch unsere Motorradgeräusche Aufmerksamkeit. Conrad ist Amerikaner chinesischer Abstammung, er ist von Beruf Pathologe. Freundlich lädt er uns auf einen Tequilla ein. Conrad wolle mich kennen lernen, meint Chris, den Globetrotter auf dem Motorrad. Gleich offenbart er mir seine Leidenschaft für Motorräder. Nach dem dritten Glas Schnaps packt er seine Geheimnisse aus, die selbst seinen langjährigen Nachbarn Chris überraschen: Voller Stolz zeigt er uns seinen streng gehüteten Fuhrpark. Vor der Garage neben der gepflegten Villa steht eine nagelneue, schwarze Chevrolet

Nostalgisches Café mit Wildweststimmung aus Goldgräbertagen

Chris und Nachbar Conrad mit seiner MV-Agusta F4 1000 S

Corvette. Wie er das Garagentor öffnet, fallen uns vor Staunen fast die Augen heraus: Hier steht nicht nur sein „Alltagsmoped" – eine Ducati 998 S -, sondern auch eine neue MV-Agusta F4 1000 S. Aber das ist noch nicht alles. In der Villa steht auf weißem Teppichboden in einem eigenen Zimmer sein Glanzstück. Eine Bimoto D 17 mit Ducati-Rennsporttechnik! Vor lauter Ehrfurcht traue ich mich nicht auf den Auslöser zu drücken. Es ist fast nicht zu fassen. Der allein lebende, kinderlose Mann schenkt seine ganze Liebe seinen „Spielzeugen". Wir gehen zurück in die Garage. An der Wand, neben den Motorrädern, steht ein mannshoher Tresor in weinroter Farbe mit der goldenen Aufschrift „Fort Knox". Nach dem Öffnen verschlägt es mir die Sprache: Im Tresor befindet sich eine riesige Waffensammlung mit umfangreichen Zubehör und jeder Menge Munition.

Überrascht stehen wir da und staunen: ein original US-Armeegewehr, ein Steyr STG 77 Sturmgewehr mit auswechselbarem Lauf und Zweibein, ein Scharfschützengewehr, ein riesiger Colt, eine Scharfschützenpistole mit Zielfernrohr und eine Schnellschuss Smith und Wesson. Mir läuft ein kalter Schauer über den Rücken: Was kann mit diesen Waffen alles geschehen – und was ist nicht schon mit ihnen geschehen?! Nach einem zusätzlichen Glas Tequila verabschieden wir uns mit seltsam leuchtenden Augen. Ob der Nachbar mit seinen Spielzeugen wirklich glücklich ist? Kann er damit wirklich eine Familie ersetzen? Ich weiß nicht ... Eines ist sicher: als Pathologe braucht er in seiner Freizeit bestimmt Zerstreuung. Wenigstens konnte ich dazu beitragen, dass Chris einen seiner Nachbarn kennen gelernt hat. Mich erinnert der Pathologe an meinen Moskauer Freund Shenja am anderen Ende der Welt. Nur mit einem Unterschied – die Budgets der beiden variieren erheblich ...

Die private Waffensammlung des Nachbarn

Chris und ich setzen uns noch gutgelaunt und leicht angeheitert auf die Terrasse und lassen den Besuch Revue passieren. Dabei erzählt mir Chris seine Geschichte: Er stammt väterlicherseits aus Russland. Sein Vater kommt aus der russischen Stadt Petrozavodsk in der russischen Region Karelien an der Grenze zu Finnland – das ja bis zum Ersten Weltkrieg auch zu Russland gehörte. Viele Jahre bemühte er sich um die US-Staatsbürgerschaft und als das in den 60er-Jahren klappte, änderte er seinen finnisch klingenden Namen Komulainen auf den amerikanisch klingenden Namen Laine – eine Geschichte, die das Leben schrieb.

Autobahn im Flussbett

Langsam fühle ich mich im 13,7 Millionen Einwohner zählenden Los Angeles so richtig heimisch. L. A. ist heute die zweitgrößte Stadt der USA und wurde im Jahre 1781 als spanische Missionarssiedlung gegründet. Die vielen Stadtautobahnen mit ihren überdimensionalen Autobahnkreuzen verlangen einem Motorradfahrer beim ersten Wahrnehmen viel Respekt ab. Viele Autobahnen waren in ausgetrockneten Flussbetten angelegt worden: Wo sich vor Jahrhunderten die Wassermassen durchgewälzt hatten, tun sich jetzt in den riesigen Gräben mindestens 4 Spuren in jede Richtung auf. Die erste Begegnung mit den gewaltigen Autobahngräben und der weite Blick von oben auf das Verkehrsgewühl hatte mich beim Eintreffen in L. A. überwältigt. Im Großraum Los Angeles verkehren täglich etwa 5 Millionen Autos; die zur Bewältigung des Verkehrsaufkommens notwendigen Verkehrswege und Abstellflächen nehmen fast die Hälfte der Fläche des Stadtgebietes ein. Dadurch hat die Luftverschmutzung, die durch eine ständige graue Dunstglocke über dem Stadtgebiet permanent sichtbar ist, Besorgnis erregende Dimensionen angenommen.

Das Riesenszenario wird mir durch meine verschiedenen Kawasaki 650 KLR-Tagesausflüge in die verschiedenen Stadtteile immer vertrauter. Ein Pflichtbesuch ist Santa Monika und das benachbarte Venice Beach („Küste Venedigs“). Der Sandstrand und die Meeresbrandung sind dort besonders schön und in den Hafenanlagen sieht man vor lauter Masten luxuriöser Segeljachten fast nicht den hier ewig blauen Himmel. Der Parkwächter nimmt mir für mein Motorrad 9,50 USD (8,60 EURO) als Parkgebühr ab; dafür wirft er ein sicheres Auge darauf. Auf der Strandpromenade wälzen sich die Menschenmassen entlang. Bodybildershows in großzügigen Parkanlagen und unzählige Souvenirläden an der gegenüberliegenden Häuserschlucht lassen die erholungsbedürftigen Menschen ihren Alltag vergessen. Aber bei mir kommt keine Freude auf, zu einsam fühle ich mich hier in diesem riesigen Menschenbad und die Freizeitstimmung ist in Wirklichkeit entsetzlich künstlich. Auch einige dubiose, düstere Gestalten tauchen hier auf; sie versuchen mir Sachen anzudrehen, die man als normaler Mensch nicht braucht – Drogen, Pornografisches ...

Während meiner Ausflüge besuche ich alle Harley-Werkstätten, die ich finde, um für meine verreisten polnischen Freunde eine Reparaturmöglichkeit sowie Kosten und

Termine zu erfragen. Die Jungs sind inzwischen von San Francisco über Las Vegas im Grand Canyon angekommen, wie Edmund mir am Telefon erzählt. Nach den langen Strecken mit den Mietwägen wollen sie so schnell wie möglich zurück nach L. A., um endlich wieder Motorrad fahren zu können. Ich denke, das viele Herumfahren hat ihnen die Augen geöffnet: die Großstädte sind mühsam zu erobern und überall tummeln sich unzählige Menschen – die ruhigen, einsamen Reiseprospektbilder sind ein Wunschbild, die Realität sieht anders aus.

Nördlich von L. A. durchs Antelope Valley

Einen erneuten Versuch in einer Harley-Werkstatt mache ich im Stadtteil Glendale, mit der Bitte um kostengünstige und rasches Reparieren der Bikes meiner Harleyfreunde. Aber begeistert ist man auch hier nicht, da zieht auch die Story mit „around the world" nicht. In erster Linie haben sie mit 8 Motorrädern auf einen Schlag Terminprobleme. Für die Selbstmontage auf ihrem Vorplatz haben sie absolut kein Verständnis. Auch hier, so scheint mir, sind wir eher unerwünscht. Allerdings habe ich bei dieser Werkstatt trotz der Unfreundlichkeit ein gutes Gefühl; ich beschließe, später beim Boss einen letzten Versuch zu wagen (er ist derzeit nicht erreichbar). Mein Gastgeber Chris ist hier Kunde und wir planen, einen persönlichen Brief mit den zusammengefassten Wünschen meiner polnischen Freunde zu schreiben – es geht um Reifen, Batterien, Auspuffanlagen, Kupplungen, Stoßdämpfer, Service- und Einstellarbeiten. Bis der Motorrad-Container aus Japan eintrifft, haben wir noch eine Woche Zeit. Und was tut man nicht alles für die Kameraden der Landstraße ... Auch für meine alte Dame benötige ich nach dem Sturz in Japan noch einige Neuteile. Mit meinem Leihmotorrad fahre ich in den Osten der Stadt, nach Pomona zum BMW-Händler. Unter anderem würde ich gerne den verbogenen, linken Sturzbügel erneuern, an dem ist nämlich der wichtige Seitenständer befestigt. Dieser hatte sich ja bei meiner Fahrt durch Japan als ziemlich instabil erwiesen ... Meine alte Dame braucht aber für die Stopps auf der Weiterfahrt einen wirklich stabilen Stand. Der Chef der BMW-Werkstätte, den ich persönlich verlange, ist von einem BMW-Fahrer, der um die Welt fährt, nicht sonderlich beeindruckt. Reparieren könnte ich mein Motorrad hier zwar, aber nur mit Auflagen; die Teile müssen in Deutschland bestellt werden, könnten aber innerhalb einer Woche eintreffen, erklärt der Chef, Bezahlung aber in jedem Fall per Vorauskasse – na gut, einen Versuch war es wert. Wichtig sind die Neuteile, die Montage werde ich schon alleine hinbekommen.

Ansichten und Aussichten

An einem meiner L. A.-Abende sehe ich mir mit Chris und Max meine Digitalfotos aus Russland an. Die Filme meiner bisherigen Reise ließ ich hier in Pasadena ausarbeiten und auf eine CD brennen. Das Resultat kann sich sehen lassen, meinen die amerikanischen Freunde und sind beeindruckt. Ihre Meinung ist mir wichtig, das Lob tut mir gut. Ihr Tipp für die weitere Reise: „Fotografiere weiterhin Menschen, Motorräder, Straßen und Landschaften. Dann kannst du zuhause einen interessanten Vortrag veranstalten.“ Damit war die Idee geboren, vor versammeltem Publikum einen Reisebericht zu präsentieren.

Mein „Japan-Knie“ ist mittlerweile schon sehr gut ausgeheilt, der Bluterguss hat sich zurückgebildet und ich kann das linke Bein wieder abwinkeln. Es ist noch nicht hundertprozentig in Ordnung, aber auf dem besten Weg dahin. So kann ich in der Wartezeit etwas für meine Fitness tun. Im Garten hinter dem Haus liegen Hanteln herum; die bewege ich jetzt täglich, bis mir der Schweiß herunterrinnt. Und die 6 Meilen-Wanderung von Pasadena in die Echo Mountains und wieder zurück wird zu meiner Lieblingsbeschäftigung. Oben in den Echo Mountains stehen die Reste eines ehemaligen Hotels aus der Jahrhundertwende. Von der Stadt herauf führte einst eine Zahnradbahn mit Elektroantrieb und atemberaubendem Schienenverlauf. In den 30er-Jahren wurde alles durch einen Großbrand zerstört, heute erinnern nur noch die Grundmauern und einige Erinnerungstafeln mit Fotos an die gute alte Zeit. Den Strom für die Bahn erzeugte der Erbauer selbst: mit riesigen Benzinmotoren – aus heutiger Sicht eine verrückte Energie-Welt. Die Aussicht dort oben ist großartig; es liegt aber immer ein Grauschleier über dem Stadtzentrum und die Wolkenkratzer in Downtown sind nur schwer zu erkennen.

Abschleppdienst

Ein nettes Erlebnis spielt sich eines Tages während eines Motorradausfluges in die San Gabriel Mountains ab. Mit meiner Kawasaki fahre ich durch die Stadt in Richtung Norden. Als die Straße endlich in die Berge hinaufführt und die ersten schnellen Kurven beginnen, lässt sich das Motorradgetriebe nicht mehr schalten. Noch vor der Fehlersuche am Straßenrand kommt mir die Erzählung von Chris in den Sinn: Vor einigen Wochen hatte er die Kawasaki in der Wüste abgelegt und unter anderem den Schalthebel verbogen. Beim Zurückbiegen entstand ein feiner Riss und genau der hatte sich jetzt zu einem Abriss ausgewachsen. Ich gehe also lieber auf Nummer sicher, kehre um und lasse die Maschine im Leerlauf in die Stadt hinunterrollen. Bei einer der Tankstelle halte ich an. Der Tankwart namens Cliff ist sehr nett; sofort ruft er alle bekannten Werkstätten an, die für Schweißarbeiten in Frage kommen. In der Zwischenzeit montiere ich den Hebel ab. Dabei stellt sich bald heraus, dass alle Schweißarbeiter an Sonntagen frei haben. Da macht mir Cliff den Vorschlag, nach seinem Feierabend um 22 Uhr das Motorrad auf seinen Pick-up zu laden und mich nach Pasadena zurückzufahren. Aus diesem Grund warte ich einige Stunden auf einer Sitzbank bei der Tankstelle und beobachte das Treiben an der belebten Straße. Auch einer der Tankstellenkunden, mit dem ich ins Gespräch komme, will mir helfen: Aus seinem Pick-up-Werkzeugkoffer holt er ein Kaltmetall-Paket, knetet die Masse mit den Fingern und schmiert es mit viel Geschick über die Bruchteile des Schalthebels. Das ist gut gemeint, aber das Getriebe ist stärker und so fahre ich bei einbrechender Dunkelheit mit Cliff nach Pasadena.

Weg des Ruhmes

Ein weiterer Pflichtausflug ist Hollywood. Am Hollywood Boulevard entdecke ich den „Walk of Fame", den „Weg des Ruhmes". Hier sind zwischen schwarzen Granitplatten über 2.000 Berühmtheiten verewigt worden, auf sternförmigen, roten Marmorsteinen sind die Namen zu entziffern. Ehrfürchtig betrachte ich die vielen Namen der Film-, Fernseh-, Rundfunk-, Musik- oder Theatergrößen, einen nach dem anderen, aber alle schaffe ich nicht, es sind einfach zu viele. Einer der Sterne ist mit Blumengestecken und Trauerschleifen geschmückt; mehrere TV-Teams, von zahlreichen Schaulustigen umgeben, machen Filmaufnahmen und Reportagen. Es ist der Stern des Filmschauspielers Bob Hope: er ist gestern im Alter von einhundert Jahren verstorben und war hier in den USA wohl sehr beliebt.

Walk of Fame

Vor dem weltberühmten „Man's Chinese Theatre", dem grellen chinesischen Fantasiepalast, finde ich Betonplatten mit Hand- und Fußabdrücken von ca. 200 Hollywood-Stars. Bei vielen hier stattgefundenen Filmpremieren wurden Handflächen und Schuhsohlen der Stars in den weichen Zement gedrückt, eng aneinander gereiht und in verschiedenen Größen. Jeder Abdruck ist handschriftlich signiert und mit einem Spruch und dem damaligen Datum versehen. Im Laufe der Jahre legten viele Menschen ihre Hände in die der Stars, wohl um ihren Idolen auf diese Weise nahe zu sein. Die Abdrücke von Marilyn Monroe scheinen mir am stärksten abgefummelt: ihre zarten Hände wurden einst aus Anlass der Premiere „Blondinen bevorzugt" im Beton verewigt.

Beim Friseur

Den Schalthebel meiner Kawasaki habe ich inzwischen erneuert und so bin ich während der restlichen Wartezeit in L. A. wieder mobil. Bei meinen Ausflügen in die Stadt lerne ich ständig dazu. So ist zum Beispiel auf der Stadtautobahn die linke Spur mit gelber Sperrlinie abgesichert und mit der Aufschrift „only carpool" gekennzeichnet: hier dürfen nur jene Fahrzeuge fahren, in denen mehr als eine Person im Fahrzeug sitzt; sie könnten eigentlich schneller weiterkommen, diese Fahrbahn ist aber fast immer leer – ein Zeichen dafür, dass überwiegend nur eine Person im Auto unterwegs ist. Auch das Rechtsabbiegen bei Rotlicht habe ich schon übernommen und mit der Zeit kenne ich sämtliche Abkürzungen und kann so auf schnellstem Weg meine täglichen Besorgungen erledigen.

Eines Tages mache mich auf den Weg zum Friseur nach Altadena. Als ich eintrete, bedienen farbige Mitarbeiter ausschließlich farbige Kunden. Der lockere, coole Tony verpasst mir einen mit vielen Showeinlagen garnierten Haarschnitt, wie ich ihn noch nie hatte; ihm ist es egal, welche Hautfarbe seine Kunden haben. Eine halbe Stunde lang bearbeitet er mit 5 verschiedenen Elektroscheren meinen spärlichen Haarwuchs. Mit viel Witz und Humor überspielt er so seine Schwächen als ungelernter Friseur. Aber die Atmosphäre stimmt. Und nur das zählt. Nebenbei kann ich bei den weiblichen Kunden beobachten, wie ihr dichtes Kraushaar mühsam geglättet wird: Unter enormem Aufwand wird den farbigen Damen mittels kleiner Bügeleisen ihr sehnlichster Wunsch erfüllt, der Wunsch nach glattem Haar. Die Glättwerkzeuge erzeugen knisternde Geräusche, es raucht und stinkt überall. Alles in allem ein netter Besuch, bei dem ich mich sehr wohl fühle (wie übrigens bei allen Begegnungen mit farbigen Amerikanern).

Die blaue Lichtgestalt

Da in wenigen Tagen meine alte Dame eintrifft, beschließen Chris und ich, mit Hund Max, einen Mischling aus Malamut-Schlittenhund, Collie und Labrador, einen letzten Ausflug in die „San Gabriel Mountains" zu unternehmen. Wir fahren im Kleinbus, denn Chris kennt dort einen hoch gelegenen, einsamen Campingplatz. Dort oben soll in der Nacht eine einzigartige Sicht über das hell erleuchtete Lichtermeer der Stadt sein. Wir haben uns vorgenommen, ganz ohne Zelt im Freien zu übernachten. Über Stock und Stein fahren wir über sandige Pistenwege durch die Berge, unserem Ausflugsziel entgegen. Auf der einsamen Bergkuppe sind wir dann auch wirklich die einzigen Camper. Der starke und kalte Wind lässt aber kein Lagerfeuer zu. Die Nacht ist klar und wir genießen das Lichtermeer von Los Angeles. Auf der anderen Bergseite bewundern wir den Glanz der kleineren Städte im Norden, Lancaster und

Palmdale. Die stürmische Bergwelt erscheint mir wie eine Insel der Einsamkeit im Feuer der Zivilisation.

Der heftige Wind zwingt uns dazu, mit unseren Schlafsäcken in den Kleinbus zu flüchten. Plötzlich erscheint mir eine blau leuchtende, übergroße Menschengestalt. Sie beugt sich durch die geöffnete Schiebetür des Kleinbusses mit offenen Armen zu mir hinunter und will mich an sich ziehen. Erst als ich aus dem Schlaf erwache, erkenne ich, dass der Hund Max ständig aus dem Kleinbus heraus und wieder hinein springt. Dadurch geriet das Fahrwerk des Kleinbusses leicht ins Schwingen – einer der Gründe für diesen Traum. Noch leicht benommen frage ich mich: bin ich hier meinem Schutzengel begegnet, dem ich schon so viel zu verdanken habe? Wie dem auch sei: Die Traumwelt hatte mich eingeholt, im wahrsten Sinne des Wortes.

Wieder vereint

Heute ist der 69. Tag meiner Reise und ich hatte mich mit meinen zurück gekehrten, polnischen Harleyfreunden bei der Harley-Werkstatt in Glendale zum Wiedersehenstreffen verabredet. Ich werde bereits erwartet; die Begegnung nach 14 Tagen ist sehr freundschaftlich, speziell Freund Friedel freut sich sehr. Er hatte den Stimmungstiefpunkt seiner Weltreise während der Rundreise erreicht. Nun braucht er dringend Aufmunterung in seiner Muttersprache. Die Freude ist groß, als die Gruppe erfährt, dass einer der Chefmechaniker der Harley-Werkstätte ein Pole ist und schon viele Jahre in L. A. lebt. Die sprachliche Verbundenheit und deren Vorteile liegen auf der Hand, und ich muss ehrlich sagen, ich bin stolz auf meine Vorarbeit. Nun können die nötigen Ersatzteile bestellt werden und die Jungs können gleich Termine für die Reparaturen vereinbaren. Die Motorräder sollten 3 Tage nach ihrer Ankunft im Schiffscontainer startklar gemacht werden. Bis dahin trennen wir uns wieder und ich fahre zurück nach Pasadena, um meine Abreise vorzubereiten. Unter anderem muss der Motorradanhänger von Chris noch „ausgegraben" werden, um damit Friedels Sportster mit den Elektrikproblemen vom Hafen zur Harley-Werkstatt zu transportieren. Um an den Hänger zu kommen, muss zuerst der alte Ford Lincoln des Österreichers Max aus der Garagenzufahrt raus; er steht schon seit Monaten abgemeldet und ohne Batterie herum – eine gute Gelegenheit, das schrottreife Fahrzeug zu entsorgen. Chris wäre sehr froh darüber, aber Max hängt noch immer an der alten Kiste, ihn erinnert sie an seine erste Zeit in den Staaten. Der alte Ford war ihm über tausende von Meilen ein treuer Begleiter. Am Abend wollen wir alle drei meine endgültige Route nach New York festlegen. Nach langen Überlegungen habe ich mich für folgende Route entschieden: Von Kalifornien aus östlich nach Arizona, dann nach Norden, am Südrand des Grand Canyon vorbei nach Monument Valley und Utah. Weiter soll die Reise über Colorado nach Wyoming zum Yellowstone Nationalpark gehen. Von dort über South Dakota mit dem „Mount Rushmore National Memorial“ nach Osten mit Zwischenstopp beim großem Harleytreffen in Sturgis. Weiter dann durch das flache Gelände von Iowa und Wisconsin mit den Städten Milwaukee und Chicago am Michigansee. Und dann – wenn alles klappt ... – das große Finale: über Indiana, Ohio, Pennsylvania nach New Jersey und New York. Gut 6.000 km werden das sein ... Und in 12 Tagen möchte ich am Ziel sein. Damit hätte ich noch genügend Zeit für die Verschiffung meiner alten Dame. Klingt in diesem Augenblick noch weit entfernt und nicht ganz realistisch. Aber unerschütterlich, wie ich nun mal auch bin, glaube ich, dass ich das schaffen werde. Vorausgesetzt, meine alte Dame und ich halten durch und es tauchen nicht plötzlich Folgeschäden vom Crash in Japan auf. Aber da hatte ich auf meiner „Tour around the world“ schon ganz andere Hürden zu meistern. Kurzum: ich bin zuversichtlich.

4. August 73. Tag, Montag Km-Stand: 23.410

Wetter: Sonne, blauer Himmel
Ziel: Zur Spedition, endlich das Motorrad abholen

Mit dem Kleinbus und dem Motorradanhänger von Chris geht’s am frühen Morgen zum Motel meiner polnischen Harley-Fahrer in einem Mexikaner-Viertel, ganz in der Nähe von West-Hollywood. Die Mannschaft wird in den Kleinbus verfrachtet und wir fahren in den Süden von L. A., nach Carson, wo die Spedition „Nippon Express“ ihren US-Stützpunkt hat. Erst heißt es wieder warten: der LKW mit dem Container sei auf dem Weg hierher und das könne dauern, wird uns erklärt. Für den Transport vom Container-Schiff bis zur Spedition fallen zusätzliche Kosten an: 500,- USD (455,- EURO), die wir uns zu neunt teilen. Um die Motorräder dann herauszubekommen, muss erst noch der Zoll abgewickelt werden. Auch das kann einen zusätzlichen Tag kosten. Also, nehmen wir die Sache selber in die Hand. Die Spedition stellt uns die Zollpapiere aus und wir fahren mit unserem Kleinbus in den Süden von L. A. nach Long Beach. Beim dort stationierten Zollamt wollen wir uns persönlich um die Stempel für die Papiere kümmern. Das Zollamt

Endlich! Der Container wird angeliefert

befindet sich in einem der vielen Hochhäuser im 8. Stock. Die Beamten sind sehr entgegenkommend. Nachdem die Zulassungen und Reisepässe kopiert sind, bekommen wir ohne lange warten zu müssen unsere Zollstempel auf die Formulare gedrückt. Einiges wird auf typisch amerikanische Art gelocht, auch meine Zulassung erhält Zollnummer und Datum in dieser Form. Alles geht so schnell, dass meinerseits kein Protest möglich ist; jetzt bin ich aber gespannt, ob das bei einer Kontrolle zuhause auf Verständnis stößt. Also zurück zur Spedition, die Papiere haben wir. Kaum angekommen, kommt auch schon der LKW mit unserem Container angefahren. Nach einer Stunde Wartezeit stehen wir im Lagerraum und sehen dem Gabelstapler-Fahrer beim Ausladen zu – die Japaner haben ganze Arbeit geleistet; die Motorräder sind sorgfältig in transparente Folie gewickelt und in Holzkisten verpackt und der Gabelstapler-Fahrer stellt nun eine Kiste nach der anderen in den Hinterhof des Gebäudes.

Freiwilliger Helfer beim Auspacken

Die Spannung steigt. Mit Brecheisen werden die Holzverschläge geöffnet und die Motorräder endlich befreit. Unsere Freude über das Wiedersehen mit unseren Gefährten ist allerdings nur von kurzer Dauer ... wir realisieren, dass die Motorräder sehr feucht sind; sämtliche Aluminium- und Metallteile wurden bei der Überfahrt angegriffen, sie sind zum Teil oxidiert und angerostet, Schimmel hat sich breit gemacht. Mein am Motorrad befestigter Sturzhelm ist innen gelbbraun vom Schimmelpilz und stinkt nach Moder. Entsetzt ziehen die Harley-Freunde ihre Lederkleidung aus den Seitentaschen: alles ist gelb-weißlich angeschimmelt. Wir werden fast hysterisch ... Die japanischen Verpacker hatten die Kisten wohl einige Zeit im Regen stehen gelassen, bevor sie diese in den luft- und wasserdichten Container verfrachteten. Da sämtliche Batterien ohne Kraft sind, wird mittels Starthilfe ein Bike nach dem anderen gestartet – ein verzweifeltes Durcheinander entsteht, das seinesgleichen sucht! Als alle Motoren laufen, sind alle ganz verrückt und möchten sofort zur Harley-Werkstatt brausen, um die wichtigsten Reparaturen durchführen zu lassen. Jetzt nur ja nicht

Quer durch L. A. Downtown im Abendstau nach Pasadena

die Motoren abstellen, sondern endlich losfahren!! Selbst Friedel, für den ich eigentlich den Hänger organisiert hatte, bringt seine Sportster zum Laufen und will mit der Gruppe zusammen zur Werkstatt fahren. Im Lärm der Motoren fällt die Verständigung schwer, ein flüchtiger, hektischer Abschied und die 8 Harley-Freunde brausen davon. „Bardzo dziekuje“ rufe ich noch hinterher, das heißt „Dankeschön“ auf polnisch. Unsere Wege trennen sich, wie sie sich gefunden haben und wir sind einen weiten Weg gemeinsam gegangen. Als der Motorenlärm verklungen ist, lade ich meine alte Dame auf den Hänger und fahre allein mit dem Kleinbus Richtung Norden, besser gesagt, ich „staue“ im Abendverkehr durch die Downtown nach Pasadena. Aber auch das schaffe ich, jetzt bin ich wieder auf mich allein gestellt und kann und muss alles selbst entscheiden ...

5. August 74. Tag, Dienstag Km-Stand: 23.410

Wetter: Sonne, blauer Himmel
Ziel: Motorrad reparieren, Gepäckträger richten

Um meine alte Dame auf die Reise durch die USA vorzubereiten, bleibt mir nun ein letzter Tag in der Garage von Chris. Als erstes muss ich den verbogenen Gepäckträger hinbiegen, damit die Koffer wieder gerade stehen und die Deckel wasserdicht schließen. Ich sehe mich hier in Pasadena nach einer Spenglerei um, eine mit Schweißbrenner wäre gut. Der erste Schlosserbetrieb schickt mich gleich weiter zum Nachbarn, zu einem „Body Shop“, einem Karosseriebetrieb. Man muss behutsam beginnen: erst nach dem Chef fragen, warten, die Situation erklären und ihn mit viel Überzeugungskraft zur Besichtigung des Tatbestandes bewegen. Nach der ersten Tuchfühlung kommt die Ablehnung – geht nicht. Dann gehe ich in die Offensive: mit Händen und Füßen mache ich meine Vorstellung der Reparatur vor; als der Chef die erste Eisenstange in die Hand nimmt, sieht alles schon viel besser aus. Mitarbeiter aus den umliegenden Arbeitsplätzen werden hergerufen – ein erster Versuch – er bringt nichts. Aufgeben? Nein, das Hinterrad muss fixiert werden, der Träger federt sonst bei jedem Biegeversuch zurück. Da kommt ein Mitarbeiter namens Dorge – er ist Argentinier – mit einem Flaschenzug und spannt ihn in eine der Bodenschienen, in denen auch das Hinterrad festgekeilt ist. Auf der Gegenseite drükke ich mit der langen Eisenstange, besser gesagt, ich hänge mich daran, während Dorge mit dem Flaschenzug anzieht. Der Chef und ein weiterer Mitarbeiter, José,

Karosserie-Fachleute José und Dorge

legen sich auf die Vordergabel, damit das Motorrad vorne nicht wegrutscht. Jetzt funktioniert es! Auf meine Bitte, doch noch einen letzten Versuch zu wagen, wird eingegangen und der Träger steht wirklich wieder mittig. Ohne etwas zu verlangen, wünschen mir die Leute Glück für die Weiterfahrt. Und wieder ein Beweis: niemals aufgeben! Mit den mitgegebenen Unterlegescheiben zum Ausgleichen kann ich die Koffer wieder halbwegs gerade am Motorrad verschrauben und die beiden Deckel schließen. Anschließend fahre ich mit meinem Ersatzmotorrad, der Kawasaki, nach Pomona, in den östlichen Teil von L. A., um die vor ca. 2 Wochen bestellten Teile (den linken Sturzbügel und den linken Handprotektor) abzuholen. Aber: Nur der Sturzbügel ist gekommen, immerhin der wichtigere Teil der Bestellung, denn an ihm wird der Seitenständer befestigt. Somit kann ich auf meiner weiteren Tour „around the world" meine alte Dame sicher abstellen. Auf dem Garagen-Vorplatz bei Chris in Pasadena montiere und repariere ich, was das Zeug hält, um für die Weiterfahrt gerüstet zu sein: Batterie per Ladegerät mit Strom versorgen, Zündkerzen wechseln, Ventil auf das richtige Spiel prüfen, Punkt für Punkt die Befestigungsschrauben prüfen; zum Schluss wird das gute Stück mit Wasser und Shampoo auf Hochglanz gebracht. Dabei erschrecke ich fast, denn die letzte Reinigung davor war in Irkutsk am Baikalsee! Damit ich die Übersicht bewahre und nichts vergesse, richte ich bereits heute alle meine Sachen zusammen, einpacken will ich aber erst am Morgen. Die Dunkelheit beendet meine mit Riesenvorfreude erfüllten Vorbereitungen, denn ab Morgen geht's durch die Staaten Richtung Heimat. Mit Chris und Max wird noch mit einigen Bierchen auf die Weiterfahrt angestoßen, dann falle ich todmüde und mit roten Ohren ins Schlaflager.

AMERIKA
USA WESTKÜSTE – USA MITTE / LOS ANGELES – BLACK HILLS

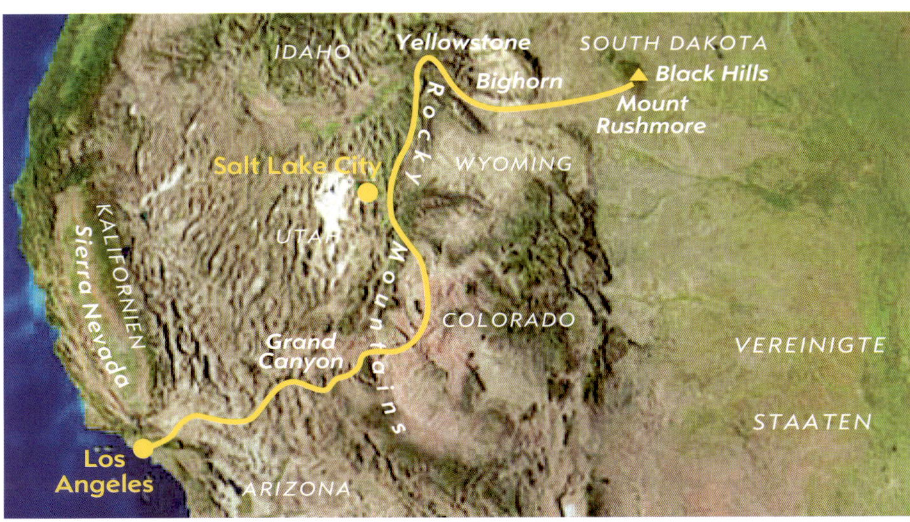

6. August 75. Tag, Mittwoch Km-Stand: 23.410

Wetter: Sonne, blauer Himmel
Ziel: Starten! Von L. A., Kalifornien, zum Grand Canyon, Arizona

Um 6 Uhr ist Tagwache, um 9 Uhr will ich abfahren. Während der Kaffee kocht, packe und verstaue ich alles wieder in meine Taschen und Säcke. Dabei kommt mir die herzliche Umarmung meiner Nachbarin Doris von gestern Abend in den Sinn; ihre Glückwünsche für die weitere Reise bedeuten mir sehr viel. Und jetzt geht es mit den Umarmungen weiter. Herzlich verabschiede ich mich von meinem Gastgeber Chris, der mir während meines Aufenthaltes viele wichtige und interessante Tipps gegeben hat. Und natürlich von Max, dem Mischlingshund; er ist mir in den vergangenen Wochen auch sehr ans Herz gewachsen. Aber die Freude, dass es nun weitergeht überwiegt, denn ab jetzt geht's langsam aber sicher wieder Richtung Heimat!

Also: nochmals durch L. A. über die Interstate 210, dann weiter über die 15ener und über die 40iger nach Arizona; hier beginnt die berühmte „Route 66“. Einige Abschnitte dieser legendären Strecke von L. A. nach Chicago sind erhalten geblieben, aber ein Großteil wurde mit modernen Highways überbaut. Interessante, neue Straßenschilder begegnen einem hier, u.a. eine gelbe Tafel mit Pferd und der Zusatztafel: die nächsten 10 Meilen ist mit Wildpferden zu rechnen ... Es ist schrecklich heiß, die Autobahn führt mitten durch die Steinwüste Mojave Desert nach Osten. Der Fahrtwind kommt mir vor wie ein Heißluftgebläse. Damit ich mehr Luft bekomme, montiere ich mit wenigen Handgriffen den Kinnteil meines Sturzhelms ab. Noch bevor ich etwas spüre, sind meine Lippen ausgetrocknet und bis am Nachmittag brennen sie höllisch und die Haut löst sich ab. Kurz vor Flagstaff, bei Williams, geht's nach Norden entlang der Bundesstraße 64 und 180 zum Grand Canyon. Gegen 18 Uhr erreiche ich den Nationalpark-Südeingang und für 10,- USD (9,- EURO) Eintritt erlebe ich einen fantastischen Sonnenuntergang im atemberaubenden Grand Canyon. Bei diesem Anblick fehlen mir die Worte und automatisch ringe ich nach Luft. Überwältigend: nach der Anfahrt über das Hochplateau tut sich plötzlich ein gigantisch großer Canyon auf. Der Colorado River brauchte Millionen von Jahren, um sich in den Felsen zu schleifen.

Wildpferdewechsel auf 10 Meilen

Aber zurück in die Gegenwart: ab heute stellt sich wieder die Frage: wo stelle ich mein Zelt auf? Der große Campingplatz an der South Gate ist restlos überfüllt, ein

Abendstimmung im Grand Canyon Nationalpark

kleinerer liegt 25 Meilen östlich und nennt sich Desert View. Und der passt, einsam und direkt am oberen Canyon gelegen, mitten in der ruhigen Wildnis mit karger Bewaldung. Bei einbrechender Dunkelheit stelle ich mein Zelt auf dem sandigen Boden auf und um 23 Uhr laufe ich durch den stockdunklen Wald zurück zur Straße, denn dort befindet sich ein Telefonautomat. Ich gebe meine Position an zuhause weiter, dort ist es gerade 7 Uhr früh. Danach falle ich erschöpft in den Schlafsack, das waren heute 488 Meilen oder 780 Kilometer ...

7. August 76. Tag, Donnerstag Km-Stand: 24.190

Wetter: Sonnig, einige Sommergewitter
Ziel: Vom Grand Canyon über Monument Valley nach Colorado

Eine unbeschreibliche Vorfreude packt mich am frühen Morgen, während ich meinen Zeltplatz räume. Meine Reise führt mich heute durch das aus vielen Westernfilmen bekannte Monument Valley. Bevor ich abfahre, treffe ich einige Zeltplätze weiter einen amerikanischen Motorrad-Reisenden: Mit seiner Harley ist Steve aus dem Bundesstaat Mississippi für einige Wochen durch den mittleren Westen unterwegs. Der wortkarge junge Mann ist allein mit dem Zelt unterwegs und beeindruckt mich durch seinen selbstsicheres Auftreten. Wir wünschen uns gegenseitig eine gute Heimreise. In der Morgenstimmung genieße ich bei der Besucher-Lodge die herrliche Aussicht auf den westlichen Teil des Grand Canyon. Meine Fahrt führt mich ein Stück des HW 89 entlang und dann über den HW 160 weiter nach Nordwesten, durch das Navajo-Indianerreservat. Eine zauberhafte Wüstenland-

Morgenstimmung mit herrlicher Aussicht

Monument Valley, traumhaft ist untertrieben

schaft. Für das Auge zwar wunderschön, aber für die Indianer ein fruchtloser Boden, auf den sie die Weißen zurückgedrängt haben. In der Nähe von Tuba City ist es Zeit für ein Frühstück, ein Café an der Straße lädt dazu ein. Nachdem ich mit meinen schwarzen Motorrad-Klamotten mitten im Restaurant Platz genommen habe, sehe ich, dass nur Indianer im Raum sind. Sie sind gleich gekleidet und gleich gut genährt wie alle Amerikaner. Sie nehmen auch keine große Notiz von mir – außer einem. Er sitzt stolz wie ein Häuptling mit seiner Frau am Nebentisch. Unsere Blicke führen uns zusammen und es entwickelt sich ein kurzes Gespräch, indem ich ihm von meiner „Tour around the world" erzähle. „Warum?", fragt er und auf meine Antwort „warum nicht?", kontert er stolz und schlagfertig „ich habe zuerst gefragt!" Auf meine nächste Antwort „das ist ein langjähriger Traum in meinem Kopf", nickt er nachdenklich und gleichzeitig zustimmend, ohne weitere Worte zu verlieren – eine interessante Begegnung.

Bei Kayenta geht's auf dem HW 163 nach Norden, mitten durch das atemberaubende Monument Valley mit seinen roten Felsen in den verschiedensten Formationen inmitten einer fantastischen Landschaft. Im Tribal Park kann man die rotsandige Naturstraße zwischen den bizarren Felsen mit dem eigenen Fahrzeug befahren – ein unvergessliches Erlebnis für einen Western-Fan und Naturfreund. An der Nordausfahrt aus dem Monument Valley befindet sich eine lange Gerade, von dort geht der Blick zurück zur Skyline mit den unbeschreiblich schönen roten Felsen. Dieses Bild wir mir für immer in Erinnerung bleiben. Der HW 191 führt mich weiter nach Norden in den Bundesstaat Utah. Die Landschaft bleibt weiterhin zutiefst beeindruckend. Zwischen Blanding und Moab versuche ich einem heranziehenden Gewitter davonzufahren, denn in der offenen Steppe gibt es keinerlei Schutz. Mit gigantischen Blitzen und schwarzen Wolken zieht das Unwetter vom Westen im rechten Winkel in meine Fahrtrichtung. Ich muss ganz schön Gas geben und komme dem Gewitter trotzdem immer näher – und nirgends ein schützendes Dach in Sicht! Die Straße auf dem kargen Hochplateau führt mich eher hin zum Gewitter als davon weg, ich rase mit geschätzten 160 km/h bereits am Limit – den Tachometer habe ich ja in Japan ruiniert, er ist an der Welle abgeschlagen ... Langsam komme ich ins Schwitzen und fahre wie vom Teufel geritten. Die Blitze werden immer bedrohlicher und ich sehe mich schon mitten im Hagelschlag unterm Motorrad liegen, da dreht sich die Straße

Einfahrt zum Navajo Indianer-Reservat

nach Westen zur Interstate 70 in ein kleines Tal und somit weg vom Gewitter – das war knapp ... Die Interstate führt mich ein Stück nach Colorado, kurz vor Grant Junction führt die geplante Strecke nach Norden zum Highline State Park mit seinem Campingplatz. Für 13,- USD (11,80 EURO) kann ich auf der einsamen Wiese mein Zelt für eine Nacht aufstellen. Die Camping-Duschen sind mit einem Münzautomaten ausgerüstet, Einwurf 1 Dollar steht darauf. Nachdem das Zelt steht und Matten und Schlafsack ausgerollt sind, versuche ich bei meinem abendlichen Einkauf in einem Laden im naheliegenden Dorf 1 Dollar-Münzen zu tauschen, um die Dusche in Betrieb nehmen zu können. Beim Bezahlen meiner Sandwiches, Limonaden und Dosenbiere erwarte ich mir 1 Dollar-Münzen im Rückgeld, aber erst nach längerer Diskussion mit der jungen Dame an der Kassa wird mir klar: die größte Münze in den USA ist der Vierteldollar (0,23 EURO) und 4 davon gibt auch einen Dollar. O.K, man lernt immer wieder was Neues. Vor dem Laden steht jetzt eine Harley neben meiner alten Dame und ein blonder Mann mittleren Alters in Rocker-Kleidung sitzt auf der Bank vor dem Geschäft. Sein rechter Unterschenkel besteht aus einer Metall-Prothese; er macht einen traurigen Eindruck. Als ich ihm auf seine Fragen, woher ich käme und wohin ich unterwegs sei, eine kurze Beschreibung meiner Reise gebe, klatscht er langsam und laut in die Hände. Ohne Worte. Ich wünsche ihm alles Gute und verziehe mich in die Dusche, um dort den Münzautomaten zu testen. Ja, er funktioniert und liefert wirklich warmes Wasser! Man muss eben nicht alles wörtlich nehmen im Leben ...

8. August	**77. Tag, Freitag**	**Km-Stand: 24.820**
Wetter:	Sonniges, wunderbares Wetter	
Ziel:	Von Colorado wieder über Utah nach Wyoming, Grand Teton N. P.	

Bei herrlichem Wetter führt mich die Straße über den beeindruckenden Douglas Pass nach Rangeley, wo ich mein obligatorisches Frühstück in einem kleinen Café an der Straße einnehme. In Miner`s Café bin ich der einzige Gast und genieße das umfangreiche amerikanische Frühstück, während ich die Straßenkarte studiere. Der HW 191 führt direkt nach Norden zum Grand Teton N. P. und zum daneben liegenden, wohl bekanntesten aller Nationalparks, den Yellowstone N. P. Gesamt sind somit 650 km für heute geplant. Die Entfernungen entnehme ich der Straßenkarte, mein Kilometerzähler ist ja kaputt und zeigt noch immer den Kilometerstand von

Frühstück in Miner's Café

Toyama, Japan. Frisch gestärkt fahre ich am Dinosaur N. P. vorbei nach Norden durch den beeindrukkenden Bundesstaat Wyoming. Hier fanden die letzten großen Gunfights der Revolverhelden des wilden Westens statt. Und so sieht das Land auch aus – abenteuerlich; der Duft der wilden Natur dringt einem in die Nase. Bei einer Baustelle schlängle ich mich in alter Motorradmanier an der Warteschlange vorbei bis zur Baustellenampel. Der vorderste Wagen ist eine Sheriff-Limousine und die lasse ich lieber vor mir, bis die Ampel auf grün umschaltet. Kurz nach der Baustelle fährt der Sheriff langsam an den rechten Straßenrand, damit ich überholen kann, um dann wieder aufzuschließen und den Lichtbalken am Dach einzuschalten. Aus verschiedenen US-Spielfilmen weiß ich, was zu tun ist: rechts ran und warten. Bei eingeschalteter Lichtorgel steigt der Sheriff aus und kommt von hinten vorsichtig an mein Motorrad heran. Ich bleibe gelassen und nehme Helm und Sturmhaube ab, damit ich mit ihm ins Gespräch kommen kann. Im Rückspiegel sehe ich, wie er die Hand an die Dienstwaffe hält und gleichzeitig fragt er, ob es mir etwas ausmache, die Hände oben zu lassen. Ich Antworte mit: „O.K., no problem!" Jetzt erkennt er, dass ich ein harmloser Motorradfahrer bin und kommt an meine rechte Seite. Vorschriftsmäßig erklärt mir der junge Sheriff, dass in Wyoming das Vorbeifahren an einer stehenden Kolonne nicht gestattet ist. Auf mein Bedauern hin bietet er mir seine Hand zum Gruße und heißt mich herzlich willkommen im Bundesstaat Wyoming. Ohne die Papiere zu prüfen, wünscht er mir eine sichere Weiterfahrt. Also letztlich eine nette Begegnung. Und noch eine positive Bemerkung: alle Straßen in den USA sind in erstklassigem Zustand. Und immer die richtige zu finden, ist auch ganz einfach, denn nicht die nächsten Städte werden per Tafeln an den Kreuzungen angezeigt, sondern die Straßennummer und die Himmelsrichtung. Wobei die geraden Nummern die Verbindung Ost oder West anzeigen und die ungeraden Nummern die Nord- oder Süd-Verbindungen. Man muss nur wissen, wohin man will, dann können noch so viele Nummernschilder an der Kreuzung angebracht sein. Natürlich kommt diesem System die rasterähnliche Anordnung des Straßennetzes zugute. Ich halte mich heute an den Kreuzungen an die Tafel 191 North und bin begeistert über die simple Orientierungshilfe.

Je näher ich dem Nationalpark komme, umso mehr Harley-Fahrer kommen mir entgegen. In Jackson, einer kleinen Westernstadt südlich vom Grand Teton N. P., sind es dann so viele, dass ich kaum einen Abstellplatz für meine alte Dame finde. Sie alle gehören zum großen Harley-Treffen in Sturgis, South Dakota, bei dem diese Woche bis zu 600.000 (!) Harley-Fahrer erwartet werden. Bei diesen Massen ist keine Kontaktaufnahme möglich und so suche ich einen Zeltplatz für die Nacht. Die Campingplätze im Nationalpark sind ausgebucht, also suche ich außerhalb einige

Plätze ab und finde um 12,- USD (10,90 EURO) einen netten Platz inklusive Ameisenhaufen im Wald, zwischen vielen anderen Zelten. Nach einer Einladung von Campingplatz-Nachbarn aus South Carolina, suche ich im Dunklen nur mehr erschöpft meinen Schlafsack ...

9. August 78. Tag, Samstag Km-Stand: 25.473

Wetter: Sonnig, nachmittags Gewitter mit Hagel

Ziel: Vom Yellowstone N. P. bis Big Horn N. F., Wyoming

Bei blauem Himmel packe ich meine Zeltsachen zusammen und starte nach Norden. Ich bin schon sehr gespannt, was im berühmten Yellowstone N. P. alles auf mich wartet. Zuerst geht's durch den Grand Teton N. P. und gleich anschließend in den ersten Nationalpark der Vereinigten Staaten, den Yellowstone N. P. Es ist Urlaubszeit und die patriotischen US-Bürger lieben ihre Nationalparks. Dadurch ist leider viel Verkehr in dem überwältigenden Gebiet. Vorbei ziehe ich an Wäldern, die sich noch vom gigantischen Waldbrand in den 80er-Jahren erholen müssen, an saftigen Weiden und an glasklaren Gewässern. Der Park ist etwa so groß wie Kärnten oder fast halb so groß wie Hessen und liegt in gut 2.100 Meter Höhe. Auf der Fahrt steigen mir plötzlich Schwefelgase unter den Helm und in die Nase – die Gasstöße der vielen Geysire zwischen den unzähligen heißen Quellen und Schlammtöpfen lassen grüßen. Bis zum berühmten, gelben Canyon in der Mitte des Parks führt die Straße an Bisonherden vorbei, die direkt an der Straße weiden. Und mitten im Zentrum schlägt plötzlich das schlechte Wetter los, Hagelkörner mit darauf folgendem Graupelschauern und Regen prasseln auf mich ein. Nach einer kurzen Pause unter einem Tankstellendach steht aber die Canyon-Besichtigung an und mir gelingt hinter einer Absperrung ein Foto vom Motorrad und dem gelben Canyon im Hintergrund. Mit einem Motorrad kann man sich einfach leichter hinter die Absperrungen schwindeln. Um den gesamten Yellowstone N. P. zu besichtigen, würde ich minde-

Im Herzen des Yellowstone National Park

Big Horn Mountains

stens 2 Tage brauchen. Meine Ziel aber heißt nach wie vor „around the world" und somit fahre ich dem HW 14 entlang weiter Richtung Osten. Ab jetzt immer nach Osten, quer über den Kontinent bis nach New York und nachhause! Die Kaltfront dauert nur kurz und die Sonne kommt wieder durch die Wolkendecke. Der Weg führt mich nach Cody, alles steht hier im Zeichen von Buffalo Bill. Fantastische Berge und eine Landschaft zum Träumen und Ranches mit Pferde- und Rinderweiden. Die Strecke führt mich weiter über die Alt 14 durch Dörfer, Städtchen und Seen wie Powell, Lowell und dem Big Horn Canyon und dann ganz nahe am Bundesstaat Montana vorbei und Richtung Big Horn Mountains. Da es schon Abend ist, möchte ich am Big Horn übernachten. Am Waldrand finde ich auch eine Möglichkeit, kleine alte Holzhäuschen, so genannte Cabins, bieten sich für 40,- USD (36,- EURO) an. Da weit und breit kein Geldautomat ist, greife ich auf meine eiserne Geldreserve zurück. Eigentlich für Russland hinterlegt, für den Fall eines Überfalls, ziehe ich unter dem Gasdrehgriff ein Säckchen mit 120,- USD hervor. Dazu muss nur eine Schraube gelöst werden. Jetzt freue ich mich sehr darüber (wobei man auch meine Plastikkarten angenommen hätte).

Hier treffe ich beim Abendessen ein nettes, belgisches Urlauber-Pärchen, Franky und Beata, die vom Harley-Treffen in Sturgis South Dakota kommen – ohne Motorrad, sondern mit Mietwagen. Franky ist zuhause ein begeisterter Motorradfahrer (als Beweis zeigt er mir die fehlende Mittelfingerspitze, die er sich beim Schmieren der Antriebskette bei laufendem Motor und eingelegten Gang gekappt hat) und somit gibt es einiges an Erlebnissen auszutauschen. Die beiden kennen einen Campingplatz-Geheimtipp in den Black Hills, direkt beim Mount Rushmore. Das ist Öl auf meine Abenteuerflamme! Nach dem Abendessen zur Schlafenszeit stellt sich heraus, dass die Gemeinschaftsduschen nicht funktionieren. Kurzerhand bekomme ich vom Wirt am späten Abend ein Zimmer im Gästehaus zugeteilt. Meine verstreuten Sachen bleiben bis morgen in der Cabin, geschlafen wird in einem gegenüber liegenden Zimmer mit WC und Dusche. Etwas verrückt, die Cowboys hier oben, aber nett und locker. Gleichzeitig genieße ich das Ganze hier mitten in Wyoming bis ins Detail – es wird sicher lange dauern, bis ich wieder hier herkomme ...

10. August 79. Tag, Sonntag Km-Stand: 25.927

Wetter: Blauer Himmel, sehr warm bis heiß

Ziel: Von Big Horn, Wyoming nach Black Hills N. F., South Dakota

Das Zimmer ist mit dicken Vorhängen abgedunkelt und der Geruch im Raum beklemmt mich, als ich beim Aufwachen nach Orientierung suche. Zwar war das seit langem die erste Nacht in einem richtigen Bett, aber nach einigen Nächten in der Natur mit Zelt und Schlafsack auf einer aufblasbaren Luftmatratze fühle ich mich meiner Freiheit beraubt. Nur die Dusche empfinde ich als wohltuend.

Jetzt aber los, mir fehlt schon wieder der Fahrtwind um die Ohren. Riesige Freude macht sich nach den ersten Kurven bei mir breit, es ist, als ob ich schon ewig nicht mehr meine Freiheit auf zwei Rädern genossen hätte! Das Big Horn-Gebiet hat mich schon immer interessiert, fanden hier doch am Ende des 19. Jahrhunderts die letzten großen Indianerkämpfe statt. Der Stamm der Sioux unter Häuptling Sitting Bull kämpfte hier um seine Jagdgründe. Sein eigentlicher Name war Tatanka Yotanka und seine erbitterten Freiheitskämpfe führten aufgrund der Übermacht der Armee zu einem traurigen Ende. Auch ich hätte an seiner Stelle dieses wunderbare Land mit den letzten Kriegern verteidigt ... Aber das ist Geschichte und die muss man kennen, um die Gegenwart zu verstehen. Über den HW 14 geht's zur Interstate 90 und wieder kommen mir unzählige Harley-Fahrer entgegen, alle leicht bekleidet, meistens ohne Sturzhelm und die Frauen im Sozius teilweise ganz „oben ohne". Sie kommen vom einwöchigen „100 Jahre Harley Davidson-Fest" in Sturgis, das heute zu Ende geht und bei dem wohl gut 600.000 Biker zusammengekommen sein dürften. Daher, am letzten Tag, auch dieser enorme Rückreiseverkehr, darunter die verschiedensten Motorradtypen – auf 2 oder 3 Rädern, mit Zeltanhänger oder auf die verschiedensten Transportfahrzeuge aufgeladen. Alles scheint hier möglich: aufgemotzte und abgewrackte Bikes, Frauen und Männer, Junge und Alte, Verrückte und Durchgeknallte, nur keine Farbigen finden sich unter den Harley-Fahrern. Mit der Zeit gebe ich das Grüßen per Handzeichen auf, zu viele Biker kommen mir entgegen. Als ich in Sturgis, dem „Epizentrum", ankomme, finde ich vor lauter Motorradfahrern fast keinen Platz mehr auf der Straße. Also fahre ich den HW 385 nach Süden, mitten durch den Black Hills National Forest, mit dem Ziel Mount Rushmore. Hier wurden vier Portraits ehemaliger Präsidenten der USA in den Felsen gemeißelt: Washington, der Begründer der Union;

Black Hills National Forest

Mount Rushmore, vier Präsidenten in Stein verewigt

Jefferson, der Expansionist, der die Grenzen weit nach Westen verschob; Lincoln, der Bewahrer der Union, und Theodore Roosevelt, der Beschützer der Natur und Arbeiterklasse. Die 18 Meter hohen Gesichter wurden in 14 Jahren, von 1927 bis 1941, mit Dynamit und Presslufthammer aus der Natur gesprengt – nicht nur eine der bekanntesten Touristenattraktion der USA, sondern auch von patriotischen Amerikanern heiß geliebt.

Der riesige Parkplatz davor ist stark frequentiert und die Parkgebühr beträgt 8,- USD (7,30 EURO). Ich verzichte gerne auf dieses Gedränge und schleiche mich auf der Panoramastraße hinter eine Absperrung, um ein halbwegs vernünftiges Foto ohne Parkplätze machen zu können. Es dauert nicht lange und ein Parkwächter macht mich auf die Sperrzone aufmerksam. Gleich in der Nähe in einem ruhigen Waldstück ist der empfohlene Black Hills Camping-Ground; dort checke ich ein und nach einer kurzen Shoppingrunde in Hill City lasse ich den Tag am Zeltplatz bei einem knisternden Lagerfeuer ausklingen (das Holz erstehe ich für ein paar Dollar beim Campingplatz-Eingang, denn der Wald rundherum ist von den Besuchern bis auf das letzte Holzstück abgegrast). Einige Zeltnachbarn sind noch mit der Familie am Grillen und die Kinder tanzen voller Freude um ihr Lagerfeuer. Da werden Erinnerungen an meine eigenen Erlebnisse mit meinen Kindern wach; in solchen Augenblicken fällt das Alleinsein besonders schwer. Pausenlos donnern die Harleymotoren; erst weit nach Mitternacht wird es etwas ruhiger ...

Bisons in freier Wildbahn im Nationalpark

AMERIKA
USA MITTE – USA OSTKÜSTE / BLACK HILLS – NEW YORK

11. August **80. Tag, Montag** **km-Stand: 26.420**

Wetter: Sonnig, leicht bewölkt
Ziel: Weiter nach Osten, nach Sioux Falls; Besuch im Badlands N. P., South Dakota

Nach der morgendlichen Zelteinpackerei fahre ich nach Keystone, einer nahe gelegenen Kleinstadt im Westernlook, um zu frühstücken. Nochmals führt mich die Straße vorbei an Mount Rushmore, diesmal bei Sonnenaufgang – er zaubert das Symbol für Freiheit und Unabhängigkeit in ein ganz anderes Licht. Hier in Keystone stehen vor den Restaurants und den kleinen Hotels einige Harleys, sauber eingeparkt mit Heck nach hinten, versteht sich. Da und dort werden die Satteltaschen gepackt für die Weiterreise, aber das Treiben auf und neben der Straße hält sich noch in Grenzen. Eine hübsche rothaarige Harley-Fahrerin schenkt mir ein freundliches Lächeln, als ich sie allein mit ihren vielen Motorrädern im Morgenlicht fotografiere. Die morgendliche Ruhe der lieblichen Stadt verleiht mir bei der Durchfahrt mit meiner alten Dame ein angenehmes Gefühl – gut ausgeschlafen im Sattel, die Sonne im Gesicht, was will man mehr. Ich fahre ein

Eine hübsche Rothaarige schenkt mir ein Lächeln

Short Stop at General Store

Stück der Interstate 90 entlang zum Badlands N. P. – eine bizarre Erosionslandschaft mit zackigen Felsnadeln, spektakulären Gipfeln und Canyons tut sich vor mir auf. Die 40 Meilen durch den Park sind atemberaubend. Es ist weniger Verkehr als in den anderen Nationalparks. Unzählige Campingplätze bieten sich an und ein Indianerreservat nach dem anderen fügt sich harmonisch in die Landschaft ein. Diese Art der natürlichen Campingplatz-Erschließung gibt es in Sibirien nicht, schade, obwohl die Russen rein landschaftlich ähnliche Voraussetzungen hätten. In South Dakota werfe ich einen Blick auf die Landkarte: Es gäbe unzählige Möglichkeiten, die Natur hautnah zu erleben. Die Strecke führt mitten durch die weite Prärie und das Grasland erstreckt sich bis zum Horizont. Hier wurden berühmte Filme – wie zum Beispiel „Der mit dem Wolf tanzt" – gedreht und nach den bizarren Felsformationen des Badlands N. P. kommt man unweigerlich ins Schwärmen. Auch während der kurzen Pausen entlang der Interstate 90 erlebe ich Unerwartetes und Abenteuerliches.

Mitten in einer Geisterstadt zieht mich eine kleine, einsame Tankstelle in ihren Bann. In dem dazugehörigen Laden – dem so genannten General Store – gibt es unglaubliche Sachen zu besichtigen und zu kaufen: von alten, gebrauchten Auto-Kennzeichen aus den 50er- und 60er-Jahren bis hin zu Halbedelsteinschmuck und historischen Zeitschriften findet man alles im Sortiment. Die alte, halbzerfallene Okaton Bank mit verwitterten, rotbraunen Holzbrettern und einer eingestürzten Dachkonstruktion fasziniert mich. Und das alles mitten in der rotbraunen Prärie. Das Szenario verleitet mich zum Verweilen. Ich will aber mein heutiges Tagesziel Canton mit dem in der Karte eingetragenen State Park Newton Hills erreichen. Dort, am Big Sioux River und südlich von der Stadt Sioux Falls, ist der Übergang in den Bundesstaat Iowa.

Ghost Town mit der alten Okaton Bank

So nehme ich wieder die Interstate 90 Richtung Osten, zwischen Mitchell und Sioux Falls fahre ich auf dem HW 81 nach Süden, um dann auf dem HW 18 weiter nach Osten zu fahren. Hier ist kaum Verkehr und man ist Land und Leuten näher. Auf der Raststätte treffe ich wieder einige Harley-Fahrer. Einer davon wartet bei den Motorrädern auf seine Kollegen. Als ich neben ihm absteige und ihm die Hand zum Gruß reiche, spüre ich sofort eine Behinderung an seinen Armen; er hat starre Handgelenke, mit denen das schwere Motorrad sicher nicht leicht zu lenken ist. Ich lasse mir nichts anmerken und führe mit ihm ein nettes Gespräch über das Harley-Treffen. Plötzlich sucht er in seinen Satteltaschen herum und schenkt mir spontan einen silbernen Halsketten-Anhänger in der Form eines Cowboys mit Sombrero und zwei zum Sieg in die Höhe gehaltenen Colts. Mir fehlen die Worte ob der netten Geste. Als dann seine Kollegen zurückkommen, donnern alle mit ihren Harleys im Konvoi davon. Mit ihren versteinert wirkenden, bärtigen Gesichtern, der stolzen Körperhaltung, gekleidet in typische Rockerklamotten aus Leder und Jeansstoff, wirken sie beim Beschleunigen sehr siegessicher und fast ein bisschen übermenschlich. Aber unter dem harten Outfit verbirgt sich oft ein weicher Kern, wie mir diese Begegnung einmal mehr bestätigt hat.

Die Landschaft ist nun sehr flach. Vorbei geht's an Feldern, Rinderweiden und Ranchs. Die Straßen sind sauber im Raster angelegt und wieder sehr gut beschildert. Man muss nur auf die Straßennummer und auf die Zusatztafel mit der angezeigten Himmelsrichtung achten. Am Camping-Platz Newton Hills angekommen, besichtige ich erst den falschen Platz – den für die Besucher mit Pferden. Dieser ist komplett leer und wirkt irgendwie geschlossen. Aber als dann eine junge und hübsche Dame vom State Park mit ihrem Auto vorfährt, erfahre ich von ihr, dass es zum richtigen Campingplatz noch 2 Meilen weit ist. Auch dieser ist erstaunlicherweise kaum besucht, lediglich Streifenhörnchen und Wildhasen huschen über die Wiese. Der Zeltplatz ist sehr ruhig, nur die Grillen konzertieren bei Sonnenuntergang. Meine alte Dame bekommt einen sicheren Platz vor dem Zelteingang und ich entledige mich rasch meiner Motorradklamotten. Die saftig grüne Campingwiese ist angenehm weich und lädt zum Schlafen ein.

Camping Newton Hills

12. August 81. Tag, Dienstag Km-Stand: 27.047

Wetter: Vormittag sonnig, nachmittags bewölkt
Ziel: Quer durch Iowa, über Mason City bis zum Mississippi River

Nach dem üblichen Morgensport, dem „Einpacken“, fahre ich nach Canton. An einer Tankstelle frage ich herumstehende Passanten nach einem typisch amerikanischen Frühstück. Die Dame in der Gesprächsrunde gibt mir gleich den richtigen Tipp – zwei Seitenstraßen weiter auf der rechten Seite. Natürlich werde ich von ihr gefragt, woher ich komme und wohin ich fahre. Als sie von meinen Trip hört, gibt sie mir die Hand und gratuliert mir. Die Bedienung im Café fragt mich, warum in Gottes Namen ich bei meiner Tour um die Welt ausgerechnet durch dieses Nest führe, aus dem sie schon lange raus wolle; aber sie schaffe den Absprung einfach nicht. Als sie das sagt, muss ich herzlich lachen und ich erzähle ihr, dass ich zuhause in einem Dorf lebe, in dem mir die Decke auch auf den Kopf fällt ... Nach dem üppigen Frühstück geht's auf dem HW 18 weiter Richtung Osten, nach Iowa. Heute liegen knapp 500 Km entlang dem HW 18 vor mir – bis zum Tagesziel am Mississippi River und mitten durch die endlose, flache Landschaft. Ich vermisse die bezaubernden Rocky Mountains, das Flachland bietet nur Abwechslung durch Dörfer und kleine Städte wie Spencer, Algona, Mason City und Charles City. Dazwischen lasse ich den Motor meiner alten Dame freudig drehen – ich möchte einfach nur Boden gewinnen, weiterkommen ... In 5 Tagen läuft meine Haftpflicht-Versicherung für die USA ab und bis dahin will ich in New York sein. Dieses Datum, den 17. August, habe ich mir selbst auferlegt, um in der vorgenommenen Zeit von 90 Tagen wieder in Europa zu sein. Noch habe ich etwas Zeitreserve, falls mich etwas Unvorhergesehenes aufhalten sollte. Mein Motorrad läuft soweit super; ab und zu ruckelt es bei konstanter Geschwindigkeit mit festgeschraubtem Gasgriff ein wenig. Ich vermute, dass sich durch den Crash in Japan einige Lackteile innen von der Tankversiegelung gelöst und die Benzinversorgung verstopft haben. Aber kein Problem, damit kann ich leben und jetzt fahren wir Richtung Heimat, meine alte Dame und ich. Auch der Hinterreifen geht dem Ende zu, am besten schaue ich mich bei einem autorisierten BMW-Motorradhändler um, der hat sicher die richtige Reifengröße lagernd.

Frühstück in Lourie's Café

Der ausgesuchte Campingplatz Pikes Peak S. P. liegt direkt am Mississippi River und über dem Fluss beginnt der Bundesstaat Wisconsin. Beim gut besuchten Campingplatz gilt wieder die alte Spielregel „first-come, first-served", ich lache mir Platz 21 an und mit 16,- USD (14,50 EURO) bin ich dabei. Das Einchecken macht man selber, beim Eingang wird ein Kuvert auf der Rückseite mit Namen ausgefüllt und mit den Dollars darin eingeworfen. Den Durchschlag klemmt man dann in den Nummernsteher vor dem Zeltplatz. So einfach geht das, vorausgesetzt, dass nicht schon ein Reservierungszettel dort klemmt. Fürs Abendbrot habe ich zuvor bei McGregor ein paar Brötchen und ein kühles Bier eingekauft. Aber kaum steht mein Zelt am Waldrand, werde ich von meinem Zeltnachbarn, ebenfalls ein Motorrad-

Zeltnachbar Matt mit seiner Boss Hoss

fahrer namens Matt, zu seinem Lagerfeuer eingeladen. Er kommt aus Phönix / Arizona und fährt mit seiner Freundin von Sturgis kommend zum nächsten Harley-Treffen nach Milwaukee. Seine gegrillten Steaks und der Wodka mit Eis beeindrukken mich fast mehr als sein schwarzes Motorrad Boss Hoss, ein unglaublicher Donnerbolzen mit Harleyrahmen und Chevy Corvette V8-Motor, 345 PS und 5,7 Liter Hubraum. Und den Zeltanhänger mit der kompletten Küchenausstattung hängt er hinten an die Anhängekupplung – mit dem Motor ein Kinderspiel, wie er mir, inklusive seiner Lebensgeschichte – bis in die späten Abendstunden erzählt. Na, wenigstens muss er morgen nicht mehr soviel Wodka mitschleppen, den Vorrat brauchen wir im Laufe des Abends auf ...

13. August 82. Tag, Mittwoch Km- Stand: 27.538

Wetter:	Sonnig und warm
Ziel:	Über Madison nach Milwaukee, Wisconsin

Die ersten Geräusche am Morgen sind die singenden Reißverschlüsse der Zelte, dann folgen Stimmen und Gemurmel, bis die ersten Motoren gestartet werden. Meiner gehört zu den ersten, um über den Mississippi in die nächste Stadt, Prairie du Chien, zum Frühstücken zu fahren. In einem kleinen Restaurant mit Terrasse zur Straße lasse ich es mir mit einem Spezialfrühstück mit allem Drum und Dran gut gehen. Der einzige Gast außer mir sitzt am Nebentisch und sieht aus wie der Onkel aus der Erzählung „Onkel Toms Hütte“. Nebenbei genieße ich das kleinstädtische Treiben der Innenstadt und beobachte, wie die Einheimischen zwischen Bank, Post und Lebensmittelgeschäften ihre Morgengeschäfte erledigen. Die Fahrt geht weiter auf dem HW 60, entlang des

Spezialfrühstück in der Kleinstadt Prairie du Chien

Der Highway 18 führt mich nach Osten

Wisconsin-River, um die Stadt Madison herum und den Highway 18 entlang nach Milwaukee. Hier will ich mich bei einem BMW-Händler um den neuen Reifen kümmern. Also hinein in die Stadt und kaum bei einer Tankstelle angehalten, kommt schon der erste Amerikaner zu mir. Er heißt Dieter, wurde in Wien geboren und ist als Kleinkind mit seinen Eltern nach Milwaukee ausgewandert. Auch er ist Motorradfahrer und zeigt mir auf der Karte den richtigen Weg zum Händler im Norden der Stadt. Also los, es ist früher Nachmittag und wenn der passende Reifen lagernd ist, müsste es klappen. Dan, der Lagerist, findet auch einen Metzeler 4.00-18 mit Straßenprofil und organisiert gleich einen Techniker für die Montage. Kaum steht meine alte Dame auf der Montage-Bühne, äußere ich meinen zweiten Wunsch – den nach frischem Motoröl. Auch dieser Wunsch wird mir erfüllt. Nach 12.000 km, zuletzt in Jekaterinburg, ist es auch Zeit dafür. John, der mürrische Techniker, macht seine Arbeit ungern, aber gut. Lediglich beim Hinausfahren merke ich, dass die Hinterbremse nach der Montage nicht zurückgestellt wurde. Das erledige ich gleich selbst und bezahle die Rechnung über 190,- USD (173,- EURO). Ich starte Richtung Süden; zwischen Milwaukee und Chicago sehe ich auf der Karte einen eingezeichneten Campingplatz. Er nennt sich Bong S.R.A. und noch bevor es dunkel wird, steht kurze Zeit später mein Zelt. Hier werde ich mich ausruhen, um morgen die riesige Stadt Chicago zu durchqueren. Mich hat Matt, der Boss-Hoss-Fahrer von gestern, schon vor dem Verkehrs-Chaos gewarnt. Na dann, gute Nacht ...

14. August 83. Tag, Donnerstag Km-Stand: 27.980

Wetter:	Regen am Morgen, schwül und wolkig am Nachmittag
Ziel:	Nach Chicago, Illinois und durch Indiana nach Ohio

Am Morgen scheint noch die Sonne, ich kann das Zelt trocken verpacken. Aber auf dem Weg nach Süden holt mich der Regen ein. Nach dem Frühstück in einem original-amerikanischem Breakfest-Café geht's im Regen weiter nach Chicago. Kurz vor der Stadt zwingt mich die Hitze dazu, das Innenfutter auszuziehen, was ich mit einen Tankstopp verbinde. Kaum angehalten, kommen zwei ältere Herren auf mich zu; der eine heißt Walter und ist in Essen geboren. Er lebt seit 40 Jahren hier in Chicago und musste seine BMW R 100 RS aus gesundheitlichen Gründen abgeben. Er bietet mir Kontakte mit seinem BMW-Club an, was ich aus Zeitgründen ablehnen muss. Aber sie sind einfach herzlich, die beiden begeisterten Motorradfahrer.

Durch Chicago will ich den HW 45 entlang nach Süden, um der stark befahrenen Interstate auszuweichen. Aber denkste: irrsinniger Verkehr auch hier, Baustellen und Straßenmarkierungsarbeiten ohne Ende, dazu Stopp-Tafeln und unzählige Ampeln, die ein zügiges Vorankommen verhindern. Nach einigen Stunden im Verkehrsgewühl bin ich schweißgebadet und flüchte auf die Interstate 55. Die führt zurück ins Zentrum und über den angeschlossenen Toll-Highway 90 geht die Fahrt wieder Richtung Osten, meinem Ziel entgegen. „Chichaos" würde ich sagen: alle Highways führen in die Stadtmitte und kein einziger drum herum. Aber jetzt bin ich endlich durch und es geht mit Vollgas weiter. Die unzähligen riesigen LKWs erzeugen beim Überholen viel Wind; um in der Spur zu bleiben, muss ich mich, bevor die Bugdruckwelle kommt, mit meiner bepackten, alten Dame kurz dagegenlehnen – es klingt vielleicht dekadent, aber mit der Zeit macht mir das richtig Spaß ... Nun bin ich zum ersten Mal auf einem „Toll limited-access Highway" in den Staaten; hier muss man extra bezahlen, aber gerade mal 2,- USD. Danach geht's in den Bundesstaat Indiana. Um vorwärts zu kommen, bleibe ich auf dem Interstate Highway 90 und fahre an der Großstadt South Bend vorbei in den Bundesstaat Ohio. Gut 30 Meilen vor der Stadt Toledo versuche ich den Harrison Lake S. P. aus der Karte zu finden, um dort zu übernachten. Es ist ein netter Park, ich werde freundlich begrüßt und habe einen sonnigen Zeltplatz am See. Die Abendluft ist drückend und feucht, der Getränkeautomat bei der Anmeldung nimmt zwar meine Münzen, spukt aber keine Dosen aus – die staubige Kehle bleibt trocken. Und das für 2,- USD gekaufte Lagerfeuerholz will nicht brennen. Also geht's halt ohne Abendgetränke und ohne Lagerfeuer ins Zelt. Todmüde rolle ich mich in den Schlafsack und träume noch ein wenig von kühlem Bier und einem Schluck Wodka. Chicago und die heutigen 445 Kilometer haben mich geschafft ...

Camping Harrison Lake

15. August 84. Tag, Freitag Km-Stand: 28.425

Wetter: Sonnig, leicht bewölkt, schwül
Ziel: Über Toledo, Cleveland und Youngstown / Ohio nach Pennsylvania

Heute will ich viele Kilometer in Richtung Osten machen und so bleibe ich auf der Interstate 90/80, um rasch vorwärts zu kommen. Es gilt keine lohnenswerten Abstecher zu machen, keine Nationalparks und keine herausragenden Sehenswürdigkeiten. Die gibt es erst wieder in der Weltstadt New York. Der Zustand der Straßen ist hervorragend und die Geschwindigkeitsbegrenzung ist für mich nur ein Richtwert, den ich nicht unterschreiten möchte. Leicht hügelig geht's vorbei an Wäldern und Wiesen, immer gerade aus, soweit das Auge reicht. Gas geben! Ich will nach New York und so ganz allmählich zieht es mich nachhause. Meine alte Dame läuft exzellent, ab und zu schüttelt sie bei längeren Vollgasstücken, aber auch mit dem kann ich leben. Wie auch mit der aufgeblasenen Kardanwellenmanschette. Die repariere ich immer während der Tankstopps, indem ich die Einfüllschraube an der Hinterradschwinge öffne, und schon ist der Überdruck draußen. Die Ursache für diese Schwellung ist für mich nicht zu erklären. Damit möchte ich mich aber auch gar nicht aufhalten, ich will Kilometer machen und nur kurze Pausen einlegen für Getränke und Benzin. Der Heimkoller ist da, das Ende meiner Reise naht!

Am Abend finde ich wieder einen super Campingplatz. Er nennt sich Bald Eagle und liegt in Pennsylvania-Mitte, unweit der Interstate. Er ist gut belegt mit Familien und vielen Campingfahrzeugen. Viele Leute sind gerade mit Kochen und Essen beschäftigt. Auch für mich findet sich ein ruhiger Zeltplatz. Das Zeltaufstellen klappt mittlerweile ganz schnell und die anschließende Dusche erfrischt mich herrlich. Die Motorradbekleidung lege ich ins Zelt zum Durchlüften. Danach setze ich mich auf die Holzbank, die zum Zeltplatz gehört, und studiere die Straßenkarte. Das wird heute die letzte Übernachtung in den USA im Zelt sein. Denn morgen werde ich – so hoffe ich – in der Großstadt sein und dort gibt es leider nur Motels oder Hotels. Schweren Herzens denke ich an die schönen Stunden im Zelt, an die unglaubliche Stille der Nacht, nur von Naturgeräuschen untermalt und an die unvergleichlich würzige Luft. Oder wenn in der Nacht die Regentropfen ihre gleichmäßige Melodie auf das Zeltdach klopfen und der Wind vorsichtig an der Zeltplane rüttelt, um mir die Witterung mitzuteilen – unvergessliche Eindrücke.

Camping Bald Eagle

Ich denke auch daran, wie ich meistens irgendwann mitten in der Nacht aufwachte und nach verschiedenen Träumen kurz die Orientierung suchte. Nachdem mir jetzt Ort und Bundesstaat wieder eingefallen sind, wo ich mich gerade befinde, rolle ich mich in den mollig warmen Schlafsack ein, um wieder in tiefen Schlaf zu fallen. Am Morgen, wenn die innere Uhr und die ersten Sonnenstrahlen den neuen Tag einleiten, hört man zuerst nur das typische Geräusch der Reißverschlüsse, mit denen die Zelte geöffnet wurden. Dann das Geräusch des Schlafsack-, und Innenzeltöffnens und zum Schluss das des Außenzeltöffnens. Ein Gesang in verschieden hohen Tönen, die mich nach der Stille der Nacht auf neue Abenteuer einstimmten. Als ich so vor mich hinträume, kommen plötzlich zwei Kinder mit einer Taschenlampe zu meiner Bank und suchen aufgeregt ihren Campingwagen und ihre Familie: In der Dunkelheit haben sie beim Spielen die Orientierung verloren. Sie wissen wenigstens die Platznummer und so zeige ich ihnen auf der Campingplatzkarte, die ich bei der Anmeldung zur eigenen Information mitgenommen habe, wo wir jetzt sind und wo ihre Familie ist. Erleichtert gehen sie mit der Platzkarte ihres Weges und ich habe wieder mal meine tägliche gute Tat getan ...

16. August 85. Tag, Samstag Km Stand: 29.067

Wetter: Bewölkt, schwül und dunstig
Ziel: Nach New York, die letzte Etappe durch die USA!

Als erstes am Morgen baue ich mein klitschnasses Zelt ab – kein Sonnenschein weit und breit, der mir beim Trocknen hilft. Nach der Packerei geht's gleich auf die Interstate 80, frühstücken werde ich später auf der Strecke. Die Ungewissheit, wie es in Newark und dann in New York weitergeht, drückt ein bisschen auf mein Gemüt. Doch später dann, bei voller Fahrt auf dem Highway, denke ich mir: wer in 3 Monaten soviel Städte mit dem Motorrad durchquert hat, den kann die turbulente Ostküste der USA doch nicht erschüttern! Über Milton geht's nach Osten bis nach Stroudsburg und über den Fluss Delaware in den Bundesstaat New Jersey. Auf einem Rastplatz mache ich beim Aufbruch zur Weiterfahrt einen großen Holztisch für eine ankommende Familie frei. Diese nette Geste meinerseits sowie mein österreichisches Kennzeichen eröffnen zwischen uns ein freundliches Gespräch. Die Familie kommt aus Michigan, die Mutter stammt aus Berlin und hat vor vielen Jahren während der Besatzungszeit einen Amerikaner geheiratet und lebt bereits seit 45 Jahren in Michigan. Ein junger Farbiger gesellt sich zu uns dazu; er zeigt mir seinen Pass aus Senegal und zeigt auf den Dakar-Schriftzug auf meinen Benzintank. Der junge Mann ist in Dakar, am Zielort der härtesten Rallye der Welt, aufgewachsen. Er strahlt über das ganze Gesicht, weil auf meinem Tank „Paris-Dakar" steht. Obwohl wir uns vor wenigen Minuten noch gar nicht kannten und vermutlich auch nie mehr wiedersehen, gruppieren wir uns alle um meine alte Dame, um uns gegenseitig zu fotografieren.

Super saubere amerikanische Tankstellen

Die Autobahn führt jetzt durch die Ausläufer der Appalachian Mountains, vorbei an satten, grünen Wäldern und an für den Autobahnbau freigesprengten Felsen. Die Gegenspur ist weit entfernt, nur gelegentlich führt sie die Landschaft direkt an meiner vorbei. Mein heutiges Ziel, Newark, die New Jersey-Seite von New York City, ist zum Greifen nahe. Und plötzlich, nach stundenlanger Fahrt durch Wald und Berge, breitet sich ein fantastisches Bild vor mir aus: ein Hochhäusermeer ohne Ende – hurra, mein letztes Etappenziel liegt mir zu Füßen!

Interstate 80/90

Der Verkehr spült mich durch das Autobahngewirr in die Stadt hinein. Ich muss anhalten, um mir die vielen Straßennummern auf einen Zettel zu schreiben, den ich in das transparente Kartenfach meines Tankrucksackes stecke. Nur so werde ich rasch in den Süden der Großstadt finden – zuerst östlich nach Newark, dann südlich nach Elisabeth und danach wieder westlich nach Cranford.

Interessant, dieser Teil von New Jersey am Hudson River: Er besteht aus unzähligen aneinandergereihten Städten mit verschiedenen Namen und gehört zum Großraum New York. Ganz im Süden dieses Städtegewirrs liegt der Stadtteil Cranford. Dort befindet sich die Spedition, mit der ich Kontakt aufgenommen hatte, um meine alte Dame nach Europa zu verschiffen. Und da will ich noch heute hin, auch wenn das Büro erst in 2 Tagen öffnet. Denn morgen, am 17. August, läuft die Haftpflichtversicherung für mein Motorrad für die USA aus. Vom Fahren habe ich jetzt genug und ich möchte jetzt so schnell wie möglich verschiffen. Das Ablaufdatum der Versicherung habe ich mir während der Vorbereitungsphase meiner Reise selbst auferlegt; mir war schon damals bewusst, dass ich nur so die Reise um die Welt in 90 Tagen schaffen würde.

Geschafft! Mit viel Geduld und Ausdauer finde ich die Spedition und nach mehreren Anläufen auch ein nahe gelegenes Hotel. Ich checke im Hotel Crowne Plaza ein, für 90,- USD (80,- EURO) pro Nacht kann ich im klimatisierten Zimmer im 9. Stock mein Zelt zum Trocknen über ein Bügelbrett hängen.

Abends an der Hotelbar trinke ich dann ein kühles „Ziel-erreicht"-Bier. Ruhige Musik kommt aus den Lautsprechern und die gedämpfte Beleuchtung unterstreicht die etwas abgestandene Stimmung; Geschäftsleute verschiedener Herkunft führen ihre Gespräche und die aufgedonnerte Bardame gibt sich unnahbar. Während ich am Glas nippe, weiß ich nicht, ob ich mich über das Erreichte freuen oder ob ich traurig sein soll; ich fühle mich ziemlich einsam ...

17. August 86. Tag, Sonntag Km-Stand: 29.422

Wetter: Leichter Regen

Ziel: Ruhetag in Newark, Ausflug nach Manhattan

In der ersten Nacht im Hotel fühle ich mich isoliert und weggesperrt. Ich bewohne ein wunderschönes, sauberes und vollklimatisiertes Zimmer, aber ohne die Nähe der Natur aus den vergangenen Zeltnächten fühle ich mich an diesem stillen Ort einsam. Und das in der größten Stadt der Vereinigten Staaten ... Der Blick aus dem Zimmerfenster über das Häusermeer, bei leichtem Regen und dunklen Wolken, ändert nichts an meiner gedrückten Stimmung. Was soll ich an so einem regnerischen Tag machen? Ich könnte Manhattan besichtigen und einen Ausflug zum Amerika-Symbol, der Freiheitsstatue „Statue of Liberty", machen. Zunächst lässt mich aber der Respekt vor der riesigen Stadt etwas zögern. Um mir einen Überblick zu verschaffen, suche ich in meinen Unterlagen erst mal die Daten und die Karten von New York.

Das Groß-New York umfasst New York City, 4 Counties des Bundesstaates New York und 8 Counties des Bundesstaates New Jersey. Zusammen sind das über 19.000 m^2 mit rund 16,6 Millionen Einwohnern. Das eigentliche New York City gliedert sich in die 5 Verwaltungsbezirke Manhattan, Brooklyn, Bronx, Queens und Richmond, insgesamt 776 Quadratkilometer mit 7,2 Millionen Einwohnern. Die Bevölkerung setzt sich aus Menschen aller Nationalitäten zusammen, die sich früher in eigenen Vierteln zusammengeschlossen hatten. Das Zentrum New Yorks ist die 21 Kilometer lange und durchschnittlich nur 3 Kilometer breite Insel Manhattan, auf der sich das Geschäfts- und Kulturleben abspielt. Eine interessante Anekdote aus der Geschichte: 1626 kauften die Niederländer die Insel Manhattan für 24,- Dollar von den Indianern und nannten sie New Amsterdam – der berühmteste Geschäftsabschluss aller Zeiten! (Und auch der Anfang der Ausbeutung eines stolzen Volkes, das seiner Heimat beraubt wurde).

Nach diesen Informationen steigt meine Stimmung etwas an und die Unternehmungslust zieht mich raus aus dem Hotel. Als bestes Fortbewegungsmittel stellt sich die Bahnfahrt mit der N. J. Transit Rail nach Manhattan heraus, wie mir der sehr freundliche Front Office Manager des Hotels, Josef Gasser, erklärt. Also hinein in die Menschenmenge – und trotzdem wieder „allein". Doch es gelingt. Nach mehrmaligem Umsteigen komme ich mitten in Manhattan am Bahnhof an. Dieser liegt im 2. Untergeschoss, Gänge führen zu den riesigen Wartehallen. Das darüber liegende 1. Untergeschoss ist eine eigene Stadt unter der Stadt. Es gibt Tag und Nacht massenhafte Einkaufsmöglichkeiten aller Art, hell erleuchtet von künstlichem Licht. Über viele Treppen gelange ich ins Freie, wo mir pulsierendes Großstadtleben entgegenschlägt. Zwischen Straßen und Hochhäusern ragt in einiger Entfernung das Empire State Building in den Himmel. Tief beeindruckt stehe ich an der Kreuzung West 34th Straße und dem Broadway. Mit der Untergrundbahn geht's nach Süd-Manhattan,

Blick vom Hudson River auf Manhattan

von der dortigen Uferpromenade fahren die Ausflugsschiffe zu den 3 Kilometer entfernten Inseln Liberty Island mit der Freiheitsstatue und Ellis Island. Im Inneren einer alten Kanonenanlage, die die ehemalige Siedlung verteidigte, stehen 2 Ticket-Verkaufshäuschen, wo ich Tickets fürs Ausflugsschiff kaufen kann. Interessant finde ich, dass in dem einem Häuschen nur Bargeld angenommen wird und im anderen nur Kreditkarten. Zum Glück habe ich Bargeld dabei, denn vor dem Kreditkarten-Häuschen steht eine lange Touristen-Warteschlange. Die Schiffe sind bis auf den letzten Platz gefüllt und so geht's zum Sonntagsausflug über den Hudson River zu den beiden Inseln. Die große grüne Dame (diesmal nicht mein Motorrad!) blickt aufs offene Meer hinaus in Richtung der einfahrenden Schiffe und deren Passagiere, denen sie als Willkommensgruß Amerikas die goldene Fackel entgegenstreckt. Jahrzehntelang kamen Emigranten aus allen Teilen der Welt auf ihren Schiffen an ihr vorbei, bevor sie auf Ellis Island, dem ehemaligen Einwanderungszentrum, landeten und den Boden ihrer neuen Heimat betraten. Aufschlussreiche Informationen gibt es direkt um die Statue herum durch „Gateway Audio Tour" per Kopfhörer in vielen Sprachen. Dort ist auch zu erfahren, dass die Statue ein Geschenk des französischen Volkes aus dem Jahre 1886 ist; erbaut hatte dieses 46 Meter große, auf einen 47 Meter hohen Sockel stehende, weibliche Standbild kein Geringerer als der französische Ingenieur Gustave Eiffel, der schon mit seinem 300 Meter hohen Pariser Eiffelturm aus dem Jahre 1889 in die Geschichte eingegangen war.

Statue of Liberty

Die Stationen des Rückweges zum Hotel in New Jersey sind etwas verzwickter als bei der Herfahrt. Zurück am unterirdischen Bahnhof, mitten in Manhattan, irre ich zwischen den 19 Bahnsteigen herum. Meinen Zielbahnhof „Rahway" kann ich auf den Anzeigetafeln nicht finden. Das Bahnpersonal macht mir umständlich und unfreundlich klar, dass die Züge erst in den letzten 10 Minuten vor ihrem Eintreffen einen freien Bahnsteig zugewiesen bekommen. Ich zweifle am Gelingen und wieder einmal hilft ein Gespräch mit der dort stationierten Polizei, den richtigen Warteraum zu finden. Nach langer Wartezeit wird per Lautsprecher der Bahnsteig zur Zug-Nummer bekannt gegeben – aber erst wenige Minuten bevor der Zug eintrifft. Eben: wie's mir vorhergesagt wurde. Wieder etwas dazugelernt. Glücklich im Hotel angekommen, bin ich sehr froh, den Ausflug gemacht zu haben.

Von meinen polnischen Harley-Freunden habe ich seit Los Angeles nichts mehr gehört. Auch Edmund, meine Verbindungsperson zu Friedel, ist telefonisch nicht mehr erreichbar. So rufe ich am späten Abend Friedels Frau Ingrid in Deutschland an. Durch die Zeitverschiebung von minus 6 Stunden erreiche ich sie auch. Ingrid erzählt mir von chaotischen Zuständen: Friedel hätte einen Unfall mit seiner Gruppe gehabt, er sei Andrzej ins Motorrad gefahren und verletzt. Edmund hätte sein Handy verloren und traurigerweise einen Todesfall in der Familie, seine Mutter ist gestorben und er muss mit den beiden Söhnen rasch nach Polen ... Na dann viel Glück!

Mein erster Weg morgen in der Früh wird mich zur Spedition führen. Dort werde ich mich positiv überraschen lassen. Ich bin zuversichtlich, denn einen Globetrotter kann doch eigentlich nichts erschüttern!

18. August 87. Tag, Montag Km-Stand: 29.422

Wetter: Sonnig, ab Mittag bewölkt
Ziel: Termin bei der Spedition

Seit 2 Tagen steht meine alte Dame unmittelbar neben dem pompösen Eingangsportal des Crowne Plaza in Clark – zwischen Marmorwänden und Rundsäulen neben großen, automatischen Glastoren. Diesen Ehrenplatz hat mir der überaus nette Front Office Manager Josef bei meiner Ankunft zugewiesen. Nun lade ich wieder alle meine Sachen auf und bezahle die Hotelrechnung. Heute soll der erste Schritt für den Rücktransport nach Europa gemacht werden, meine Flug- und die Schiffsvariante für mein Motorrad. Im Büro der empfohlenen Spedition empfangen mich die drei Mitarbeiter recht freundlich, ich spüre aber gleich, dass ich nicht bei den Richtigen gelandet bin. Schnell stellt sich heraus, dass sie dieses Büro erst vor wenigen Tagen für den USA-Warentransport eröffnet hatten und die nötigen Genehmigungen für ein „Gefahrengut“ – wozu meine alte Dame nun mal auch gerechnet wird – noch ausständig sind. Meine Vorfreude hat ihren Nullpunkt erreicht. Ich sage mir: nur nicht verzagen, nicht alle Wünsche können in Erfüllung gehen. Aber: ich bekomme hier wichtige Adressen und Namen von Leuten, die es angeblich fertig bringen sollen, meine alte Dame auf die Reise zu schicken. Mit denen will ich weitermachen. Zuerst müssen aber Telefonate geführt werden, es muss auf Rückrufe gewartet und auf den Speditionsalltag Rücksicht genommen werden. Und das dauert Stunden. Meine anfängliche Zuversicht schmilzt dahin wie Schnee in der Sonne. In den Wartepausen, vor dem Bürogebäude auf der Parkbank, schreibe ich alle positiven und negativen Punkte der aktuellen Situation in meinen Notizblock. Positiv überwiegt. Also optimistisch bleiben, obwohl ich den heutigen Montag unter „Leerlauf“ abhaken kann. Erst am späten Nachmittag bekomme ich für morgen einen Termin bei der großen Spedition UTI in Elisabeth, einem Stadtteil, der ebenfalls auf der New Jersey-Seite liegt.

Aufgrund der zu erwartenden hohen Transportkosten, will ich etwas sparen und in einem günstigen Motel absteigen. Christoph, ein Mitarbeiter der Spedition, empfiehlt mir eines im nahe gelegenen Stadtteil Union. Und so wühle ich mich wieder mit meinem Motorrad durch den Abendverkehr und ich verspüre eine leichte „Reiseabnützung“ an mir. Gute Absicht, mein Umstieg vom gestrigen 100-Dollar Hotelzimmer auf ein um die Hälfte billigeres Motelzimmer – aber der Abstieg den Komfort betreffend beträgt 100 Prozent. Die großflächige Motelanlage liegt direkt an einer der unzähligen Stadtautobahnen in Union. Die einstöckige Reihenanlage ist in den Hang hinein gebaut. Eine Schrankenanlage sichert die Zufahrt zur Modellanlage und vor dem Empfangsbüro befinden sich die typischen, amerikanischen Telefonboxen, „Drive in Phone“. Die Münzautomaten sind so konstruiert, dass man im Auto sitzend bei offenem Seitenfenster telefonieren kann.

Der erste Eindruck bei der Anmeldung vermittelt mir vor allem mangelnde Sicherheit. Der Portier versteckt sich hinter gepanzerten Glasscheiben, das Geld und der Zimmerschlüssel werden durch eine kleine Schublade gereicht und gesprochen wird nur über eine elektrische Gegensprechanlage und das unfreundlich. Die Seitentüren nach außen und die Außenfenster sind mit Metallplatten zugeschraubt. Die verzweigten Innenhöfe des Motels sind mit großen Scheinwerfern ausgeleuchtet und alles wird mit Kameras überwacht. Da es schon dunkel ist und ich ohne Fahrzeugversicherung unterwegs bin, entscheide ich mich einzuchecken. Erst nehme ich die billigere Variante um 40,- USD (36,- EURO), die auf den Bildern an der Wand beim Portier recht nett aussieht. Doch nach der Besichtigung tausche ich um auf die etwas geräumigere 50,- USD-Variante. Nicht viel besser, aber doch etwas lebenswerter. Der Raum riecht süßlich, ist mit nicht zu öffnenden, dicken Vorhängen verdunkelt und die Klimaanlage übertönt sogar den Lärm von der Straße. O.K., diese Empfehlung war weniger gut. Zwar 50,- USD (45,50 EURO) gespart, aber ich habe bestätigt bekommen, wie subjektiv eine Empfehlung sein kann. In meinem Zimmer 152 im Bett liegend, denke ich an meinen kleinen Heimatort in der Weststeiermark, wo ich meine Kindheit verbracht habe und an meine zweite Heimat im Vorarlberger Unterland. Die schönen Erinnerungen lenken mich etwas ab. Mitten in der Nacht höre ich Geschrei und Streit aus einem der Zimmer nebenan. Die Klimaanlage ist jedoch zu laut, um Genaueres zu hören – im Halbschlaf erwarte ich den neuen Tag ...

19. August 88. Tag, Dienstag Km-Stand: 29.422

Wetter: Sonnig, sehr warm, leichte Bewölkung

Ziel: Die nächste Spedition UTI aufsuchen

Am frühen Morgen fahre ich mit dem Taxi nach Elisabeth, meine alte Dame bleibt vor dem Motelzimmer allein zurück. Mein Ziel heißt UTI-Union Transport und mein farbiger Taxilenker macht einen mürrischen Eindruck, das klapprige Taxi einen sehr schlampigen. Da lobe ich mir die sauberen Taxis in Los Angeles! Das Fahrzeug sieht innen schlimm aus, unter anderem fehlt die Driverlicence in der Glastrennscheibe zum Fahrer und die hinteren Türen öffnen nur durch Mithilfe des Chauffeurs von außen. Bei der Spedition UTI angekommen bin ich um 25,- USD (22,70 EURO) ärmer, treffe aber gleich die beiden empfohlenen Herren und ein dritter Mann wird herbeigeholt. Alle drei sehen sich nun meine umfangreichen, behördlichen Fahrzeugpapiere – in mehreren Sprachen ausgestellt – an. Nach langem Hin und Her finden sie doch noch etwas, was nicht dabei ist, nämlich ein Kaufvertrag (!) des Motorrades. Ich kann mich des Eindrucks nicht erwehren, dass angemeldete Fahrzeuge ungern transportiert oder verschifft werden oder kleine Kunden einfach lästig sind. Sie vertrösten mich auf die nächsten Tage. Da ich hartnäckig bleibe und die Grenzen meiner Englischkünste erreicht sind, verlegen sie mich auf den Nachmittag. Bitte warten, nicht jeden Tag kommt hier ein Globetrotter vorbei, der über Japan von Russland kommend in die USA eingereist ist. Warten, bis die UTI-Mitarbeiterin und werdende Mutter Alexandra Reh kommt. Sie stammt aus Bremerhaven in Deutschland und lebt schon seit vielen Jahren in den USA. Sie soll mit Übersetzen für Klärung sorgen. Alexandra ist eine überaus freundliche und hübsche Frau. Nach einem langen Gespräch kommen wir zu der Ansicht, dass meine japanische Import-Spedition „Nippon-Express“ der richtige Partner für die Ausfuhr aus den Vereinigten Staaten sein könnte. Die haben schon alle Daten meiner Einreise von Kalifornien in ihrem Computer, sind nur 40 Meilen nördlich stationiert und Alexandra faxt alle nötigen Formulare zur Bearbeitung zu „Nippon-Express“. Nach einem längeren Telefonat von Alexandra mit der Spedition verspricht dort Herr Shimoka, bei ihrer Niederlassung in Los Angeles nachzufragen. Das dauert, immerhin sind 4 Stunden Zeitverschiebung dazwischen, dann will er mir die weitere Vorgehensweise bekannt geben. Wie ich aus dem Gespräch heraushöre, läuft ein Motorrad unter Gefahrengut

Raststation in Elisabeth

9, also der höchsten Stufe. Ein einzelnes Motorrad in einem Container, zusammen mit anderen Gütern, könnte laut Alexandra für Ärger sorgen. Der Zoll könne dann, ohne besondere Gründe, den Container stoppen, erklärt sie mir. Das hieße Verspätung für die restliche Ladung. Für mich ist das fast unglaublich. Der New Yorker Hafen hat fast 3.000 Piers und ist auch für Hochseeschiffe erreichbar, darunter sind Containerschiffe, die bis zu 5.000 Container fassen können. Und dort wird mit Sicherheit Gefährlicheres verladen als meine alte Dame!

Am Nachmittag sitze ich im Motel herum und warte auf die nächsten Ergebnisse, damit ich mit dem Motorrad gleich losstarten kann. Nur: wohin? Nur eine Spedition kann den Papierkrieg für Zoll und Reederei erledigen. Da ich von „Nippon-Express" nicht zurückgerufen werde, rufe ich bei Herrn Shimoka an und die Antwort überrascht mich schon gar nicht mehr: „Wir haben keine Verschiffungsmöglichkeit nach Europa, nur nach Japan." So. Was nun? Ich bin nach der dritten Spedition wieder am Anfang angelangt! Meine treue alte Dame will ich nicht hier in den USA zurücklassen, dafür ist sie mir zu sehr ans Herz gewachsen. Ich sitze im ungemütlichem Motel auf dem Bett und denke nach. Die einzige, viel versprechende Person, die ich in den letzten Tagen getroffen hatte, ist Alexandra Reh. Sie kennt sicher Leute von der deutschen UTI-Niederlassung oder irgendeinen in Europa, fahren doch täglich unzählige Schiffe über den Atlantik. Kurz entschlossen rufe ich sie an und gebe ihr das Ergebnis mit „Nippon-Express" und meine Hilferufe durch. Ihre erfrischende Antwort: „Das geht doch wohl nicht an, wir rufen Sie in Kürze zurück." Und tatsächlich: kurz vor Feierabend ruft Alexandra zurück und sagt mir: „Morgen 9 Uhr Treffpunkt UTI, 228 North Avenue East, Elisabeth NJ 07201 – dann schicken wir Ihr Motorrad nach Deutschland!" Hurra! Das sind Worte – Deutschland sei stolz auf deine Frauen, sage ich mir ganz euphorisch.

20. August 89. Tag, Mittwoch Km- Stand: 29.422

Wetter: Sonne! Traumwetter für die Ausreise
Ziel: Meine alte Dame über den großen Teich schicken

Am Morgen fällt mir das Auschecken aus dem hässlichen Motel am Highway 22 in Union ziemlich leicht. Zuvor verpacke ich meine Besitztümer so, dass ich sie bei der Motorradabgabe rasch voneinander trennen kann. Die Ausrüstung teile ich unter „Flugzeug, am Mann" und „Schiff, am Motorrad" ein. Diejenigen Dinge, die auf die Schiffsreise gehen, verstaue ich, mit Plastiksäcken geschützt, in die Seitenkoffer, um sie von zerstörender Nässe fernzuhalten – die „Schimmelüberraschung" von der Pazifik-Überfahrt sitzt mir immer noch im Nacken. Dinge, die mit mir auf die Flugreise gehen, verpacke ich so handlich, dass ich alles ohne fremde Hilfe durch Flughäfen und Bahnhöfe schleppen kann. Aus Platzgründen lasse ich meine selbstaufblasbare Unterlegmatte im Motel zurück; was mir schwer fällt, da ich mich doch sehr an die Ausrüstung meiner dreimonatigen Reise gewöhnt habe. Dann starte ich den Motor – für die letzte Etappe zur Spedition. Vor dem Fenster des Motelzimmers lasse ich ihn warmlaufen. Um mich nicht auf der letzten Ausfahrt durch die riesige Stadt zu verfahren, aber auch, um die nun umständlich verpackte Ausrüstung zu transportieren, organisiere ich ein Taxi, das mich durch das Straßengewirr lotst. Experimente sind jetzt keine mehr angesagt ... Ich denke bei mir: nur nicht im letzten Augenblick etwas riskieren oder zu spät ankommen. Und so genieße ich die letzten Kilometer mit meiner alten Dame auf der geführten Tour hinter dem Taxi durch die stark befahrenen Straßen zur Spedition UTI an der Newark Bay. In dem riesigen Hafengelände verfahren sich die beiden Farbigen im Taxi mehrmals, was mir völlig egal ist, denn endlich denken einmal andere für mich und ich brauche mich nicht mehr um Straßennamen und Stadtpläne zu kümmern. Bei der richtigen Adresse angekommen, knöpfen mir die beiden für den Lotsendienst 35,- USD (31,80,- EURO) ab und regen sich auf über meine Verwunderung über die Preissteigerung seit der gestrigen Taxifahrt. Um unnötigen Ärger zu vermeiden, übergebe ich den Prügelknaben ohne zu zögern das Geld und gleichzeitig auch meinen Segen. Meine alte Dame ist am Versandort angekommen und nur das zählt!

Bei UTI nimmt sich gleich Patrick – einer der Herren, der mich noch gestern auf die nächsten Tage vertrösten wollte – der Abwicklung an. Der erste Weg führt zum nahe gelegenen Zollhaus, doch der Zöllner schickt uns gleich wieder weg: Wir brauchen zuerst einen Stempel der Reederei auf den Frachtpapieren. Und bei der Reederei angekommen, bestehen die Verantwortlichen auf einen Kaufvertrag zum Motorrad, den ich natürlich nicht dabei habe ... Warum auch, in Europa wird nur bei der behördlichen Zulassung ein Kaufvertrag verlangt und sobald Besitzer und Fahrzeug registriert sind, zählt nur mehr die Zulassung. Und die habe ich dabei, den internationalen und den vom kalifornischen Zoll gelochten, nationalen, gelben Zulassungsschein. Aber auch dieses Hindernis lässt sich aus der Welt schaffen, ich kann die Reederei-Mitarbeiter mit der Kopie des Carnet de Passages zufrieden stellen. Wie in den meisten Fällen auf meiner Reise, verhelfen mir auch hier Ruhe, Überzeugungskraft und die richtigen Argumente zum Ziel ...

Nun klappt auch der zweite Anlauf bei der Zollbehörde und nachdem der ganze Papierkram erledigt ist, werfe ich meinem Begleiter Patrick einen freundschaftlichen Blick zu. Die Verabschiedung bei UTI lasse ich mir aber nicht nehmen, nochmals laufe ich durch die Großraumbüros, um mich bei Alexandra zu bedanken. Ohne sie wäre gar nichts gelaufen, denn sie hat der Mannschaft Beine gemacht. Einfach Spitze. Anschließend, bevor Patrick mich zum internationalen Flughafen von Newark fährt, kommt der schwere und letzte Schritt, die Fahrzeugübergabe an die Reederei. Nächste Woche soll meine alte Dame auf ein deutsches Schiff nach Norddeutschland rollen, denn dieses Mal wird sie nicht in Holzkisten genagelt oder in einen Container geschoben, sondern in einer „roll-in, roll-out“-Variante unter Deck transportiert. Na, wenn das mal gut geht ... In 3 Wochen soll sie in Bremerhaven sein, ich werde mich vom Ergebnis überraschen lassen. Der Zündschlüssel muss im Zündschloss stecken bleiben, so lautet die Vorschrift und ich zeige den Reederei-Mitarbeitern noch, wie man den Hauptständer betätigt. Dann ein letzter Blick durch den Maschendrahtzaun hinweg zum Abstellplatz vor der Reederei: Zwischen Containern und Transportwaren aller Art steht meine alte Dame einsam und verlassen; sie war mir ein guter Wegbegleiter auf dem weiten Weg um die Welt ...

Das Ziel

Den ursprünglichen Plan, nach der Atlantik-Überquerung mit dem Motorrad von England über Frankreich und der Schweiz nach Österreich zu fahren, habe ich verworfen. Ich denke, nach einer Reise von über 36.000 km sind die letzten 1.000 km durch Westeuropa nicht mehr so wichtig, zumal ich wieder über 3 Wochen warten müsste. Andererseits finde ich das doch ein wenig schade: nur zu gern wäre ich mit meiner alten Dame bis nachhause vor die Haustür gefahren. Aber nun hat mir der umständliche Motorradtransport die Entscheidung mehr oder weniger abgenommen und ich fliege nachhause. Meine alte Dame werde ich abholen, sobald sie in Norddeutschland eintrifft.

Jetzt im Flugzeug und in 10.000 Metern Höhe habe ich Zeit, über den Sinn und Wert meiner Reise nachzudenken. Nach 90 Tagen und nur mehr wenigen Stunden vor dem Ziel ergeht es mir wie bei allen geglückten Prüfungen im Leben: „Das war ja gar nicht so schwer.“ Doch gleichzeitig erfüllt mich Stolz. Ich frage mich jetzt nach dem „Warum“. Was bringt so eine weite Reise und warum nimmt man die vielen Strapazen auf sich? Warum kein „all inclusive“-Urlaub, sondern alles ohne Sicherheit und Gewissheit? Warum allein als einsamer Biker auf endlosen Straßen dahinfahren, zwischen Ungetümen von Fahrzeugen? Bei jeder Witterung und mit der Verletzlichkeit eines Lebewesens in der Natur, den Kräften und Elementen ausgeliefert? (Auf einem schwer beladenen Motorrad sind Energie und Materie, mit den beiden nur handflächengroßen Kontaktstellen über die Reifen, Gott Vater immer näher als der Mutter Erde ...) Weshalb in fremde Länder fahren, wo man niemanden kennt und wo man von niemandem erwartet wird?

Bestätigen kann ich die Tatsache, dass der Weg zum Ziel der prägende Teil so einer Reise ist. Und diesen Weg musste ich aufgrund verschiedener Hindernisse oftmals ändern, aber das Ziel blieb immer das gleiche. Nie war ich wirklich lange allein unter den vielen fremden Menschen, die nicht meine Sprache sprachen, von denen mich aber, nach dem ich einige kennen lernen durfte, die meisten verstanden – vielleicht, weil ich ihren nie umgesetzten Traum einer Fernreise lebte!? Ich fühlte mich nie als Eindringling, eher hatte ich das Gefühl dazuzugehören, in der täglichen Herausforderung zu überleben und durchzukommen. Nur mit unterschiedlichen Beweggründen und anderen Zielen. Belohnt wurde ich mit vielen neuen Erfahrungen und: mit viel Herzlichkeit. Die ganzen Schauermärchen über ferne Länder sind nur Ausdruck der Unkenntnis und von Vorurteilen. Im Gegenteil: die Menschen sind unglaublich friedlich, hilfsbereit und verständnisvoll. Als Alleinreisender muss man keine Ängste haben, wenn man in eine fremde Welt hinausfährt. Speziell als einsamer Motorradfahrer und Abenteurer wird man gerne von fremden Freunden aufgenommen. Und schon bei der Planung war ich mir sicher, unterwegs gleichgesinnte Motorradfahrer zu treffen. Dass ich aber so feine Freunde wie meine polnischen Harley-Fahrer treffen würde, wagte ich nie zu träumen. Ihnen verdanke ich sehr viel, auch die Einsichten über die Vor- und Nachteile einer Gruppenreise in der Fremde. Eine weitere wichtige Erkenntnis: travel light! Man braucht viel weniger als man glaubt. Ich habe viele Ausrüstungsteile unbenutzt wieder nachhause gebracht, denn sie dienten mir schlussendlich nur als Sicherheit für den Notfall.

Und warum mit einem Motorrad reisen? Ganz einfach: Freiheit und Abenteuer lassen sich auf zwei Rädern am besten verbinden, begleitet von den Elementen Erde, Luft, Wasser und Feuer. Und es macht, neben der tiefen und starken Faszination des Motorradreisens, vor allem Spaß!

Diese Reise war nach meiner Familie die beste „Investition“ meines Lebens. Und sie verhalf mir auch dazu, dass ich mir jetzt selbst ein besserer Freund sein kann als früher. Und das ist gut so ...

Das Buch

Nur dank der Ausdauer mit meinen Tagebuchaufzeichnungen während der Reise konnte ich dieses Buch schreiben, denn ohne die täglichen Eintragungen und Notizen wäre es nicht möglich, die einzelnen Geschichten nachträglich zu einem Buch zu verarbeiten. Die Tagebuchform wählte ich dann auch für dieses Buch, da es nicht nur strukturierter ausfällt, sondern auch meine jeweilige Tagesform ausdrückt. Nur so kann man die Höhen und Tiefen, Freuden und Sorgen einer solchen Weltreise nachvollziehen. Ich habe mir vor meiner Reise immer so einen Reisebericht als Lektüre gewünscht, um in die faszinierende Welt der Abenteuer und Erlebnisse einzutauchen.

Zu guter Letzt möchte ich noch einigen Menschen danken, ohne die dieses Buch nicht zustandegekommen wäre. Da ist erstens meine Familie und zuvorderst meine

Frau Monika. Ohne ihre Geduld mit meinen Umsetzungsvisionen hätte ich auf halber „Schreibstrecke" aufgegeben. Weiters danke ich meiner Ghostwriterin Anna Maria, die in ihrer Freizeit meine grobkantige Schreibweise in eine geschliffene Geschichte verwandelt hat – ein Freundschaftsdienst. Ihre Arbeit vollendete mein Lektor Mag. Christoph Strolz, herzlichen Dank für die Ausdauer. Auch bei meinen beiden Helfern, beim Aufarbeiten meiner Reisefotos, Ing. Gerhard Mayr und DI Karlheinz Wolf, möchte ich mich bedanken. Damit wurden nicht nur die Bilder in diesem Buch möglich, sondern auch die vielen, immer sehr gut besuchten Multimediashows bei meinen Vorträgen.

Ganz besonderer Dank gebührt meinem Werbe- und Druckfachmann Manfred Drechsel, der nicht nur meine Vision zum Buchumschlag, sondern auch das ganze Werk grafisch gestaltet und professionell umgesetz hat.

Nicht zu vergessen ist die Globetrotter-Zentrale Bernd Tesch in Aachen: ohne seine Beratung im Jahr 2002 wäre ich wahrscheinlich nicht abgefahren.

Schließlich muss ich mich bei keinen Sponsoren bedanken. Mir war von Anfang an klar: wer so eine Reise unternimmt, der sollte sich das Geld dafür selbst erarbeiten und verdienen. So bleibt die Unabhängigkeit – und mit ihr die Freiheit – erhalten.

Nach 90 Tagen wieder glücklich zuhause angekommen

Anhang: Planungsliste (Auszug)

Badeschlappen (für Übernachtungen, gegen Fußpilz)
Bargeld, ausreichend
Baumsäge, klappbar mit Etui
Befestigungsbänder, mehrere
Bekleidung, T-Shirts, Jeanshose, Socken, Jeansjacke, Unterwäsche
Benzinkocher, Betrieb mit Motorradbenzin
Benzin-Reservekanister, 10 Liter, passt in den Seitenkoffer
Camelboots, bequeme, für die Freizeit
Dokumentenmappe, DIN A4, mit Haftpflichtversicherung für EU, RUS, USA
Dosen mit Trockenbrot
Essbesteck, vierteilig, incl. Dosenöffner
Falttrichter, mehrere Größen aus Kunststoff
Fleecejacke, dicke (dient auch als Kopfkissen)
Fotoausrüstung, in Fototasche
Gepäckträger, Tesch-Travel-Träger
Getränkeflasche, Kunststoff
Großer Seesack, 80 Liter (Haussack)
Halswärmer, Windstopper mit Goretex
Internationaler Führerschein, in mehreren Sprachen
Internationaler Impfpass, in mehreren Sprachen
Internationaler Zulassungsschein, in mehreren Sprachen
Isomatten, 2 Stück, selbstaufblasbar, 2,5 und 5 Zentimeter dick
Klappeimer, faltbar
Klappspaten, aus Metall / Kunststoff
Kochgeschirr, aus Alu und mit Kunststofftassen
Kompass, 3 Stück, Peil-, Karten- und Taucherkompass für den Arm
Kreditkarte und Bankomatkarte, weltweit einsetzbar
Kulturbeutel, Toilettentasche mit Outdoor-Handtuch
Luftpumpe
Medikamenten-Box, vom Hausarzt zusammengestellt
Moskitoschutz-Set, Kopfnetz, Deo und Stick
Motorrad R 80 G/S mit 50 PS (meine alte Dame!)
Motorradanzug, Cordura-Jacke und -Hose mit Outlast/Goretex-Innenfutter
Motorradhandschuhe, Cordura mit Goretex
Motorradstiefel, Leder mit Goretex
Motorradunterhemden und -unterhosen, kurz, für heiße Tage
Motorradunterhemden und -unterhosen, lang, mit Outlast für kalte Tage
Nationalflaggen, mehrere, in verschiedenen Größen

Packbeutel-Set, 10-teilig in verschiedenen Farben und Größen
Pfeifenetui, 3 Stück Pfeifen mit ausreichend Tabak
Reifenpannen-Set für Schlauchreifen
Reisebücher, verschiedene
Reisepass, gültiger, mit Visum für die Russische Föderation
Reserve-Handschuhe, dünne, aus Leder
Reserve-Helmvisier
Reserve-Motoröl
Reservereifen, 2 Stück, 2 Reserveschläuche
Rückenprotektor mit Nierengurt
Schlafsack, mit Innenschlafsäcken aus Fleece und Baumwolle
Schreibzeug mit Etui
Schultertasche, innen, für Papiere und das „große Geld“
Seitenkoffer, 2 Stück mit je 45 Litern, Tesch-Travel-Tasche Nr. 4
Serviceteile und Ersatzteile, auf das Motorrad abgestimmt
Sitzkissen, selbstaufblasbar
Sonnenbrille, mit Etui
Straßenkarten, russischer Straßenatlas und US-Reiseatlas
Sturmfeuerzeug und Sturmzünder
Sturmhaube, aus Seide und Baumwolle
Tagebuch, dickes
Tages-Rucksack, 30 Liter
Tank-Rucksack, 20 Liter
Taschen- und Stirnlampe
Taschenmesser, klappbar
Trinkflasche, aus Kunststoff
Umhängegeldtasche, innen, Brustbeutel für das „kleine Geld“
Umhängetasche, für die Bekleidung (Kleiderschrank im Haussack)
Verbandsmaterial, im Erste-Hilfe-Set
Verpflegung, verschiedenster Art für 1 bis 2 Tage
Visierreiniger und Reinigungstücher
Vollvisierhelm, klappbar, mit Umbauteilen für Off-Road- oder Jet-Helm
Wasserfilter, zum Trinkwasser aufbereiten
Wasserkanister, faltbar und aufhängbar, für 10 Liter
Weltreisekrankenschutz, in deutscher, russischer und englischer Sprache
Werkzeug, umfangreiches (auf das Motorrad abgestimmt)
Zelt, 2-Personen-Kuppelzelt, frei stehend, auch ohne Heringe
Zeltleuchte, klein

Transport-Adressen

Schiff von Wladiwostok (RUS) nach Fusiki (J) – Japanisches Meer
Kosten für ein Motorrad: 90,- USD / 82,- EURO
Kosten für eine Person mit Vollpension: 210,- USD / 191,- EURO

Business Intour Service
1, Okeansky Av., Sea Terminal, 3 floor,
690090, Vladivostok, Russia
Tel.: (007) 4232 49-73-91, 49-73-93, 300-146
Fax: (007) 4232 41-18-29
E-Mail: bis@ints.vtc.ru

Schiff von Yokohama (J) nach Los Angeles (USA) – Pazifischer Ozean
Kosten für ein Motorrad: 1.100,- USD / 1.000,- EURO

Nippon Express CO., LTD.
Yokohama International Transport Branch
Yokohama BLDG., 3-9, Kaigan-Dori, Naka-Ku,
Yokohama, Kanagawa, 231-0002, Japan
Tel.: (0081) 045-212-7357
Fax: (0081) 045-201-3544
E-Mail: ku-Yamaura@ocnis.nittsu.co.jp

Nippon Express USA, Inc.
Los Angeles Ocean Cargo
20444 South Reeves Ave.
Carson, California 90810, USA
Tel.: (001) 310 637-6220
Fax: (001) 310 632-8362

Schiff von New York (USA) nach Bremerhaven (D) – Atlantischer Ozean
Kosten für ein Motorrad: 1.007,- USD / 916,- EURO

UTI Union-Transport USA, Inc.
228 North Avenue East
Elisabeth, New Jersey 07201, USA
Tel.: (001) 908 820-9700
Fax: (001) 908 820-0382
E-Mail: areh@uniontrans.com

UTI Deutschland GmbH
Zweigniederlassung Hamburg
Hamburger Straße 181
22083 Hamburg, Germany
Tel.: (0049) 040 368001-0
Fax: (0049) 040 363433
E-Mail: hamo@go2uti.com

Glossar

Airport – Flughafen
Alpha-Zustand – Der Mensch ist dabei geistig wach, befindet sich aber in einem Entspannungszustand, der von Ruhe und Harmonie geprägt ist
Amur-Tiger – vom Aussterben bedrohte und größte Raubkatze der Welt
Avtostojánka – bewachter Abstellplatz
Baikalsee – bis zu 1.637 m Tief; größter Süßwasserspeicher der Welt
Bolschewisten – ehemalige Bezeichnung für Parteimitglieder der KPdSU
Business-Visa – Geschäftsvisum von langer Dauer, nur über das Außenministerium zu bekommen
Carnet de Passages – internat. Zollpapier zur zeitlich begrenzten Fahrzeugeinfuhr
Cordura – Polyamidfaser mit hoher Abriebs- und Reißfestigkeit, hoher Tragekomfort
Counties – Verwaltungseinheiten in englischsprachigen Ländern
Da – ja
DHL – weltweiter Expressversand
Dnjepr – Motorradmarke
Downtown – Geschäftsviertel, Innenstadt
DPS – Milizkontrollstelle
Driverlicence – Führerschein
Feet – Längenmaß (30,48 cm)
GAI – Verkehrspolizei (staatliche Autoinspektion)
Gallon – im angloamerikanisches Maßsystem: Volumenmaß (3,78 l)
Gastíniza – Gasthaus, Unterkunft
Gates – Tore, Zugänge, Pforten
Glasnost – Offenheit
Highway / HW – U.S.-Bundesstraße
Inch – Längenmaß (2,54 cm)
Interstate Highway – gebührenfreie Autobahn, Staatsstraße
IPA – International Police Association
JAF – Japan Automobile Federation, japanischer Automobilclub
Kyrillisch – russisches Alphabet; aus dem Griechischen entstanden
L. A. – Los Angeles
Lada – Automarke; auch Zhiguli genannt
Lenin, Wladimir Iljitsch – erster Führer der Sowjetunion von 1917-1924
Mafia – eine Organisation in Russland, die besser organisiert ist als staatliche Organisationen
Meile – Längenmaß (1,609 km)
Miliz – Polizei; gehört zum Resort des Innenministers

National Forest / N. F. – Nationaler Wald oder Weideland
National Park / N. P. – Staats- oder Regionalpark der USA, Erholungsgebiet
NJ – New Jersey
Njet – nein
Njet prabljém – kein Problem
Open-Ticket – offene Flugkarte, kein Geld zurück im Bestimmungsland
Outlast – Faser, die erhöhte Körperhitze absorbiert und bei sinkenden Temperaturen wieder freigibt
Pamagíte – Hilfe
Pashálusta – seien Sie so gut, bitte
Pathologie – Krankheitslehre und Krankheitsforschung
Perestroika – Umbau, Schlagwort in Gorbatschows Reformpolitik
Pints – im angloamerikanischen Maßsystem: Volumenmaß (0,47 l)
Prospekt – breite Straße, Boulevard
Quarts – im angloamerikanischen Maßsystem: Volumenmaß (0,95 l)
Rail – Eisenbahn
Rubel – russische Währung
RUS – Russische Föderation
SARS – Schweres Akutes Atemwegssyndrom (Severe Acute Respiratory Syndrome)
Sibirien – stammt vom Tatarischen Sib-Ir und bedeutet „Schlafende Erde“
Speedlimit – Höchstgeschwindigkeit
Speznas – Sonderbeauftragte
State Park, S. P. – Staatlicher Park mit Campingplatz-Einrichtung, Naturpark
Stschjoty – historisches Rechenbrett mit verschiebbaren Holzkugeln auf Metallstäben
Taiga – größte zusammenhängende Waldfläche der Welt
Toll Limited-Access Highway – gebührenpflichtige Autobahn
Transit-Visa – Durchreisevisum von kurzer Dauer
Transsibirische Eisenbahn – die längste durchgehende Bahnlinie der Welt (9.296 km)
Ural – 2.000 km langer Gebirgszug, geologische Grenze zwischen Europa und Asien
Urál – Motorradmarke
USD – amerikanische Währung: United States Dollars
Victory – Sieg
Wodka – wörtlich „Wässerchen“, aus Kartoffeln oder Getreide gewonnener Alkohol
Wolga – russischer Fluss und Automarke, typisches Bonzenauto und Taxi
Yards – Längenmaß (91,44 cm)
Yen – Japanische Währung

MEINE GEFAHRENE STRECKE "around the world"
vom 25. Mai bis 21. August 2003

TAG	DATUM	ORT	LAND	KM-TAG	GESAMT
		EUROPA : ÖSTERREICH – RUSSLAND / BREGENZ – MOSKAU			
1	So, 25. Mai	Bregenz-München-Passau-Linz	Österr. – BRD – Österr.	550	550
2	Mo, 26. Mai	Linz-Wien-Bratislava-Trencin-Zilina	Österr. – Slowakei	400	950
3	Di, 27. Mai	Trinec-Krakau-Kielce-Radom	Tschechien – Polen	450	1400
4	Mi, 28. Mai	Warschau-Grenze Weißrussland	Polen	360	1760
5	Do, 29. Mai	Brest-Minsk-Orsha	Weißrussland	590	2350
6	Fr, 30. Mai	Smolensk-Grenze Russland-Moskau	Weißrussland – Russland	600	2950
7	Sa, 31. Mai	Moskau	Russland	0	2950
		EUROPA, ASIEN : RUSSLAND – WESTSIBIRIEN / MOSKAU – JEKATERINBURG			
8	So, 1. Juni	Moskau-Vladimir-Niznij Novgorod (Gorki)	Russland	490	3440
9	Mo, 2. Juni	Niz.Nov.-Ceboksary-Kasan	Russland	440	3880
10	Di, 3. Juni	Kasan-Jelabuga-Mozga-Izevsk-Perm	Russland	700	4580
11	Mi, 4. Juni	Perm – 30 km nach Kungur Motorschaden!	Russland	270	4850
12	Do, 5. Juni	Vorsichtige Fahrt nach Jekaterinburg	Russland	150	5000
13	Fr, 6. Juni	Jekaterinburg (Swerdlowsk) ASIEN	Russland	0	5000
14	Sa, 7. Juni	Jekaterinburg, Warten auf Ersatzteile	Russland	0	5000
15	So, 8. Juni	Jekaterinburg, Warten auf Ersatzteile	Russland	0	5000
16	Mo, 9. Juni	Jekaterinburg, Warten auf Ersatzteile	Russland	0	5000
17	Di, 10. Juni	Jekaterinburg, Warten auf Ersatzteile	Russland	0	5000
18	Mi, 11. Juni	Jekaterinburg, Warten auf Ersatzteile	Russland	0	5000
		ASIEN : WESTSIBIRIEN – MITTELSIBIRIEN / JEKATERINBURG – IRKUTSK			
19	Do, 12. Juni	Neuer Start-Tjumen-bis 80 km vor Isim	Russland	550	5550
20	Fr, 13. Juni	Isim-Omsk-Kujbysev	Russland	700	6250
21	Sa, 14. Juni	Kujbysev-Novosibirsk-Kemerova-Mariinsk	Russland	800	7050
22	So, 15. Juni	Mariinsk-Krasnojarsk	Russland	380	7430
23	Mo, 16. Juni	Krasnojarsk-Kansk-Tajset-Tulun	Russland	700	8130
24	Di, 17. Juni	Tulun-Sima-Cheremkhovo-Irkutsk	Russland	420	8550
25	Mi, 18. Juni	Irkutsk am Baikalsee	Russland	0	8550
26	Do, 19. Juni	Irkutsk am Baikalsee	Russland	0	8550

ASIEN : MITTELSIBIRIEN – OSTSIBIRIEN / IRKUTSK – WLADIWOSTOK

27	Fr, 20. Juni	Irkutsk-um den Baikalsee nach Ulan Ude	Russland	460	9010
28	Sa, 21. Juni	Ulan Ude-Chilok-Chita	Russland	710	9720
29	So, 22. Juni	Chita – Motorradverladung Transsib	Russland	0	9720
30	Mo, 23. Juni	Transsibirische Eisenbahn	Russland	0	9720
31	Di, 24. Juni	Transsibirische Eisenbahn	Russland	2300	12020
32	Mi, 25. Juni	Chabarovsk-Bikin-Wladiwostok	Russland	790	12810
33	Do, 26. Juni	Wladiwostok, warten auf Verschiffung	Russland	10	12820
34	Fr, 27. Juni	Wladiwostok, warten auf Verschiffung	Russland	20	12840
35	Sa, 28. Juni	Wladiwostok, warten auf Verschiffung	Russland	0	12840
36	So, 29. Juni	Wladiwostok, warten auf Verschiffung	Russland	120	12960
37	Mo, 30. Juni	Wladiwostok, warten auf Verschiffung	Russland	20	12980

ASIEN, AMERIKA : OSTSIBIRIEN – JAPAN – USA / WLADIWOSTOK – TOYAMA – TOKYO – LOS ANGELES

38	Di, 1. Juli	Schiff n. Japan, Name: Mikhail Sholokhov	Russland	0	12980
39	Mi, 2. Juli	Schiff n. Japan, Name: Mikhail Sholokhov	Japan	750	13730
40	Do, 3. Juli	Zoll, Ausflug und Unfall in den Bergen!	Japan	50	13780
41	Fr, 4. Juli	Notdürftige Reparatur, Toyama-Nagano	Japan	320	14100
42	Sa, 5. Juli	Matsumoto-Kofu	Japan	360	14460
43	So, 6. Juli	Fujiyama, der heilige Berg	Japan	100	14560
44	Mo, 7. Juli	Fahrt nach Yokohama	Japan	190	14750
45	Di, 8. Juli	Yokohama	Japan	0	14750
46	Mi, 9. Juli	Yokohama, Verzollung Motorrad	Japan	0	14750
47	Do, 10. Juli	Yokohama, Gepäck für Abflug vorbereiten	Japan	0	14750
48	Fr, 11. Juli	Tokio Airport, Singapore Airline-USA	Japan	0	14750
49	Fr, 11. Juli	Durch Datumssprug 2x, Los Angeles	Kalifornien	8.660	23410
50	Sa, 12. Juli	Warten in Los Angeles, Motorrad a. Schiff	Kalifornien	0	23410
51	So, 13. Juli	Warten in Los Angeles, Motorrad a. Schiff	Kalifornien	0	23410
52	Mo, 14. Juli	Warten in Los Angeles, Motorrad a. Schiff	Kalifornien	0	23410
53	Di, 15. Juli	Warten in Los Angeles, Motorrad a. Schiff	Kalifornien	0	23410
54	Mi, 16. Juli	Warten in Los Angeles, Motorrad a. Schiff	Kalifornien	0	23410
55	Do, 17. Juli	Warten in Los Angeles, Motorrad a. Schiff	Kalifornien	0	23410
56	Fr, 18. Juli	Warten in Los Angeles, Motorrad a. Schiff	Kalifornien	0	23410
57	Sa, 19. Juli	Warten in Los Angeles, Motorrad a. Schiff	Kalifornien	0	23410
58	So, 20. Juli	Warten in Los Angeles, Motorrad a. Schiff	Kalifornien	0	23410
59	Mo, 21. Juli	Warten in Los Angeles, Motorrad a. Schiff	Kalifornien	0	23410

60	Di, 22. Juli	Warten in Los Angeles, Motorrad a. Schiff	Kalifornien	0	23410
61	Mi, 23. Juli	Warten in Los Angeles, Motorrad a. Schiff	Kalifornien	0	23410
62	Do, 24. Juli	Warten in Los Angeles, Motorrad a. Schiff	Kalifornien	0	23410
63	Fr, 25. Juli	Warten in Los Angeles, Motorrad a. Schiff	Kalifornien	0	23410
64	Sa, 26. Juli	Warten in Los Angeles, Motorrad a. Schiff	Kalifornien	0	23410
65	So, 27. Juli	Warten in Los Angeles, Motorrad a. Schiff	Kalifornien	0	23410
66	Mo, 28. Juli	Warten in Los Angeles, Motorrad a. Schiff	Kalifornien	0	23410
67	Di, 29. Juli	Warten in Los Angeles, Motorrad a. Schiff	Kalifornien	0	23410
68	Mi, 30. Juli	Warten in Los Angeles, Motorrad a. Schiff	Kalifornien	0	23410
69	Do, 31. Juli	Warten in Los Angeles, Motorrad a. Schiff	Kalifornien	0	23410
70	Fr. 1, August	Warten in Los Angeles, Motorrad a. Schiff	Kalifornien	0	23410
71	Sa. 2, August	Warten in Los Angeles, Motorrad a. Schiff	Kalifornien	0	23410
72	So. 3, August	Warten in Los Angeles, Motorrad a. Schiff	Kalifornien	0	23410
73	Mo. 4, August	Long Beach, Motorrad abholen	Kalifornien	0	23410
74	Di. 5, August	Reparatur und Abreise vorbereiten	Kalifornien	0	23410

AMERIKA : USA WESTKÜSTE – USA MITTE / LOS ANGELES – BLACK HILLS

75	Mi. 6, August	Start! Los Angeles-Grand Canyon	Kalifornien – Arizona	780	24190
76	Do. 7, August	Monument Valley	Arizona – Utah – Colorado	630	24820
77	Fr. 8, August	Jackson, Teton N. P.	Utah – Wyoming	653	25473
78	Sa. 9, August	Yellowstone N. P.-Cody-Big Horn	Wyoming	454	25927
79	So. 10, August	Sheridan-Spearfish-Sturgis-Black Hills	Wyoming – South Dakota	493	26420

AMERIKA : USA MITTE – USA OSTKÜSTE / BLACK HILLS – NEW YORK

80	Mo, 11. August	Mt. Rushmore–Badlands N. P.-Sioux Falls	South Dakota	627	27047
81	Di, 12. August	Canton-Mason City-Mississippi River	South Dakota-Iowa	491	27538
82	Mi, 13. August	Prairie du Chien-Madison-Milwaukee	Wisconsin	442	27980
83	Do, 14. August	Chicago-South Bend-Toledo	Illinois – Indiana – Ohio	445	28425
84	Fr, 15. August	Cleveland-Youngstown	Ohio – Pennsylvania	642	29067
85	Sa, 16. August	Milton-Bloomsburg-Stroudsburg-Newark	Pennsylvania – New Jersey	355	29422
86	So, 17. August	Ausflug nach Manhattan	New York	0	29422
87	Mo, 18. August	Speditionssuche für Motorrad per Schiff	New Jersey	0	29422
88	Di, 19. August	Speditionssuche für Motorrad per Schiff	New Jersey	0	29422
89	Mi, 20. August	Verzollung und Abflug, Airport JFK-Europa	New York	6200	35622
90	Do, 21. August	Landung in Frankfurt, Bahnfahrt	Frankfurt – Bregenz	378	36000

Motorrad 3 Wochen später in Bremerhaven

Transit-Visa für Weißrussland (Belarus)

Business-Visa (Kommertsheshaja-Visa) für die Russische Föderation

Открытое страховое акционерное общество **ИНГОССТРАХ**
Insurance company LTD. *Ingosstrakh*

ИНН 7705042179, р/с 40701810200010000001 в АКБ "Ингосстрах-Союз" ОАО, к/с 30101810400000000122, БИК 044585122
ул. Пятницкая, д. 12, г. Москва, Россия ГСП-8, 115998, тел: (095) 956-5555, факс: (095) 234-9793, e-mail: ingos@ingos.ru, www.ingos.ru

ПОЛИС № AI217156

по страхованию средств транспорта (каско), гражданской ответственности и от несчастных случаев

Страхователь: **Stelzl Franz/ Штельцль Франц**

Адрес: 6123, Австрия, г. Лаутерах, Kellhofstrabe, 3

1. СРЕДСТВО ТРАНСПОРТА

Марка: **BMW**
Модель: **R80**
Рег. №: **BMW7777**
VIN: **6288587**
Двиг.: **16860196**
Дата вып: **22.04.1987**

Страховая сумма: **Не застраховано**
Франшиза: **Нет**

Дополнительное оборудование:
Не застраховано

2. ГРАЖДАНСКАЯ ОТВЕТСТВЕННОСТЬ

Бонус/малус: С0

По каждому страховому случаю за причинение смерти, увечья или иного повреждения здоровью одному или нескольким лицам и уничтожение или повреждение имущества третьих лиц (исключая лиц, находящихся в автомобиле, указанном в п.1 настоящего полиса, и их имущество) лимит ответственности: ******10 000 USD**

3. ОТ НЕСЧАСТНЫХ СЛУЧАЕВ

Не застраховано

ДЕЙСТВИЕ СТРАХОВОГО ПОЛИСА

Период страхования: с 11:26 час. 31.05.2003 г. до 24:00 час. 30.07.2003 г.

Территория: п. 2 - Россия

СТРАХОВАЯ ПРЕМИЯ

Страховая премия подлежит уплате в срок, установленный в счете. При неуплате страховой премии в срок, установленный в счете, договор считается не вступившим в силу.

п.1. *********** ДО: ***********
п.2. *******429,93 RUR**
п.3. *********** **ИТОГО: *****429,93 RUR**

Исполнение, изменение условий и прекращение Договора выполняются согласно правилам страхования Ингосстрахом средств транспорта, гражданской ответственности и мест в средстве транспорта от 22 мая 2001 года, которые являются неотъемлемой частью настоящего договора.

Страхователь / Представитель страхователя
Правила страхования получил

Выдан в г. Москва 31.05.2003

Представитель
ОСАО "Ингосстрах"

Истратоза О.А.

ИНГОССТРАХ № 81 Ingosstrakh INGOSSTRAKH

МПФ Гознака. 2003. Зак. 23-5151.

Haftpflicht-Versicherungsurkunde für die Russische Föderation

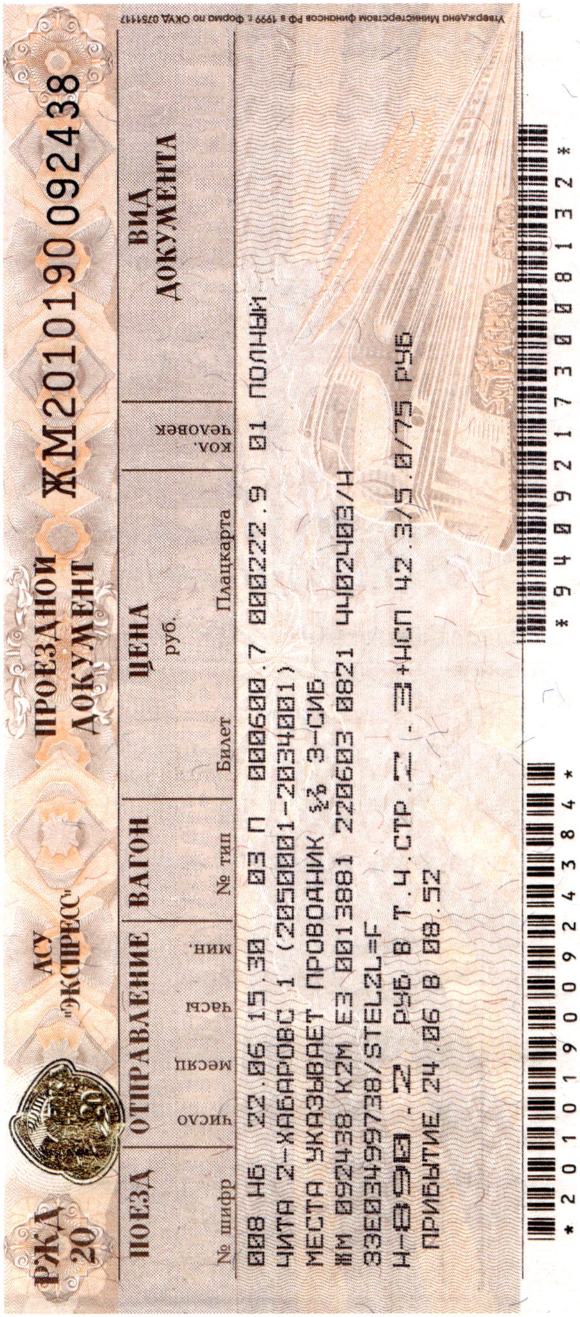

Fahrkarte für die Transsibirische Eisenbahn

一時輸入書類の認証申請書

税関様式V第1000号
Custom Form V No.1000

一時輸入書類の認証申請書
Application for an Authentication of the Carnet

平成　15年　7月　2日
Date　2 July, 2003

社団　日本自動車連盟
法人　To Japan Automobile Federaton

申請者
Applicant

本邦における居所（又は連絡先）
Address (or mailing address) in Japan

氏名
Signature　印
Name(print)　STELZL FRANZ

自家用自動車の一時輸入に関する通関条約の実施に伴う関税法等の特例に関する法律第3条の規定により、下記の一時輸入書類について認証を受けたいので申請します。

Under the provision so foArt. 3 of the Law concerening temporary measures in relationg to the Cusotoms Law and other Laws to be taken for operation of the Customs Convention on the Tempoerary Importation of Private Road Vehicles, I hereby apply for an Authentication of the Carnet described as follows.

記

一時輸入書類の番号 No. of the carnet	Bed779064
一時輸入書類の有効期間 Period of Validity	To　2004年6月27日　まで
一時輸入書類の発給団体 Issued by	Osterreichischer Automobil-,Motorrad-und Touring-Club,Wien
一時輸入書類の名義人 Person to whom the carnet was issued	STELZL FRANZ

車輌（又は修理用部分品）の品名 Discription of the car (or repair parts) is to be imported	数量 Net Quantities	登録国 Where the car was registered	登録番号 Registered No.	備考 Remarks
MOTOR CYCLE BMW	1	AUSTRIA／EU	B-MW 7777	
輸出の予定時期及び予定場所 Expected date and place that the car (or repair parts) is tobe re-exported	YOKOHAMA　7.07.2003			

自家用自動車の一時輸入に関する通関条約の実施に伴う関税法等の特例に関する法律第3条により上記の一時輸入書類を認証する。
Under the Provisions of Art. 3 of the Law concerening temporary measures in relationg tobe Customs Law and other Laws to be taken for operation of the Customs Convention on the Temporary Inportation of Private Road Vehicles, we hereby Authenticate the Carnet described above.

JAPAN AUTOMOBILE FEDERATION

認証年月日
Date　2 July, 2003

認証番号
Authentication No. NAGOYA-2003-009

担当者の所属氏名印
Authenticated by　富山支部　西田雅美
Masami Nishida
TOYAMA Branch Office

（注　意）
Remarks
1．この申請書には一時輸入書類を添えて提出すること。
2．＊欄は使用しないこと
1．This Application shall be accompanied by the carnet
2．The Applicant will leave out the column marked*.

＊輸入証票の記録番号	

2003年7月2日

Beglaubigung des internationalen Carnet de Passages für Japan

NIPPON EXPRESS USA, INC.

FMC NO. 1087F

20444 SOUTH REEVES AVE., CARSON, CALIFORNIA 90810

LOS ANGELES OCEAN CARGO
Phone: (310) 637-6220
Fax: (310) 632-8362

ARRIVAL NOTICE

MR.STELZL FRANZ

DATE.........: 8/04/03
REFERENCE NO.: 727088
CUSTOMER REF#:

VESSEL.: NEWPORT BRIDGE
VOYAGE.: 86E
IT#....:
IT DATE:
IT CARR:

PORT OF LOADING..: TOKYO, JAPAN — **ETD:** 7/24/03
PORT OF DISCHARGE: LOS ANGELES, CA, US — **ETA:** 8/02/03
PLACE OF DELIVERY: LOS ANGELES, CA, US — **ETA:** 0/00/00
G.O. DATE: 0/00/00

CARGO AVAILABLE AT FIRMS CODE : Y132
NIPPON EXPRESS USA (CFS)
20444 SO REEVES AVE.
CARSON, CA 90810

BROKER

NO.OF PKGS.	DESCRIPTION OF GOODS	WEIGHT (Kgs)	MESURMENT (M3)	CONTAINER NUMBER/S
1	MOTOR CYCLE	370.00	4.091	TEXU 478170-2

MASTER B/L#
NPNEY04174812

HOUSE B/L#

SUB HOUSE B/L#

REMARKS:

U. S. CUSTOMS
Los Angeles, CA
Delivery Authorized
8-4-03 [signature] 58105
Date Inspectors Badge #

TREASURY
U.S. CUSTOMS SERVICE

FOR CARGO RELEASE OR WITH QUESTIONS REGARDING THIS ARRIVAL NOTICE, PLEASE CONTACT SHELLEY IKEBE AT THE NUMBER LISTED ABOVE.

Zollformular für die Fahrzeug-Einreise in die Vereinigten Staaten